I.G. Klages

BACKSTAGE

... und alles ist nur Show?

Erfahrungen und Meinungen eines Fans

erschienen im SEGAL-Verlag

Veröffentlicht im SEGAL Verlag
Originalausgabe

Umschlaggestaltung: I.G. Klages
Gesamtgestaltung: I.G. Klages
Printed in Germany
Herstellung: Libri Books on Demand
ISBN 3-8311-0611-8

INHALT

Zum Inhalt	Seite... 4
Vorwort	Seite... 5
Der erste Kontakt	Seite... 6
Mein erstes Konzert	Seite... 7
Ein geplatzter Knoten und seine Folgen	Seite... 12
Gründung eines Fanclubs	Seite... 14
Gemeinsame Unternehmungen	Seite... 19
Der Club wächst	Seite... 22
Weitere Unternehmungen	Seite... 25
Das erste Treffen mit Peter	Seite... 31
Kartenvorverkauf	Seite... 39
Super-Fan	Seite... 43
Tour 1992	Seite... 51
Fanclub-Alltag	Seite... 63
Autogrammstunde mit Hindernissen	Seite... 66
Ein Wochenende am See	Seite... 73
Urlaub in Tutzing	Seite... 77
Rock over Germany	Seite... 88
Tabaluga-Fieber 1.	Seite... 91
Löwenverleihung ´94	Seite... 104
Noch ne Autogrammstunde	Seite... 108
Tabaluga-Fieber 2.	Seite... 112
1995	Seite... 121
Eine Einladung von Peter	Seite... 131
Zwischentöne	Seite... 143
Der Anfang vom Ende?	Seite... 145
Der Alltag der Clubzentrale	Seite... 152
Wieder auf Tour	Seite... 156
Frust und Freude...	Seite... 162
1997	Seite... 167
1998 – ich mag nicht mehr	Seite... 177
1999 – zurück ins normale Leben	Seite... 189
Schlusswort	Seite... 196

...zum Inhalt

In diesem Buch dreht sich alles um die Erlebnisse und Erfahrungen eines Fans. Eine Frau mittleren Alters, allein erziehende Mutter dreier Kinder, schildert ihren Weg als Fan eines deutschen Rockmusikers. Vom ersten Kontakt mit der Musik ihres späteren Idols bis hin zum Besuch des ersten Konzertes und der Gründung eines Fanclubs erzählt sie mit treffenden Worten von ihren Erfahrungen und Gefühlen.
Begleite die Autorin über einen Zeitraum von zehn Jahren und erlebe mit, wie sie ihr Idol kennen lernt, als Fan Karriere macht, Einblick hinter die Kulissen bekommt und letztendlich, bedingt durch diese Einblicke, das Handtuch wirft.

Erlebe die Hochs und Tiefs der Gefühle, die einen Fan bewegen können, und lerne dabei, das für viele oftmals seltsam erscheinende Verhalten eines Fans besser zu verstehen.

Der eigentliche Auslöser für die Entstehung dieses Buches war große Enttäuschung auf der einen und Momente des Glücks auf der anderen Seite; ein Chaos der Gefühle, das die Autorin versuchte, zu verarbeiten, in dem sie Ihre Gedanken und Erlebnisse aufschrieb. Herausgekommen ist dabei ein kleiner Ratgeber und Leitfaden für jegliche Art von Fans, denn "...die Gefühle und Verhaltensweisen von Fans sind immer die gleichen..." resümiert die Autorin. Viele Leser – sofern sie selber Fans sind – werden sich hier in einigen Punkten wiederfinden, für andere gibt es in diesem Buch jede Menge Tipps, wie man sein Dasein als Fan befriedigender gestalten kann.

Vorwort

Als ich 1980 Peter Maffay entdeckte, wusste ich noch nicht, wie sehr das die nächsten Jahre meines Lebens beeinflussen sollte. Er kam für mich zur rechten Zeit, als nämlich meine Ehe im Eimer war; ich fand in seiner Musik und den Texten immer dann Trost, wenn ich ihn brauchte. Als ich am einsamsten war, erlebte ich mein erstes Konzert mit ihm, und mein Leben änderte sich schlagartig. Ich kam raus aus meinem Käfig, den ich mir gebaut hatte, lernte Menschen kennen, die bis heute Freunde sind, und fing an zu leben!

Heute, achtzehn Jahre später, ziehe ich Bilanz über mein Leben als Fan. Es waren ereignisreiche, spannende Jahre, gefüllt mit sehr vielen Konzerten, aufregenden Erlebnissen, viel Arbeit, einigen interessanten Kontakten, aber auch mit vielen Enttäuschungen.

Aus dieser Enttäuschung heraus gab es am Ende für mich auch Kritik zu äußern – an Peter Maffay und auch an den Fans. Der Leser möge beachten, dass meine Meinungen aus meinen Erfahrungen resultieren. Mit Sicherheit gibt es jede Menge Fans, die gewisse Dinge anders sehen als ich, die Geschmäcker sind eben verschieden. Mir ist wichtig zu betonen, dass ich nach wie vor eine große Bewunderin von Maffay bin – von seiner Musik und seiner Stimme. Er ist mit Abstand das beste, was Deutschland auf dem Gebiet der Rockmusik zu bieten hat.

Ich widme dieses Buch meinen Kindern, die am Anfang meiner „Karriere als Fan“ oft nicht verstehen konnten, was mit ihrer Mutter los war, später aber viel Toleranz zeigten.

Ich danke meinen Wegbegleitern aus den Fanclubs, die mir oft den Rücken gestärkt haben und mir zur Seite standen. Sie waren es auch, die mich ermutigten, „das Kind beim Namen zu nennen“, denn wegen rechtlicher Bedenken hatte ich ursprünglich vor, die Namen der Hauptbeteiligten zu ändern. Einen besondern Dank an euren Zuspruch!

Der erste Kontakt

Frühjahr 1980. Ich brauche dringend Tapetenwechsel, denn in meiner Ehe kriselt es wie nie zuvor. Ich glaube nicht, dass es noch lange dauert, bis ich das Handtuch werfe. Also fahre ich für ein paar Tage zu meiner Schwester, das wird mir gut tun.
Es tut gut, und am dritten Tag sagt sie zu mir, während sie in der Küche werkelt: "mach doch mal ein bisschen Musik. Ich hab da eine Platte gekauft, vielleicht gefällt sie dir“. Ich schaue auf das Cover: Maffay! Nee danke, auf solche Sachen wie "Du" bin ich nun wirklich nicht scharf. Ich erinnere mich daran, wie nervig es damals war, als mir dieses Lied ständig vorgedudelt wurde. Außerdem stehe ich mehr auf richtige Rockmusik!
Meiner Schwester zuliebe lege ich die Platte auf, bin äußerst skeptisch. Aber Hallo, was ist denn das? Das klingt ja richtig gut, und die Texte sind auch nicht mehr so schmalzig wie damals. Das Album möchte ich mir doch mal in Ruhe anhören! "Kannste haben, schenk ich dir", sagt meine Schwester, "ist eh nicht so mein Geschmack". Ich schaue mir das Cover noch mal genauer an – „Steppenwolf“ heißt es; ein eigenartiger Titel.

Im Winter desselben Jahres ist meine Ehe endgültig im Eimer, und ich versuche mit meinen Kindern einen Neuanfang. Nach dem Umzug in die neue Wohnung fällt mir die Platte von Maffay wieder in die Hände. Durch den Trubel der letzten Monate hatte ich sie ganz vergessen. Jetzt lege ich sie noch mal auf, um sie endlich einmal richtig zu hören. Was singt der da? "...und ich geb niemals auf, auch wenn es noch härter kommt... Ich steh wieder auf, auch wenn ich am Boden bin, denn ich schaff's ganz bestimmt. He, hat der das für mich geschrieben? Ja, genau, ich schaff's ganz bestimmt, denke ich mir, ich steh´ wieder auf, auch wenn ich ganz unten bin! Jetzt erst recht!

In den nächsten Monaten höre ich mir diesen Song immer wieder an und hol mir damit die Power, die ich brauche, um mich und die Kinder durchzubringen. Und ich schaffe es auch in den nächsten Jahren, immer wieder aufzustehen, wenn ich am Boden bin.

Mein erstes Konzert

Frühjahr 1988. In den letzten Jahren habe ich mir die meisten Platten gekauft, die von Maffay auf dem Markt sind, ausgenommen die von ganz am Anfang. Die sind mir einfach zu schnulzig, ist nicht meine Musik. Im Fernsehen habe ich jeden Auftritt gierig verfolgt, aber es ist mir bis jetzt nicht gelungen, einmal ein Konzert von dem Typen zu sehen. Entweder wusste ich nicht, wie und wo man die Konzertkarten bekommt, oder mir fehlte das nötige Kleingeld dafür. Aber nun fragt mich eine Freundin, ob ich mit ihr zu einem Maffaykonzert gehen möchte, sie spendiert mir eine Karte! Was für eine Frage – natürlich will ich! Das Album zum Konzert bekomme ich von meinen Kindern zum Geburtstag, jetzt muss ich nur noch den 30.Augugst abwarten. Mein erstes Konzert mit Maffay in Mannheim, ich kann es noch gar nicht glauben.

Irgendwie reißt mich aber das neue Album nicht so vom Hocker. Na ja, mir fehlt die Zeit und die Ruhe, um mich wirklich damit zu beschäftigen. Die Kinder und der tägliche Kampf um die Existenz – als Sozialhilfeempfängerin Normalzustand – lassen dazu keinen Platz. Im Frühsommer nehme ich die Kassette mit zur Kur, um sie mir dann in Ruhe anzuhören. Die Kur tut mir gut, ich vermisse außer den Kindern nichts, und vor lauter Relaxen vergesse ich meinen Vorsatz, die Kassette anzuhören. Ich vergesse auch, dass ich bald zum Konzert gehen werde.

Erst in der letzten Augustwoche meldet sich meine Freundin wieder, um mich daran zu erinnern. Und so fahren wir am 30. August nach Mannheim. Ich habe keine Ahnung, was auf mich zukommt und bin entsprechend cool. Irgendwie hab ich keine richtige Lust auf den Abend. Meine Freundin ist schon etwas konzerterfahren und gibt mir Verhaltenstipps. Sie sagt mir, dass wir schon vor Ende der Veranstaltung wieder gehen werden, weil es erfahrungsgemäß "Massenstau" gäbe, wenn alle zusammen die Halle verlassen würden. Na ja, das ist mir im Moment egal, viel interessanter ist es, die Leute zu beobachten, von denen viele Blumen dabei haben. Wofür schleppen die Blumen mit zu einem Konzert?? Offensichtlich kennen sich viele schon von anderen Konzerten mit Maffay, denn sie fallen sich teilweise freudestrahlend um den Hals.

Ich sehe dabei T-Shirts und Jacken, wo die Namen diverser Fanclubs draufstehen und denke: "da würde ich auch gerne dazugehören".
Nun fängt der Einlass an, und wir gehen zu unseren Stehplätzen auf der Tribüne. Spannend ist das! Ich habe ja noch nie so eine Halle von innen gesehen. Von unserem Platz aus habe ich einen Überblick über die ganze Halle, die sich sehr schnell füllt. Noch besser aber ist mein Blick auf die Bühne. Dass aber die riesigen Monitorboxen an der Bühnenseite mir den Blick auf das Geschehen am vorderen Bühnenrand verbauen, merke ich erst später.

Nach einer Ewigkeit – mir tun schon jetzt die Füße weh und ich bin froh, mich an einem Absperrgitter anlehnen zu können – geht das Licht aus. Aha, es geht los! Noch bevor die Musik einsetzt, fängt das Publikum an zu toben. Ich sehe an der Bühnenseite einen Spot auf eine kleine Person gerichtet, die wie ein Wiesel auf die Bühne stürmt. "War das jetzt der Maffay?" frage ich meine Freundin. "Na klar, du Eumel, wer soll das sonst gewesen sein?" bekomme ich zur Antwort. Aber die verstehe ich kaum noch, denn es wird ohrenbetäubend laut in der Halle. Die Leute toben wie die Verrückten und werfen ihre Blumen auf die Bühne. "Komische Sitten sind das", denke ich noch, während die Musik einsetzt.

Laut, laut! Der kleine Kerl flitzt auf der Bühne hin und her und singt sich die Seele aus dem Leib. Die Musik wummert in meinem Bauch, und ich denke: "was geht denn jetzt ab?". Irgendwas passiert mit mir, und ich weiß nicht, was das ist. Ich habe einen Kloß im Hals, Tränen steigen mir in die Augen, die Beine scheinen aus Gummi zu sein, mein Herz flattert und in meinem Bauch tanzen tausend Schmetterlinge zur Musik. Ich schaue mich um und durch meine Tränen sehe ich strahlende Gesichter, jubelnde, klatschende und singende Menschen; Leute, die sich vor Freude um den Hals fallen. Ich höre atemberaubende Musik und habe plötzlich das Gefühl: hier gehöre ich hin! Mein Herz scheint überzulaufen vor Glück. So etwas habe ich noch nie erlebt.

Aufmerksam verfolge ich jede Bewegung auf der Bühne, soweit das von meinem Platz aus möglich ist. Viel interessanter aber ist der Bereich hinter der Bühne, den ich von hier aus gut einsehen kann. Dort ist ein ständiges Kommen und Gehen, und als Maffay während einer kurzen Pause in den Backstagebereich geht, winkt er in unsere Richtung. Ich

winke begeistert zurück, in der festen Überzeugung, dass er mein Winken registriert. Ach, bin ich happy!
Das Konzert könnte von mir aus ewig so weiter gehen, aber meine Freundin macht ihre Drohung wahr, und nötigt mich, vor dem Ende die Halle zu verlassen, Scheibenkleister! Jetzt ist einer der wenigen Momente in meinem Leben, wo ich es bedaure, keinen Führerschein zu haben, und auf andere angewiesen bin.

Während der Heimfahrt habe ich keine Lust zum Quatschen. Ich sehe ständig die Bilder der vergangenen Stunden vor mir und höre die tolle Musik. Im Bett finde ich keinen Schlaf und überlege, wie ich es anstellen kann, morgen noch einmal nach Mannheim zu fahren. Ich will und muss noch einmal zu diesem Konzert gehen!

Am nächsten Morgen bin ich völlig gerädert, trotzdem überrede ich meine Tochter, mich zu begleiten. Dass ich keine Eintrittskarte habe und auch kein Geld, eine zu kaufen, ist mir völlig egal. Ich will diese Atmosphäre noch einmal erleben, die Schmetterlinge noch mal im Bauch tanzen lassen.

Bei tollem Wetter machen wir uns auf den Weg nach Mannheim. Es ist früher Nachmittag, und ganz wenig Leute stehen vor dem Einlasstor. Aber hier kann ich bis in die Halle hineinschauen, direkt auf den vorderen Teil der Bühne, ein toller Platz! Einige Leute quatschen mich an und wollen mir eine Karte verkaufen. Schade, mir blutet das Herz, aber ich habe kein Geld dafür, bin froh, dass ich genug für die Zugfahrkarte hatte. Ich höre Musik und sehe ein paar Gestalten auf der Bühne stehen. Aha, das scheint der Soundcheck zu sein. Am liebsten würde ich mich hier festbinden, damit mir niemand diesen Platz streitig machen kann.

Nach und nach kommen immer mehr Leute, die sich für den Einlass anstellen. Voll Bewunderung beobachte ich wieder die freudigen Begrüßungsrituale der Fans. Meine Tochter hat sich schon längst auf Entdeckungstour begeben, ihr ist es hier bei mir langweilig geworden. Nach einer Weile kommt sie ganz aufgeregt an und erzählt, dass sie ein Schlupfloch gefunden hat. "Mutti, du musst mitkommen, durch das Loch passt du auch noch, und wir können über der Bühne stehen und alles hören und sehen", meint sie. Ich bin skeptisch und verlasse widerstrebend meinen schönen Platz, um mir das ominöse Loch anzuschauen. Der Gedanke, direkt über der Bühne stehen zu können, reizt mich aber doch. Es ist kein Loch, Gott sei Dank, denn hier würde ich mit Sicherheit nicht durchkriechen. Aber es ist ein ganz legaler Zugang zu einem Lokal, das zur Halle gehört. Eine Art Plattform ragt in die Halle hinein, auf der sich jede Menge Leute tummeln, die nach Prominenz aussehen. Ich entdecke Fritz Rau, DEN Konzertveranstalter überhaupt. Warum schaut der mich so an, sieht man mir an, dass ich mich hier reingeschmuggelt habe?. Nein, das ist mir doch zu riskant. Ich habe keine Lust, hier als "blinder Passagier" entlarvt zu werden.

Also schnappe ich mein Kind und bummele mit ihm rund um das Eisstadion, genieße die Musik, die von innen herausschallt und das milde Wetter. "Hörst du, Mutti?" fragt meine Tochter, "das ist doch aus Tabaluga!" "Tabaluga? Was ist denn das?". Ich verstehe nicht, was sie will. "Mensch Mutti, das ist doch das Kindermärchen, das ich mir von dir zum Geburtstag gewünscht hatte. Das, was der Maffay auch geschrieben hat". Ach soooo, das... Ich weiß trotzdem nicht genau, was sie meint, höre aber nun genauer auf die Musik. Ein Kindermärchen, das Maffay geschrieben hat? Irgendwo scheint mir da eine Information zu fehlen. Ich habe zwar in den letzten Jahren das eine oder andere über Maffay gelesen, aber so genau bin ich nun auch nicht informiert.

Wir sind am hinteren Teil der Eishalle angekommen, dort, wo ich am Vorabend rausgegangen bin. Ich erzähle meiner Tochter davon, als einer der Ordner zum Tor kommt. Sieht so aus, als ob er ein Gespräch mit uns anfangen wollte. Ich bin gutgelaunt und meine, mehr zum Spaß: "dem Maffay würde es auch nicht schaden, wenn sie uns die letzte halbe Stunde hier hinten noch mal reinlassen, um das Finale zu sehen. Das hab ich nämlich gestern Abend verpasst". Der gute Mann grinst nur breit, überlegt einen Moment, grinst weiter und öffnet das Tor. Ich fasse es nicht! "Ich hab nichts gesehen", meint er. Ich schnappe meine Tochter und flitze in Richtung der Tribüne, wo ich am Vorabend Gummibeine hatte und Schmetterlinge im Bauch bekam.. Nur schnell, bevor der sich das anders überlegt! Ich bin tatsächlich noch mal hier drin, ohne Karte und große Überredungskünste. Ich strahle wie ein Honigkuchenpferd, und meine Tochter ist platt, denn so hatte sie mich noch nie erlebt. Ich glaube, in diesem Moment bin ich der glücklichste Mensch unter der

Sonne.

Ich erlebe in den folgenden Jahren noch etliche Konzerte mit den verschiedensten Künstlern, aber keines davon hinterlässt solch einen Eindruck bei mir, wie diese beiden ersten Konzerte in meinem Leben. Von Jahr zu Jahr wird der Gang in die Hallen von mehr und mehr Routine begleitet und irgendwann fühle ich mich dort wie zu Hause. Als ich dann allerdings anfange – bedingt durch die richtigen Kontakte – bei den Konzerten mitzuarbeiten, geht die Faszination verloren. Irgendwann ist es dann nichts besonderes mehr, zu einem Konzert zu gehen. Ein Anstehen vor Konzertbeginn wird für mich indiskutabel, ich gehe nur noch dorthin, wo ich auch mitarbeiten kann.

Ein geplatzter Knoten und seine Folgen

Die nächsten Wochen sind gefühlsgeladen, und nicht nur meine Kinder zweifeln zeitweise an meinem Verstand. Irgendein Knoten scheint bei mir geplatzt zu sein bei diesem Konzert im August. Gefühle jeglicher Art sprudeln aus mir heraus, und ich weiß nicht, wohin damit.

Ich fühle mich wie ein Teenager, der frisch verliebt ist. Hab ich mich in Maffay verknallt? Quatsch! Oder? Reiß dich zusammen, sage ich mir. Schließlich bist du Mutter von drei Kindern und solltest Vorbild sein. Wie kann man sich in einen Popstar verlieben, und dann noch in DEM Alter! Ist doch völlig irreal das Ganze! Ich kann mit niemandem darüber reden, und fange wieder an, Gedichte zu schreiben, was ich seit meiner Jugend nicht mehr getan habe. Während ich schreibe, überkommt mich das Heulende Elend. Ach, wie bin ich traurig, weiß aber nicht, warum. Am nächsten Tag wieder könnte ich die ganze Welt umarmen und singe lauthals zur Musik aus dem Radio mit.

Ich habe das Gefühl, als bröckeln tonnenweise Steine von der Mauer, die ich in den vergangenen Jahren um mich herum gebaut habe. Ich höre zum ersten Mal bewusst "Mensch aus Stahl", ein Song aus dem ersten Tabaluga-Album, und es haut mich um. Der Text beschreibt exakt mein Leben der letzten Jahre! Fühle ich mich nicht gut, dann ziehe ich mir diesen Song rein und sage mir: so wird es nie wieder sein! Ich bekomme wieder Lust darauf, Menschen um mich zu haben. Ich – die seit Jahren eingeigelt und isoliert gelebt habe – bekomme wieder Lust aufs Leben!

Der Zustand hält ewig an, aber ich lerne, ihn zu akzeptieren. Ich weiß, es ist alles nur ein schöner Traum. Aber ich genieße ihn – irgendwann wird es auch wieder vorbei sein. Zu Weihnachten schenken mir die Kinder ein Video von Maffay. Wieder und wieder schaue ich es mir an, bis ich jede Szene auswendig kenne. Sitze vor dem Fernseher und vergesse alles um mich herum, bis die Kinder sich melden: "he, wir sind auch noch da! Nun komm mal wieder auf den Teppich", maulen sie.

Meine neue Lust auf Menschen verwirkliche ich auf zweierlei Art. Zum einen fange ich an, mir Gedanken um eine Berufstätigkeit zu machen, denn bisher war ich ja "nur" Hausfrau und Mutter. Ich beginne einen Kursus an der Volkshochschule zum Wiedereinstieg in das Berufsleben, der ein Jahr dauern wird. Hier lerne ich nicht nur nette Leute kennen, sondern erfahre zum ersten Mal im Leben, dass ich was wert und in Dingen stark bin, wo andere schwach sind. Mein Selbstwertgefühl fängt an, beachtlich zu steigen!
Außerdem will ich unbedingt noch öfter zu Konzerten gehen. Seit meiner Jugend bin ich ein Musikfan. Damals konnte ich diese Leidenschaft nicht ausleben, heute werde ich es einfach tun! Unter den Frauen, die mit mir jeden Tag für ein späteres Berufsleben büffeln, sind auch ein paar, die meine Musikbegeisterung teilen. Ich kann sie davon überzeugen, dass sie unbedingt mit mir zu diversen Konzerten gehen müssen.

Ich lebe mein Leben pur – auch wenn das Geld dafür immer noch sehr knapp ist. Um die Konzertbesuche finanzieren zu können, suche ich mir einen kleinen Nebenjob. Ich hasse Putzen, aber der Zweck heiligt die Mittel... Zur Krönung meiner neuen Lebenslust lese ich nun noch Kontaktanzeigen oder gebe selber welche auf. Könnte doch sein, dass ich dabei interessante Leute kennen lerne. Die Ergebnisse dieser Aktionen sind aber größtenteils eine Katastrophe, von den lustigen Erfahrungen einmal abgesehen.

Der Höhepunkt meiner neu gewonnenen Aktivitäten folgt im Sommer 1989. Im Rahmen meines Kurses an der VHS schreibe ich zum Testen eine Bewerbung auf eine Stellenanzeige – und werde prompt eingestellt! Ich kann es nicht fassen – meine erste Berufstätigkeit nach fast zwanzig Jahren!

Gründung eines Fanclubs

Seit meiner ersten Begegnung mit Maffay live versuche ich, immer auf dem laufenden zu bleiben, was seine Aktivitäten angeht. Als sein neues Album "Kein Weg zu weit" erscheint, ist für mich klar, dass ich wieder zu einem seiner Konzerte gehen werde. Wie ich an Eintrittskarten komme, weiß ich inzwischen auch. Nun fehlt mir nur noch ein T-Shirt mit dem Konterfei von Maffay, damit jeder sehen kann: ich bin ein Fan von diesem Typen. Schließlich will ich auch äußerlich zu der Fangemeinde gehören.

Im Zug nach Frankfurt sehe ich noch ein Maffay-Shirt. Es gehört zu einer jungen Frau, die unsicher in meine Richtung schielt. Hach, auch ein Fan, toll! Soll ich sie einfach anquatschen? ...Warum eigentlich nicht?... "Hallo, ein schönes T-Shirt haben sie da an..." Schnell kommen wir ins Gespräch. Bis wir in Frankfurt sind, haben wir Telefonnummern und Adressen ausgetauscht. Bruni ist Mitglied in einem Fanclub, prima, da will ich auch hin! Sie bietet mir an, mich zu einem der nächsten Treffen mitzunehmen.

Ich freue mich wie ein kleines Kind, und schaue mir nun das Publikum noch genauer an, als vor zwei Jahren bei meinem ersten Konzertbesuch. Mensch, wie toll die sich alle untereinander verstehen. Bald gehöre ich auch zu diesen Leuten, und diese Tatsache verleiht mir Flügel und lässt mich wiedermal auf Wolke 7 landen. Und dann Maffay auf der Bühne! Ich bekomme wieder Gummibeine und nasse Hände, nur die Schmetterlinge im Bauch tanzen nicht mehr. Dafür tanze ich, bin total happy. Der Typ da oben, er singt nur für mich – schau her, Peter, hier bin ich! Ach ja, Illusionen können doch manchmal ganz schön sein...

Zwei Wochen später ist es soweit, Bruni holt mich ab zum Fanclubtreffen nach M. Die Fahrt dorthin scheint mir ewig zu dauern. Endlich da, aber ich fremdele. Irgendwie fühle ich mich nicht wohl in der Runde. Dafür gibt es aber tolle Fotos zu bewundern, die auf dem Konzert in Frankfurt gemacht wurden. Natürlich will ich die auch haben, und darf welche bestellen. Meine ersten Fotos von Maffay, wow! Beim nächsten Treffen bin ich wieder mit dabei, klar, denn ich will ja meine Fotos haben. Aber auch heute fühle ich mich nicht besonders wohl in meiner Haut und klebe an Bruni wie eine Klette.

Auf der Heimfahrt meint Bruni, dass sie nicht mehr den weiten Weg nach M. fahren möchte, und aus dem Club aussteigen will. Spontan meine ich: "warum machen wir nicht unseren eigenen Fanclub hier in unserer Gegend? So schwer kann das doch nicht sein“. Sie ist ganz angetan von meiner Idee, meint aber, dass sie keine Zeit hat, um so was aufzuziehen. Ich überrede sie dazu, zum nächsten Clubtreffen noch einmal nach M. zu fahren, damit ich mir ein paar Tipps von dem Clubleiter holen kann.

Ich staune nicht schlecht über seine Reaktion auf meine Fragen. "Da kann ich dir leider nicht helfen, das musst du schon alleine auf die Beine stellen" meint er mit einem süffisanten Grinsen. Das kann doch nicht wahr sein! Warum ist der Typ nicht bereit, mir ein paar Tipps zu geben, woher soll ich denn wissen, wie man einen Fanclub gründet???? Dass ich eine Genehmigung vom Maffay-Büro brauche und die Adresse desselben verrät er mir aber dann doch noch gönnerhaft. Ich bin sauer und sehr enttäuscht, denke mir aber: jetzt erst recht! Warte nur ab, mein Lieber, ich werde dir zeigen, dass ich es auch ohne dich schaffe! Eines weiß ich jetzt schon: sollte irgendwann einmal jemand meine Hilfe für eine Clubgründung brauchen, wird er sie bekommen!

Ich beratschlage mit Bruni, wie wir unseren Fanclub am besten auf die Beine stellen können. Zu erst einmal brauche ich ja die Genehmigung. Ich habe zwar die Adresse des Büros, möchte das aber lieber telefonisch machen. Mit klopfendem Herzen rufe ich in der Höhle des Löwen an. Hoffentlich geht er nicht selbst ans Telefon, ich wüsste nicht, was ich dann sagen sollte und würde sterben vor Verlegenheit! Aber Gott sei Dank ist nur eine Sekretärin dran, die mir verspricht, mir die Genehmigung zu schicken. Am 24. April 1990 flattert sie ins Haus, und ich bin stolz wie Oskar darauf.
Jetzt kann ich loslegen. Wie komme ich an Fans, die bei uns mitmachen möchten? Welchen Namen soll der Club haben? Wie und wo wollen wir die Treffen machen? Wo lässt man diese Club-T-Shirts drucken und was werden sie kosten? Und vor allem: wie finanziere ich das alles???? So beginnt nun mein Abenteuer "Fanclub".

Unser erstes Clubtreffen soll am 30. August sein, der Tag, an dem ich Peter vor zwei Jahren zum ersten Mal auf der Bühne live erlebt habe. Bis dahin ist also noch genügend Zeit, um alles vorzubereiten. Meine Telefonrechnung steigt jetzt ins astronomische, weil ich fast täglich mit Bruni telefoniere. Um die Fans aus der Umgebung auf uns aufmerksam zu machen, starte ich eine Anzeigenkampagne in einem kostenlosen Anzeigenblatt. Ich setze jede Woche ein paar Zeilen aus einem Maffay-Song in diese Zeitung, ohne weiteren Kommentar, nur mit meiner Telefonnummer. Es soll die Leute neugierig machen, was hinter den Anzeigen steckt, aber zuerst einmal ruft niemand bei mir an. Dann auf einmal melden sich doch ein paar Leute. Ich erzähle ihnen, was ich mit den Anzeigen bezwecken will – und sie sind begeistert dabei! Na also, es geht doch.

Jetzt gehe ich auf die Suche nach einem geeigneten Raum für unsere monatlichen Treffen, und finde ihn – sogar in meinem Wohnort, na prima. Der Raum fasst 40 Personen. Oh je, hoffentlich kriegen wir DEN mal voll. Bis jetzt sind wir erst vier Leute in unserem Club...
... und mit diesen vier Leuten veranstalten wir unser erstes Treffen am 29. August. Bruni und ich sind froh, dass die andern beiden auch wirklich gekommen sind, sonst wäre dieser Abend doch sehr traurig geworden. So aber stoßen wir auf das Wohl unseres Idols an. Es wird ein lustiger Abend, denn wir haben einen Radiorecorder dabei und hören natürlich die Musik von Maffay und planen dabei die Zukunft unseres Clubs.

Ich inseriere in der Zeitung weiter und siehe da, es melden sich noch ein paar Leute bei mir. Beim zweiten Treffen sind wir schon acht Personen, und ich merke, wie viel Spaß mir die Organisation macht. Wir beratschlagen, ob und welches Logo wir für unsere T-Shirts brauchen, und eine Clubweste muss auch her! Jeder ist gefragt und soll sich bis nächstes Mal was einfallen lassen.

Ich bastele, schnipsele, male und klebe, um ein Logo für den Fanclub auf die Beine zu stellen – und verfluche wiedermal meine finanzielle Situation. Hätte ich einen Computer, wäre die ganze Arbeit kein Problem.

Im Oktober sind wir schon neun Personen, ich freue mich wie ein kleines Kind, besonders, als endlich die Kusine von Bruni auftaucht. Bruni hatte sie schon eine ganze Weile bearbeitet, doch mal bei uns reinzuschauen. Doch die Kusine meinte, sie brauche keinen Fanclub, um die Musik von Peter Maffay zu hören. Aber offensichtlich gefällt es ihr doch bei uns, denn sie kommt ab sofort regelmäßig zu unseren Treffen.

Vom ersten Monat unseres Clubbestehens an schreibe ich an einer Chronik. Hier merke ich wieder mal, wie viel Freude mir das Schreiben macht. Die Chronik wird akribisch geführt und mit Fotos der Clubmitglieder geschmückt. Weil ich mehr schreiben möchte, entschließe ich mich, auch einmal einen Artikel in die bundesweit vertriebenen Fanzeitung zu setzen. Ich erzähle von unserem Haufen, um uns bei den anderen Clubs bekannt zu machen – eigentlich nichts besonderes, denke ich. Doch die darauf folgenden Reaktionen verschrecken und verunsichern mich.

Der erste Fanclub, der sich auf meinen Artikel hin meldet, interessiert sich in erster Linie für die Farbe unseres T-Shirts. Es dürfe auf keinen Fall rot sein, klärte man mich auf, denn diese Farbe ist schon vergeben. Wie bitte? Ich denke, mich tritt ein Pferd. Solche Regeln gibt es? Ich füge mich zähneknirschend meinem Schicksal, denn ich möchte nicht gleich zu Anfang unserer Clubkarriere Ärger mit den andern haben. Bescheuert finde ich es aber trotzdem.

Die nächste unverständliche Reaktion folgt sofort. Ich hatte in dem Artikel über uns geschrieben, wir seien eine Art Ableger des Fanclubs, wo ich mit Bruni ganz zu Anfang probeweise Mitglied war. Ich empfinde das jedenfalls so, denn ohne die Erfahrung in diesem Fanclub wäre ich nicht auf die Idee gekommen, einen eigenen zu gründen. Und, wie es üblich in dieser Szene ist, habe ich unserem Club auch einen Namen gegeben: den Titel des momentan aktuellen Albums: "Kein Weg zu weit". Für mich eine durchaus legale Handlung.

Nicht aber für den Club, in den ich seinerzeit reingeschnuppert habe. Ich bekomme einen Brief, in dem mir die Verletzung eines ungeschriebenen Gesetzes vorgeworfen wird: der Name eines Clubs darf nur einmal vergeben sein, und bei unserem ist das so. Ebenso wird mir die

Bezeichnung "Ableger des Clubs aus..." angekreidet. Wie ich dazu komme, das zu behaupten, werde ich gefragt. Du liebe Güte, zu welchem kranken Haufen bin ich denn hier gestoßen? Ist es denn nicht völlig egal, wie viele Clubs den gleichen Namen haben oder ein T-Shirt der gleichen Farbe? Ich hatte geglaubt, alle Fans hätten das gleiche Interesse und würden das gleiche Ziel verfolgen. Aber offensichtlich ist hier Bürokratie, Neid und Konkurrenzdenken ebenso verbreitet wie überall in unserer Gesellschaft.

Ich habe meinen ersten Dämpfer weg, aber das soll bei weitem nicht der letzte sein. Tatsächlich habe ich in den nächsten Jahren etliche Kämpfe auszustehen. Was mich immer wieder erstaunt, ist die Tatsache, dass es "die große Familie der Maffayfans" eigentlich nicht gibt – auch wenn das die meisten gerne so sehen wollen. Im Grunde habe ich oft das Gefühl, mich in einem Kindergarten zu befinden, wo jeder um sein Bauklötzchen kämpft, und der eine dem andern die Wurst auf dem Brot nicht gönnt. Mit diesen Erkenntnissen und der damit verbundenen Enttäuschung habe ich immer wieder zu kämpfen.

Gemeinsame Unternehmungen

Ein besonderes Phänomen unter den Fans habe ich ziemlich schnell entdeckt: es ist wirklich alles interessant, was nur im Entferntesten mit Maffay zu tun hat, ganz besonders gilt das für Personen, die irgendwann einmal irgendwas mit ihm zu tun hatten. So wie alle Fans weiß auch ich inzwischen, dass Maffay mit Oskar Lafontaine befreundet ist – demzufolge interessiert man sich auch für die politischen Aktivitäten dieses Herrn. Als ich in der Zeitung lese, dass in Köln eine Wahlveranstaltung der SPD stattfindet, bei der unter anderem auch unser Peter auftreten soll, steht für mich fest: da will ich hin! Wie ich nach Köln kommen soll, ist mir in dem Moment egal. Ich hänge mich ans Telefon und rufe nach und nach alle aus dem Club an: wir fahren nach Köln, bist du dabei? Zum ersten Mal in unserer Clubgeschichte eine gemeinsame Unternehmung. Unsere Muttis müssen ihre Familie organisieren, das heißt, den geschockten Ehemann instruieren, wie er mit den Kindern einen Tag alleine über die Runden kommt, Essen vorkochen und die Kinder ermahnen, auch mal auf den Papa zu hören. Nicht zuletzt muss den Göttergatten klargemacht werden, dass sie auf Peter nicht eifersüchtig sein müssen, und dass solche Unternehmungen sicher in Zukunft noch häufiger anfallen werden.

Mit zwei Autos fahren wir gut gelaunt im kalten November gen Köln. Da noch genügend Zeit bis zum Veranstaltungsbeginn ist, machen wir einen Abstecher in die Stadt. Ich stehe zum ersten Mal vor dem Kölner Dom. Meine Güte, ist der dreckig! "Du kannst ja mit ´nem Schrubber hochfahren und die Türme putzen", meinen die andern trocken zu mir. Na ja, so wichtig ist mir das Teil nun doch nicht. Meinen knurrenden Magen beruhigen ist mir momentan wichtiger. Und danach will ich endlich zur Sporthalle!

Wir finden sie problemlos, und während wir einparken fällt mein Blick zufällig nach draußen. "Da fährt der Tourbus von Peter!" schreie ich. Bruni und ich vergessen in diesem Moment, wie alt wir sind und dass wir Familienmütter sind. Wir schauen uns nur an, reißen die Wagentür auf, noch während er am Ausrollen ist, springen raus und rennen wie die Bekloppten hinter dem Tourbus her. Bruni kann sehr gut flitzen, und ich komme vor Lachen kaum hinterher. Wir winken, rufen und pfeifen, aber die Herrschaften im Bus bemerken uns nicht. Der Rest von uns kapiert erst mal gar nicht, warum wir beide uns so verrückt aufführen, rennen aber trotzdem mit hängender Zunge hinter uns her. Aber der Tourbus fährt natürlich unbeirrt weiter. Also gut, jetzt aber wirklich zur Halle, Leute.

Hier sind schon einige andere Fanclubs, die uns stolz erzählen, dass sie schon frühzeitig hier waren und Peter getroffen haben. So ein Ärger! Hätten wir uns den Abstecher zum Dom gespart, hätten wir vielleicht auch Glück gehabt. Beim nächsten Mal passiert uns so was sicher nicht mehr. In der Halle sind schon jede Menge Leute, und ich entdecke im Gedränge auch den netten Briefeschreiber, der mir Vorwürfe wegen unseres Namens gemacht hatte. Wir beäugen uns gegenseitig, machen aber keine Anstalten, uns zu begrüßen. Ich hab auch gar keine Lust dazu. Irgendwie fühle ich mich ziemlich unsicher hier, schließlich ist es unser erster Auftritt als Fanclub. Außerdem habe ich das Gefühl, dass besagter Clubleiter mit anderen Leuten über mich redet; sicher regt er sich wieder über unseren Namen auf! In der Halle ist es sehr laut, ein Gespräch ist nur mit Gebrülle möglich. Wie soll das erst werden, wenn nachher Musik gemacht wird? Wir erkämpfen uns einen Platz in den vorderen Reihen, schließlich wollen wir unserem Peter so nah wie möglich sein.

Endlich geht es los, und es wird beängstigend eng um uns herum. Britta wird es übel, denn die Luft wird immer stickiger. Sie schafft es gerade noch bis nach draußen, kippt dann um und wird von den Sanis aufgelesen. Mir geht es trotz meiner Unsicherheit prima. Ich bin in meinem Element. Aber bevor es Musik gibt, müssen wir uns wohl oder übel noch die Reden diverser Politiker anhören. Was tut man nicht alles, um Peter singen zu hören... und der kommt ganz am Ende der Veranstaltung. Wir jubeln, irgendeiner singt mir lauthals ins Ohr, dass mir fast das Trommelfell platzt. Wir sind happy, vergessen sind die Kreislaufprobleme, vergessen die Sucherei am Vormittag nach einem schönen Café, wo wir dann doch bei McDonalds gelandet sind. Viel zu schnell ist sein Auftritt zu Ende, aber wir sind uns einig: es war ein toller Tag.

Wir nehmen uns vor, solche gemeinsamen Unternehmungen öfter zu machen, und halten uns auch daran. Anfangs sind das ausschließlich Unternehmungen, die Maffay betreffen. Im Laufe der Jahre aber entwickeln sich echte Freundschaft untereinander, und die Gründe, gemeinsam auf die Rolle zu gehen, werden vielfältiger. Egal aber, wer mit wem oder warum wir zusammen unterwegs sind, der Grund dazu ist schlicht und einfach der, dass es Spaß macht, und jeder von uns in der Lage ist, einmal für kurze Zeit den normalen Alltag vergessen zu können.

Der Club wächst

Im Januar, ein knappes halbes Jahr nach dem ersten Treffen, entschließe ich mich, eine Clubzeitung für meine Mitglieder zu machen. Ich sammele Zeitungsartikel über Peter und versuche, mit viel Akribie, eigenen Zeichnungen und mühevollem Tippen auf einer alten Reiseschreibmaschine die Seiten zusammenzustellen. Stunden gehen dafür drauf, aber ich bin mit ganzer Seele dabei und mit dem Ergebnis von Mal zu Mal zufriedener. Überhaupt gehe ich total in der Organisation des Clubs auf, und diese Freude daran überträgt sich auch auf die Mitglieder. Durch Mundpropaganda kommen nun auch zu fast jedem Treffen neue Fans, und zufrieden stelle ich fest, dass unser Clubraum doch nicht zu groß ist, wie ich am Anfang befürchtet hatte.

Der Ablauf unserer monatlichen Treffen bekommt auch langsam Routine. Zu Beginn steht der "offizielle Teil", bei dem ich die aktuellen Neuigkeiten rund um Maffay bekannt gebe, vorausgesetzt, man hört mir zu. Immer wieder muss ich um Aufmerksamkeit bitten, weil sich alle schrecklich viel zu erzählen haben. Dann erkläre ich, was ich mir an Aktivitäten für den Club ausgedacht habe, was es zu organisieren gibt oder stelle neue Mitglieder vor. Danach wird es dann gemütlich, mit gutem Essen und Trinken und natürlich immer mit der Musik von Peter. Grundsätzlich bin ich nach den Treffen für mindestens zwei Tage total heiser vom Reden.

Natürlich will ich meinen Mitgliedern mehr bieten, als immer nur die Musik von Peter zu hören, und so kontaktiere ich einen privaten Rundfunksender in Frankfurt, der seit kurzem zu meinen Lieblingssendern gehört. Wir bekommen einen Besuchstermin, also heißt es wieder für unsere Muttis, die Familie zu organisieren. Der Senderbesuch ist sehr interessant, am liebsten würde ich fragen, ob ich dort nicht arbeiten kann, aber natürlich traue ich mich nicht. Auf jeden Fall aber werde ich einen kleinen Artikel für das bundesweite Clubmagazin schreiben. Beim Schreiben bin ich nicht schüchtern und kann mich so ausdrücken, wie ich es sonst nicht täte.

Nach dem Senderbesuch ist ein gemeinsames Abendessen geplant. Wir möchten dazu aber nicht unbedingt bis in die Frankfurter Innenstadt und einigen uns auf Griesheim. Es ist arschkalt, -10 Grad, und wir stiefeln bibbernd durch die Gegend und finden einfach nicht das richtige Lokal für uns. Entweder ist es zu klein, oder zu vornehm, zu teuer, und überhaupt - eigentlich möchten wir ja chinesisch essen. Leider scheitert das aber an der strikten Weigerung unseres einzigen männlichen Fans in der Runde, und ich merke, wie schwer es ist, es allen recht zu machen. Zum Schluss gehen wir dann in das erstbeste Lokal, das wir finden, weil uns inzwischen nicht nur der Magen auf den Füßen hängt, sondern weil wir fast zu Eiszapfen gefroren sind.

Fast ein Jahr ist seit der Clubgründung vergangen, wir sind schon fünfzehn Mitglieder! Meine Organisationsbegeisterung ist nun wirklich vonnöten, und es macht mir zunehmend mehr Spaß, mich um alles kümmern zu können; und auch die Tatsache, dass ich das Leithammel der Truppe bin, gefällt mir. Mein Selbstbewusstsein wächst zwar langsam, aber beständig. Wir alle freuen uns auf die monatlichen Treffen.

Im Frühsommer kommt eine Einladung von einem Fanclub für ein Sommerfest im Raum Mannheim. Leider haben nur vier von uns Zeit und Lust, dort hinzugehen. Endlich mal eine Möglichkeit, die anderen Clubleiter kennen zulernen. Ich bin erst mal wieder total unsicher und klebe an meinem Platz wie angewachsen. Neugierig beobachte ich die andern und habe das Gefühl, als fände hier ein großes Familienfest statt. Natürlich wird nur Maffay-Musik gespielt. Plötzlich heißt es: alle Clubleiter auf die Bühne. Mir rutscht das Herz in die Hose, oh Gott, da oben will ich nicht hin! Ich bleibe erst mal sitzen und beobachte, was sich da abspielt. Die Clubleiter stellen sich vor und überreichen dem Gastgeber ein Geschenk. Gut, dass ich mich nicht bemerkbar gemacht habe, und sitzen geblieben bin. Von einem Geschenk war in der Einladung keine Rede, woher sollte ich wissen, dass dieses Ritual üblich ist? Meine Begleiter reden auf mich ein, ich solle uns doch trotzdem vorstellen gehen. Nein, für kein Geld der Welt gehe ich da hoch, macht ihr das doch, wenn es euch so wichtig ist!

Kurze Zeit später kommt eine weitere Einladung eines andere Clubs. Ich weiß sofort, was ich als erstes zu tun habe: ein Gastgeschenk organisieren! Mir wird ganz flau bei dem Gedanken, mich vor all die Leute stellen zu müssen, um uns vorzustellen. Hoffentlich überstehe ich das...

Peter Maffay gehört inzwischen zu meinem Alltag wie die Kinder oder der Beruf. An meiner Arbeitsstelle bin ich wegen meiner Begeisterung bekannt wie ein bunter Hund und bekomme auch schon einmal per Funk einen Song von ihm von den Kollegen geschickt. Es sind ein paar Kontakte zu anderen Fans entstanden, und meine Telefonrechnung von unter hundert Mark gehört der Vergangenheit an.

Meine Kinder bewundern ihre Mutter, die in "dem Alter" noch so begeisterungsfähig ist und die Power hat, einen Fanclub zu organisieren. Später ändert sich diese Einstellung meiner Sprösslinge allerdings. Es geht ihnen schlicht auf den Keks, wenn Abend für Abend ständig das Telefon für mich klingelt und es kaum noch ein anderes Thema gibt. Eine sehr positive Nebenwirkung hat die Geschichte aber auch noch: mein Selbstwertgefühl steigt immer weiter. Aus der unscheinbaren und schüchternen grauen Maus wird langsam eine kontaktfreudige und musikbegeisterte Person. Meine Leidenschaft aus Teeniezeiten ist wieder ausgebrochen: ich interessiere mich für alles, was nach Rock- und Popmusik klingt. So ist nicht nur Maffay mein Favorit, sondern auch die Beatles, die Stones oder Bon Jovi höre ich mit Begeisterung und gehe zu deren Konzerte.

Weitere Unternehmungen

Unser Club besteht nun ein Jahr, und somit rückt auch der Geburtstag von Peter näher. Ich habe mir überlegt, wie ich ihm eine Überraschung machen könnte. In dieser Beziehung bin ich genau wie alle anderen Fans: man versucht mit allen Mitteln, bei Peter Aufmerksamkeit zu erringen, damit er sich irgendwann einmal an einen erinnert...
Also reicht eine einfache Glückwunschkarte nicht aus, was Besonderes muss her. Meine Karte hat deshalb die Größe eines mittleren Posters! Die Briefmarke für das Monstrum mache ich aus einer Autogrammkarte, ein netter Text wird gut platziert und dann wird das Ganze von allen unterschrieben. Weil frische Blumen zu teuer sind, werden welche aus Papier geschnitten und ebenfalls noch auf die Karte gepappt. Schön! Auf dem normalen Postweg kann ich das Riesenteil allerdings nicht verschicken, aber auch dafür habe ich schon eine Lösung gefunden. Bei der Clubfete von neulich habe ich einen Superfan kennen gelernt, der zum Geburtstag bei Peter eingeladen ist, ihm werde ich unser Präsent mitgeben, wenn ich ihn demnächst wieder treffe.

Das nächste Fest ist in der Nähe von Frankfurt, und bei tollem Wetter findet es vorwiegend im Freien statt. Diesmal fühlen wir uns nicht mehr so fremd wie beim ersten Mal und werden sogar von einzelnen Leuten begrüßt. Ein schönes Gefühl, dazu zugehören. Meine gute Laune wird aber getrübt, als ich sehe, wer auch hier ist: der Nörgler, der mich wegen unseres Clubnamens angemeckert hat Er fängt auch heute wieder mit dem Thema an, und ich reagiere, wie ich es noch nie vorher getan habe: mir platzt der Kragen. Ich rede ein klärendes Wort mit ihm und mache ihm meinen Standpunkt zu der Sache klar. So ein kindisches Getue wegen eines Namens geht mir nun wirklich auf den Senkel.

Auch heute gibt es einen offiziellen Teil, und ich muss in den sauren Apfel beißen, und unseren Club vorstellen. Obwohl ich vorgesorgt und ein Gastgeschenk dabei habe, schlottern mir die Knie. Noch nie vorher habe ich vor Menschen reden müssen. Ich sehe den Mikrofonständer und denke, wie soll ich da dran kommen, das Ding ist viel zu hoch für mich! Es muss wohl recht komisch aussehen, wie ich da mit dem Mikro kämpfe, jedenfalls habe ich ein paar Lacher auf meiner Seite. Dafür geht es mir besser, sobald ich die ersten Worte hinter mir habe. Geschafft, Kleine, klopf dir auf die Schultern! Ein Highlight der Veranstaltung ist ein Maffay-Imitator, der bei einem Fernsehwettbewerb den ersten Platz belegt hatte. Er ist für uns heute der Superstar. Der Arme hat allerdings mit einem Fan zu kämpfen, der, schon recht alkoholisiert, ständig versucht, ebenfalls seine Sangeskünste zu präsentieren, und zwar zusammen mit dem Imitator. Letztendlich kann der Gute vor lauter Lachen kaum noch singen, gibt sich geschlagen und überlässt dem Fan das Mikrofon.

Unseren ersten Clubgeburtstag wollen wir natürlich auch feiern. Wochenlang sitze ich wieder mal zu Hause und bastele einen Fan-Quiz. 100 Fragen rund um Peter Maffay ausdenken, mit meiner klapprigen Reiseschreibmaschine auf kleine Karten schreiben und diese mit Klebefolie bekleben, damit sie "was aushalten". Eine Heidenarbeit, aber es macht mir Spaß. Zu gewinnen soll es ja auch was geben, und auch die Gewinne werden in Handarbeit hergestellt. Unsere Geburtstagsfete wird sehr lustig; vor allem, als ich feststelle, dass ich die Gewinne für den Quiz zu Hause habe liegen lassen. Gott sei Dank ist unser Clublokal quasi um die Ecke, und ich kann schnell nach Hause flitzen, um sie zu holen.

Ende September bekomme ich einen Anruf: "morgen gibt Peter eine Autogrammstunde in Frankfurt!" Hilfe, wo fange ich an? Da wollen, müssen wir dabei sein, oder? Also muss wieder mein Telefon herhalten, die Drähte glühen, genau wie ich, und nach einer Stunde ist der Trip nach Frankfurt organisiert. Danach rufe ich noch einige andere Clubleiter an, schließlich wollen wir morgen nicht alleine da stehen.

Nach einigen Umwegen - Orientierung ist alles – kommen wir am nächsten Tag am Nordwestzentrum in Frankfurt an. Ich möchte es einmal erleben, dass wir, ohne uns zu verfransen, irgendwo ankommen. Nicht nur ich bin total kribbelig, denn schließlich ist das die erste Autogrammstunde, die wir erleben dürfen. Leider ist es ziemlich kühl, regnen tut es auch, aber trotzdem sind wir guter Dinge. Allzu viele Leute sind noch nicht da, aber nach und nach tauchen bekannte Gesichter auf – jetzt kann ja nichts mehr schief gehen.

Noch eine halbe Stunde Zeit, bis es losgehen soll. Bei diesen Wetterbedingungen wird das eine lange Zeit. Wir werden mit der Musik des neuen Albums in Stimmung gebracht, und als es dann endlich losgeht, haben wir uns bis zur ersten Reihe in der Warteschlange vorgekämpft. Jetzt ist das Gedränge groß. Warum drücken die alle so, es kommt doch jeder dran – hoffe ich. Meine Knie sind wackelig vor Aufregung, denn schließlich werde ich Peter heute zum ersten Mal gegenüber stehen. Und ich gehöre zu den ersten, die auf die kleine Bühne dürfen, die aufgebaut wurde. Ich schicke Bruni vor und gebe mir dadurch noch eine Frist. Mein Gott, bin ich nervös, was sage ich bloß, wenn ich vor ihm stehe? "Hallo Peter, kann ich ein Autogramm kriegen?".. Blöd, ist doch logisch, deshalb bin ich ja hier. "Hi, ich bin Ingrid, wie geht es dir?". Ist genauso doof.

Jetzt bin ich dran! Mein Gott, ist der Kerl klein, kaum größer als ich selber, aber auch irgendwie niedlich. "Hallo Peter", sage ich nur, und drehe ihm meinen Rücken zu, damit er auf meine Clubjacke sein Autogramm schreiben kann. Er nickt mir freundlich zu, ich grinse blöd und stolpere hinter Bruni her. Das war's schon, warum hab ich nichts gesagt? Bruni strahlt und hält mich fest, als ich weitergehen will. "Wir sollen hier warten, wir dürfen nachher zu Peter ins Pressezelt!". "Wieso das denn?" "Ich habe ihn einfach gefragt, ob wir nachher noch ein paar Takte mit ihm reden dürfen, und er hat gesagt, dass wir hier warten sollen, bis er uns abholt". Jetzt haut es mich erst recht um. Ich bin sowieso schon fertig, aber diese Neuigkeit ist Spitze. Die andern von uns kommen nach und nach und sind genauso fassungslos.

Aber erst mal machen uns die Ordner Schwierigkeiten, die Typen sind doch überall gleich. Sie wollen uns aus dem Backstagebereich verscheuchen. Bruni aber fackelt nicht lange und flitzt wieder zu Peter auf die Bühne, um ihn um Hilfe zu bitten. Der reagiert sofort und macht den Oberaufpassern klar, dass alles seine Richtigkeit hat. Wow, ich bin beeindruckt von der Autorität, die er in diesem Moment ausstrahlt. Die hören ihm ja aufs Wort!

Wir nutzen die Wartezeit, um eine Menge Fotos von Peter "bei der Arbeit" zu machen. Die meisten Fans sind mit einem einzigen Autogramm zufrieden, und so manch einer kommt mit glänzenden Augen und zitternden Händen von der Bühne, sogar vereinzelte Tränen kann man sehen – die aber ausschließlich bei den weiblichen Fans. Es ist doch schön zu sehen, dass sich so mancher Erwachsene noch freuen kann wie ein kleines Kind. Ein Fotoreporter der Frankfurter Neuen Zeitung kommt zu uns und fragt, ob er ein paar Fotos von uns machen darf. Natürlich darf er, wir sind sogar stolz darauf. Wir in der Zeitung, das ist doch mal was. Kurz darauf taucht eine BILD-Reporterin auf und will wissen, warum wir Fans von Peter Maffay sind. Sie fragt: "und sie sind so richtig in ihn verliebt, würden sie ihn denn auch gerne heiraten wollen?" Wir können uns kaum ein Lachen verkneifen. Du meine Güte, merkst du denn nicht, wie bescheuert deine Fragen sind? Du siehst doch, dass wir erwachsene Frauen und keine Teenies sind, denke ich mir. Offensichtlich hat die Gute keine Ahnung, was Fans wirklich sind, gehört zu den Leuten mit dem Pauschaldenken. Wir sind ja alles mögliche, aber verliebt in Peter ganz bestimmt nicht – jedenfalls nicht im üblichen Sinne. Und dass ich mal ein ganz klitzekleines bisschen in ihn verknallt war - das geht nur mich was an.

Langsam macht sich Ungeduld unter uns breit. Inzwischen ist es noch kälter geworden, regnen tut's auch immer noch, und seit dem Frühstück haben wir nichts mehr gegessen oder getrunken. Jetzt ist es früher Nachmittag, mein Magen knurrt heftig und mein Zigarettenkonsum steigt entsprechend. Hunger! ist der einzige Gedanke, den ich momentan habe. Trotzdem ist es immer noch interessant, dem Treiben auf der Bühne zuzuschauen. Die Massen von vorhin sind zwar weniger, aber es ist immer noch jede Menge Betrieb da oben. Da werden Küsschen gegeben – beneidenswert! – Gruppenfotos mit Peter gemacht – wir wollen auch! – kleine Kinder gereicht, einer lässt sich seine Gitarre signieren, ein anderer wieder hat wohl seine komplette Plattensammlung zum Unterschreiben mitgebracht. Und bei all dem bleibt Peter ruhig und höflich und macht all den Trubel ergeben mit. Mich würde interessieren, was dabei in seinem Kopf vorgeht.

Nach zwei Stunden ist die Schlange vor der Bühne kurz vor dem Ende, gleich ist alles vorbei. Peter hat unzählige Platten, Autogrammkarten, CDs und T-Shirts unterschrieben, Hunderte Hände geschüttelt, immer wieder die gleichen Worte von seinen Fans gehört, aber trotzdem hat er uns dabei nicht vergessen. Er kommt zu uns, winkt Bruni zu sich, schnappt sie bei der Hand und verschwindet mir ihr und ein paar anderen Leuten durch den Hintereingang der Bühne! Ja, was soll das denn jetzt, was ist mit uns? Wir gehören doch auch dazu! Wir flitzen - nix wie hinterher!

Backstage landen wir in einem Pulk von Leuten in einem Pressezelt: Journalisten, Fotografen, Mitarbeiter von Peter, Dieter Viering der Manager und Fritz Rau, der Konzertguru . Hey toll, und wir mittendrin. Peter gibt erst einmal kurz und bestimmt ein paar Anweisungen, schickt uns zu den anderen – und verschwindet. Na toll, und was soll das jetzt wieder? Wir mischen uns unters Volk, aber irgendwie fühle ich mich hier fehl am Platz und würde mich am liebsten wieder verkrümeln. Soviel Prominenz und High Society macht mich unsicher. Dieter erzählt uns, dass Peter kurz zu einer Pressekonferenz musste, aber gleich wieder kommt. Das "gleich" wird eine Stunde, und mein Magen knurrt inzwischen verdächtig laut. Ich will jetzt sofort was essen und trinken! In einer Ecke stehen zwar ein paar leckere Sachen zum essen, aber da traue ich mich nicht ran.

Nach einer Ewigkeit hat die Prominenz hat sich inzwischen verzogen, es regnet immer noch, und jetzt fangen ein paar Leute auch noch an, uns das Pressezelt über dem Kopf abzubauen. Wir stehen immer noch herum und warten, und ich bin jetzt total gefrustet. Will eigentlich nur noch irgendwohin, mich setzen und was essen. Außer uns sind jetzt noch eine handvoll anderer Fans da, und wir glauben nicht, dass Peter heute noch mal kommt. Was soll das, will er uns verarschen, oder was? Wir sind ziemlich enttäuscht. Auf einmal taucht Peter auf: "So Leute, jetzt hab ich noch mal Zeit für euch", meint er, und sofort wird es hektisch unter den paar Fans. Jeder will noch ein Autogramm, ein Foto, ein paar Worte. Ich denke, bleib lieber erst mal im Hintergrund, sei nicht so aufdringlich wie die andern. Aber die andern weichen nicht von Peter's Seite, sind frecher als ich und bekommen, was sie wollen.

Fotoapparate klicken unermüdlich, während Peter wieder Autogramme schreibt und dabei mit dem einen oder anderen redet. Irgendein Typ hat wieder einen ganzen Stapel Schallplatten dabei, und auch die werden unterschrieben. Eine Frechheit, finden wir. Der Typ nimmt uns einen Teil der knappen Zeit, die Peter nur hat. Nach ein paar Minuten dreht

Peter sich um: "tschüß Leute, das war's, ich muss weiter" – und weg ist er! Das habe ich jetzt von meiner vornehmen Zurückhaltung, nämlich gar nichts. Das waren jetzt mal fünf Minuten, und dafür habe ich sage und schreibe fünf Stunden herumgestanden! Wir sind einerseits enttäuscht, andererseits können wir Peter aber auch verstehen: irgendwann muss einmal Schluss sein.

Trotzdem sind wir uns einig: es war schön und interessant, und es hat sich auf jeden Fall gelohnt, sich die Füße im Regen platt zu stehen. Aber ich frage mich abends zu Hause im warmen und trockenen Bett: irgendwie muss ich doch nicht ganz klar im Kopf sein, wegen einer Unterschrift solche Aktionen auf mich zu nehmen, oder? Aber was soll's – schön war's doch irgendwo.

Anstrengend sind solche Unternehmungen immer, und die Frage nach meinem geistigen Zustand stelle ich mir noch öfter in den nächsten Jahren. Manchmal frage ich mich auch: wofür machst du das eigentlich alles? Wie müssen wir auf normale Leute auf der Straße wirken, wenn wir in diesen Gruppen unterwegs sind? Aber es ist immer ein schönes Gefühl, sich gemeinsam in der Öffentlichkeit zu zeigen. Wichtig dabei ist uns anfangs auch die Uniformierung, die allen Fanclubs gemein ist. Es ist einfach selbstverständlich, dass man Clubkleidung trägt, wenn man öffentlich unterwegs ist. Später dann, als uns die Freundschaften untereinander wichtiger werden als unsere Präsentation in der Öffentlichkeit, verzichten wir ganz drauf und tragen normale Kleidung.

Das erste Treffen mit Peter

Kurz nach der Autogrammstunde in Frankfurt bekomme ich das Bedürfnis, die Gegend kennen zulernen, wo mein Idol arbeitet und lebt. Dahinter steckt mein Wunsch, mitreden zu können. Den Erzählungen anderer Fans konnte ich entnehmen, dass man erst dann richtig dazu gehört, wenn man sich mindestens einmal im Jahr die Füße vor den Büros von Peter plattgestanden hat, um ihn danach persönlich sprechen zu können. Also besorge ich mir vom Fremdenverkehrsamt die nötigen Unterlagen über die Gegend rund um den Starnberger See und mache mich an die Arbeit.

Ich studiere die Unterlagen, als ginge es darum, eine Doktorarbeit schreiben zu müssen. Gierig verschlinge ich alles darin und stoße auf ein interessantes Angebot. Das ist es doch! Ein Hotel bietet ein "Schmankerl-Wochenende" zu einem besonders günstigen Preis an. Bei unserem nächsten Clubtreffen spreche ich meine Mitglieder darauf an, die begeistert reagieren.

So mache ich mich daran, ein gemeinsames Wochenende in und um Starnberg für uns zu organisieren, wobei natürlich unser Hauptaugenmerk Tutzing ist. Aber die Organisation gestaltet sich für mich als ziemlich problematisch. Unsere Muttis haben Schwierigkeiten, ihre Familien für drei Tage unter einen Hut zu bekommen, einige erhalten keinen Urlaub für diese Zeit. Kurz vor Reiseantritt bekomme ich die ersten Absagen für schon bestellte Zimmer, aber Gott sei Dank kann ich die Zimmer ohne Probleme wieder abbestellen.

Im Oktober geht es dann zu sechst mit dem Zug in Richtung Bayern. Wir sind alle guter Dinge und gespannt, was uns in den kommenden drei Tagen erwarten wird. Ab Mannheim habe ich im Zug Plätze reserviert, aber wir sind enttäuscht, dass man uns im Großraumwagen untergebracht hat. So sitzen wir nicht zusammen, und da es sehr laut ist, können wir uns auch nicht unterhalten. Die nächsten fünf Stunden dösen wir bis zu unserer Ankunft in München vor uns hin. Umsteigen in die S-Bahn nach Starnberg; nicht nur ich werde langsam kribbelig bei dem Gedanken, dass wir vielleicht bald Peter persönlich treffen könnten.

In Starnberg angekommen ist mir aber erst mal wichtiger, wie wir unser Hotel finden. Geld für ein Taxi wollen wir sparen, also machen wir uns zu Fuß auf die Suche. Die Koffer werden immer schwerer, unsere Arme immer länger, aber endlich stehen wir vor einem Riesenkasten von Hotel. Sieht sehr alt aus, aber auch sehr schön. Eben richtig urig bayrisch für unsere Verhältnisse. An der Rezeption werden wir sehr nett begrüßt, so dass wir das Gefühl bekommen, ganz besondere Gäste zu sein. Uns alle zieht es mit aller Macht nach Tutzing. Schnell also die Koffer ausgepackt, die Betten auf ihre Sprungfestigkeit getestet, ein bisschen Wasser ins Gesicht und ab zur S-Bahn.

Die meisten von uns sind inzwischen ziemlich nervös, trotzdem haben wir eine Superlaune, denn wir wissen inzwischen, dass Peter heute im Büro ist. Ob er uns allerdings zu sich lassen wird, weiß in diesem Moment nur der liebe Gott. Dank eines Stadtplanes von Tutzing finden wir nach einem unendlich weiten Weg endlich unser Ziel: der Büro- und Studiokomplex von Peter Maffay. Ich bin erleichtert: diese Hürde wäre schon mal genommen. Aber wo finden wir ihn nun? Hier gibt es Studio 1, Studio 3 und noch ein Gebäude. Also rein in eines davon und einfach geklingelt. Schließlich hat Peter ja mal gesagt: "bei mir kann jeder kommen und klingeln". Aber es rührt sich nichts. Schon gibt es lange Gesichter, denn im Vorfeld hatte man mir gesagt, dass im Büro immer jemand bis siebzehn Uhr anzutreffen ist. Vielleicht war das hier das falsche Haus? Probieren wir das nächste.

Wie immer werde ich auch diesmal wieder vorgeschickt, klingle, und eine Dame kommt raus, schaut mich unfreundlich an. Oh je, denke ich, gleich frisst sie uns. Was wir wollen, fragt sie mich. Und ich frage, ziemlich dämlich und unsicher, ob wir mal ein bisschen schauen dürften. Und dann sagt die nette Dame doch tatsächlich: „was wollen sie denn hier sehen?“. So was fragt sie Fans! Nicht zu fassen. Was glaubt sie eigentlich, was wir sehen wollen, wenn wir nach Tutzing kommen? Widerstrebend und kein bisschen zugänglich lässt sie uns ins Haus, erklärt uns dabei aber, dass Peter keine Zeit für uns hat. Unsere Gesichter werden nicht nur wegen der unfreundlichen Behandlung immer länger. Wenigstens lässt sie sich dazu erweichen, unsere Mitbringsel für Peter entgegenzunehmen. Schweren Herzens gebe ich ihr meine selbstgebastelten Wanduhren und hoffe, dass ich sie signiert wiederbekomme. Vorsichtshalber habe ich die Uhren in einen Karton gepackt, damit auch ja nichts drankommen kann. Bevor die Dame, die mich sehr an Johanna Spyris "Fräulein Rottenmeier" aus den Heidi-Romanen erinnert, wieder im Büro verschwindet, entlocke ich ihr noch die Erlaubnis, den Eingangsbereich fotografieren zu dürfen. Hier erschlagen uns nämlich die Wände voller goldener, silberner und platinfarbenen LPs. Ehrfürchtig und verunsichert machen wir hier schnell ein paar Videoaufnahmen und Fotos und verschwinden flüsternd aus den heiligen Hallen. Das soll es jetzt gewesen sein?

Enttäuscht sind wir alle, wir haben uns wohl zu viele Hoffnungen gemacht. Eigentlich sollte die Sache für heute für uns beendet sein, aber keiner von uns hat große Lust, hier schon wegzugehen. Also schlendern wir noch ein wenig über das Gelände und schauen uns um. Ab und zu taucht jemand aus dem Bürogebäude auf, und mutig versuchen wir, die Leute zu fragen, ob wir nicht doch noch zu Peter können. Aber es bringt nicht viel. Dann kommt eine ältere Frau aus der Nachbarschaft auf uns zu: "Gell, ihr seid's Fans von dem Maffay?" "Woran sehen sie das denn?", frage ich sie, und sie lacht: "gengans, das merkt man mit der Zeit, wenn hier die Leit rumschleichen". Sie macht uns Mut und meint, Peter wäre mit Sicherheit da, weil sein Auto vor dem Haus steht. Aha, gut zu wissen! Wenn er Zeit hätte, meint sie weiter, lässt er in der Regel auch die Fans zu sich rein ins Büro.

Sofort kommen unsere Lebensgeister wieder, und wir beschließen, stur zu bleiben und so lange zu warten, bis wir was erreichen können. Irgendwann muss Peter ja das Haus verlassen, und dann wollen wir ihn uns "schnappen". Inzwischen knurrt uns allen der Magen, denn seit dem Frühstück im Zug haben wir alle nichts mehr gegessen. So wird Günni von uns abkommandiert, im Supermarkt um die Ecke wenigstens was zu Trinken für uns zu besorgen. Er geht widerstrebend: "und was ist, wenn Peter in der Zwischenzeit kommt?" So kindisch können Erwachsene sein...

Die vorher wärmende Oktobersonne ist in jetzt verschwunden, wir fangen an zu frieren. Trotzdem haben wir wieder gute Laune und beratschlagen, was wir während unsere Wochenendes hier noch alles anstellen könnten. Der Durst ist gestillt, jetzt muss Nicki dran glauben, um was Essbares zu besorgen. Sie verschwindet gerade um die Ecke, als der Mann unserer Begierde aus dem Büro gestürmt kommt! Es ist, als ob man in ein Wespennest gestochen hätte: "Nicki, Nicki! Peter ist da!" schreit Ulla so laut, dass man es bestimmt in jedem Haus hören kann. Noch heute höre ich diesen gellenden Schrei in meinen Ohren. Peter schaut erschreckt in unsere Richtung und macht Anstalten, in einem der Autos zu verschwinden.

Während Nicki wieder zu uns zurück sprintet, sagt einer von uns: "wir müssen ihn aufhalten!". Schließlich warten wir jetzt schon ein paar Stunden hier. Günni geht mutigen Schrittes auf Peter zu, Klaus und Thomas fingern aufgeregt an ihren Kameras herum, um ja ein paar Fotos zu schießen, und wir Frauen stehen, total von den Socken, - "jetzt ist er endlich da!!" – herum und schauen fasziniert auf den kleinen Kerl mit den rotbraunen Wuschelhaaren, der vor seinem großen Auto noch kleiner wirkt, als er wirklich ist. Ich hab das Gefühl, im Kino einen Film zu sehen.

Peter ist ziemlich kurz angebunden und macht uns klar, dass er jetzt keine Zeit für uns hat, schwingt sich hinters Steuer, gibt Gas und sagt im Vorbeifahren bei runtergelassenem Fenster, dass er in zehn Minuten wieder da ist... und schon ist er weg. Wir fallen uns wie Teenager vor Freude um den Hals, alle reden gleichzeitig und sind froh, dass wir so hartnäckig gewesen sind. Ich frage Ulla, warum sie so entsetzlich laut nach Nicki gebrüllt hat, aber sie hat das im Eifer des Gefechtes gar nicht bemerkt. Kaum haben wir uns einigermaßen beruhigt, kommt Micky, Peter's Frau aus dem Haus und verfrachtet ihre beiden Hunde ins nächste Auto. Wir fragen sie, ob sie denn wisse, ob Peter auch wirklich wiederkommt. Sie meint lachend: "wenn er das gesagt hat, kommt er auch sicher wieder".

Und tatsächlich, es vergehen keine zehn Minuten, da kommt er wieder um die Ecke gebraust. Mir zittern die Knie vor Aufregung. Die andern erwarten, dass ich ihn anspreche. Was ich sagen soll, ist mir im Moment allerdings noch schleierhaft. "Bekomme ich ein Autogramm?" ist sicher nicht sehr einfallsreich, denn das bekommt er ja ständig zu hören. "Wie geht's" ist genauso einfallslos... "Was hast du für Pläne" oder "Wie geht's deiner Frau?" gefällt mir aber auch nicht. Was soll ich bloß sagen???? Aber Reden ist mir eigentlich gar nicht so wichtig, ich will gucken! Sehen, wie es in seinem Büro aussieht, wer dort noch alles arbeitet, wie sich Peter dort verhält und solche Dinge.

Aber er kommt schon auf uns zu und nimmt mir meine Aufgabe ab. Gott sei Dank! Er begrüßt uns alle mit Handschlag und meint, wir hätten uns einen sehr günstigen Zeitpunkt ausgesucht. Er habe absolut keine Zeit und sei sehr im Stress.. Um Autogramme kommt er aber nicht herum, und ich traue mich wieder vor, um mir mein T-Shirt unterschreiben zu lassen. Die andern knipsen und filmen derweil fleißig. "Armer Peter, wie ein Tier im Zoo", denke ich, bis er zu dem Filmer sagt: "du solltest auch die Klappe hier vorne wegmachen, wenn du was erreichen willst". Damit ist das Eis gebrochen, und jeder bekommt Gelegenheit, ein paar Worte mit ihm zu wechseln. Aber ich verzieh mich wiedermal in den Hintergrund und beobachte lieber. Nach knappen zehn Minuten aber verabschiedet Peter sich und verschwindet in seinem Büro.

Wir fallen uns wieder um den Hals, sind total happy, können es gar nicht fassen, dass wir wirklich mit Peter reden konnten. Plötzlich höre ich einen Pfiff von irgendwo oben, schaue hoch und sehe Peter auf der Terrasse seines Büros stehen. "Wer ist Ingrid?". "Hier" rufe ich wie in der Schule. "Willst du die Uhren gleich wieder mitnehmen?" fragt er mich. Ich bin überrascht, dass er das in der Kürze der Zeit schon erledigt hat. "Sicher, wenn das möglich ist", rufe ich zu ihm hoch, und er macht mir ein Zeichen, ins Büro zu kommen.

Yeah! Ich sprinte die Treppe zum Büro hoch, die andern im Schlepptau. Mit schussbereiten Kameras warten wir, dass war rein dürfen. Micky öffnet uns mit einem Teller Suppe in der Hand, während die nette Dame von vorher uns anschaut, als wären wir Schmeißfliegen. Ehrfürchtig betreten wir nun endlich das Büro. Mit spitzen Fingern bringt mir "Fräulein Rottenmeier" meinen Karton und meint, so könne sie sich den Weg zur Post sparen. Klar doch, und ich kann sicher sein, dass meine Uhren unterwegs nicht verloren gehen. Peter kommt und drückt mir mit einem Grinsen meine Uhren in die Hand: "das ist eine schöne Idee", meint er. Ich bin so aufgeregt, dass ich die Dinger nicht mehr richtig in den Karton bringe. Ständig sind mir die Styroporflocken im Weg. Peter bemerkt meine Nervosität und geht mir beim Einpacken hilfreich zur Hand. Toll, denke ich, wann wühlt man schon mal mit seinem Idol zusammen in einer Kiste!

Dann drängt Peter aber, dass wir verschwinden – "ich habe noch zu tun, Freunde" – bedankt sich für unser Kommen, und schon sind wir wieder draußen. Himmel, was für ein Gefühl! Ich schwebe auf Wolke Nr. 7. Was wir jetzt alle empfinden, kann nur der nachfühlen, der so was selbst schon erlebt hat. Wir sind so euphorisch, dass Hunger und Müdigkeit weggeblasen sind, und auf dem Weg zurück ins Hotel gibt es nur ein Thema für uns.

Im Hotel schauen wir gespannt, was wir auf Video von unsere Abenteuer bannen konnten, aber Schock: es ist fast alles in die Hose gegangen. So ein Mist. Man kann gerade mal sehen, wie Peter die Treppen zum Büro hoch stürmt, der Rest ist verwackelt oder man sieht nur Peter's Füße. Unser Filmer hat vor lauter Aufregung den falschen Knopf erwischt. Na ja, wir haben ja noch genügend Fotos gemacht. Jetzt kommt aber mit aller Macht unser Hunger zurück, und wir gehen schauen, was man für uns gekocht hat, denn ein besonderes Abendmenü ist ja Bestandteil des Angebotes dieses Hotels.

Wir sind platt, wie schön man den Tisch für uns gedeckt hat. An jedem Platz liegt eine Menükarte, eingerollt und mit einem Bändchen gebunden. Ein Kellner kommt und bietet uns auf Kosten des Hauses einen Aperitif an. Na, das geht ja gut los. Nach der Suppe erschlägt es uns fast, als man eine Riesenplatte mit verschiedenen gegrillten Fischsorten bringt, dazu jede Menge Beilagen. Wer soll das um Himmels Willen alles essen?? Wir haben zwar einen Riesenhunger, aber die Aufregung der vergangenen Stunden verschließt mir den Magen. Ich kriege einfach nichts von den Köstlichkeiten runter, die andern aber langen kräftig zu. Trotzdem sind die Kellner erstaunt, wie viel davon wir wieder zurückgehen lassen. Man lässt uns ein paar Minuten Zeit, bis der Nachtisch serviert wird.

Satt und überwältigt von den Eindrücken des vergangenen Tages gehen wir an diesem Abend recht früh in die Federn. Ich liege noch lange wach und denke immer wieder: das kann nicht wahr sein, ich habe mit Peter zusammen meine Uhren eingepackt...

Nach einem reichhaltigen und gemütlichen Frühstück am nächsten Morgen entschließen wir uns, einen Stadtbummel in München zu machen – für mich ist es der erste Besuch in München. Mit einigen hundert Schaulustigen stehen wir am Marienplatz und recken unsere Hälse, um das Glockenspiel zu beobachten. Danach gehen wir ins Deutsche Museum.

Mein Gott, ist das Ding riesig! Wo fangen wir an, und was lassen wir aus? Alles können wir unmöglich an einem Tag anschauen, also beschränken wir uns auf die Abteilung Flugzeuge, Raumfahrt, technisches Spielzeug, Schifffahrt und Auto. Es ist alles sehr interessant und beeindruckend. Bei dem technischen Spielzeug wird uns bewusst, wie alt wir eigentlich schon sind, denn einige von den Spielsachen haben wir auch schon benutzt. Nach und nach geben wir aber auf, denn unsere Füße und Beine spielen nicht mehr mit. Irgendwann kann ich nur noch denken: sitzen!

Am Abend schleichen wir mehr als dass wir gehen in unser Hotel, und heute wird das fantastische Essen weggeputzt bis auf den letzten Krümel. Als wir satt und gutgelaunt zusammen sitzen, kommt der Hotelmanager zu uns zum Plaudern. Wir erfahren von ihm, dass wir hier im besten Hotel der Stadt wohnen, und dass es d i e Adresse für die Prominenz der Umgebung sei. Der gute Mann kommt aus dem Erzählen gar nicht mehr heraus, und so erfahren wir, dass Peter bei der Hochzeit seiner Nichte gewesen ist, dass er ihn also persönlich kennt. Gleich ist er mir noch ein Stück sympathischer. Dann meint er, dass sich hier einmal die Fans von Catharina Valente getroffen haben, und dass er das alles organisiert hat. Gleich fängt es an, in meinem Hirn zu ticken..... so was will ich auch machen! Ehe wir uns versehen, sind wir am Pläne schmieden: wir könnten doch ein Treffen der Fanclubs hier im Hotel machen, zu dem Peter zu einem gemeinsamen Abendessen eingeladen wird. Ach, was sind wir doch Träumer!

Der nächste Tag ist auch schon der letzte unseres ersten gemeinsamen Wochenendes. Wie schnell ist doch die Zeit vergangen! Nach dem Kofferpacken gehen wir noch einmal an den See. Das Wetter ist einfach herrlich mild, wir sitzen in der Sonne und genießen die knappe Zeit, die uns bis zur Abfahrt noch bleibt. Leider reicht sie nicht mehr, um eine

Rundfahrt über den See zu machen, und wir beschließen, das beim nächsten Mal nachzuholen. Denn das stand schon nach dem ersten Tag fest: hier waren wir nicht zum letzten Mal.

Während wir uns von den Angestellten des Hotels verabschieden, kommt ein alter, weißhaariger und gebrechlich wirkender Mann die Treppe hoch, der rechts und links von seinen Begleitern gestützt wird. Wir können es kaum glauben, dass dies Johannes Heesters sein soll, wie uns der Hotelmanager glaubhaft versichert. Unser Nesthäkchen Nicki hat zwar noch nie was von Johannes Heesters gehört, meint aber sofort, dass sie sich ein Autogramm holen wolle. "Lass doch, was willst du denn damit!", meinen wir. "Ist doch egal, Hauptsache, er ist prominent", sagt sie und flitzt ins Restaurant, aus dem sie kurze Zeit später strahlend wieder erscheint – mit Autogramm.

Wir kommen recht früh am Münchner Hauptbahnhof an und nutzen die Zeit, um uns einen der neuen ICE-Züge einmal von innen anzuschauen. Auch diesmal sind unsere reservierten Plätze wieder im Großraumwagen, aber diesmal geht es hier hoch her. Nicht wegen uns, sondern wegen der Fußballfans, die dank ihres Alkoholkonsums sehr lustig sind. Beim Lesen des Zugplanes sehe ich, dass wir eine Stunde Fahrzeit einsparen könnten, wenn wir anstelle in Mannheim schon in Heidelberg umsteigen würden. Gesagt, getan. In Heidelberg rufen wir zu Hause an, um Bescheid zu sagen. Leider erreiche ich meine Tochter nicht selber und hoffe inständig, dass sie meine Nachricht rechtzeitig erreicht, denn wenn nicht, sind bin ich gelackmeiert.

Alle werden in Darmstadt mit dem Auto abgeholt, aber bei mir läuft es anscheinend so, wie ich es befürchtet habe: keine Tochter da. Jetzt bleibt mir nichts anderes übrig, als hier eineinhalb Stunden zu warten, so ein Mist aber auch! Ich stehe mir die Füße in den Bauch und friere wie ein Schneider, bis endlich meine Tochter kommt.

Kartenvorverkauf

Eine neue Tour mit Peter steht an, und für einige von uns wird es der erste Kartenvorverkauf sein, den wir miterleben wollen. Auch für mich ist es das erste Mal, dass ich bei diesem Spektakel dabei sein werde. Die Karten für die Maffay-Konzerte sind so heiß begehrt, dass es im Laufe der Jahre nötig geworden ist, dass man so früh wie möglich bei den Vorverkaufsstellen ist, damit man seine Wunschkarte bekommen kann. Kaum vorstellbar, aber wahr. Bisher hatte ich nur davon gehört, dass es jedes Mal eine richtige Party wäre, wenn die Fans schon die Nacht vor dem Vorverkaufsbeginn zusammen verbringen. Mit Musik, Fresskorb und guter Laune sollte das ablaufen, darauf bin ich jetzt natürlich gespannt.

Ich habe mich mit Ela, Ulla und deren Tochter Nicki in Darmstadt verabredet – um sechs Uhr morgens! Während ich nachts um zwei Uhr aus dem Bett krieche, frage ich mich wieder mal: bist du eigentlich noch ganz klar im Kopf?? Es sind zwar noch zwei Stunden, bis mein Bus geht, aber ich muss mir noch ein Frühstück fertigmachen, das ich mitnehmen will. Ein komisches Gefühl, mitten in der Nacht an der Bushaltestelle zu stehen. Lediglich ein paar Frühschichtler sind noch da, ansonsten ist es totenstill in den Strassen.

In Darmstadt ist es ebenfalls sehr still, und ich habe ein bisschen Schiss. Man weiß ja nie, was für Typen sich um diese Uhrzeit herumtreiben, oder? Das Luisenzenter ist noch verschlossen, also kann ich auch nicht zu Karstadt, das dort untergebracht ist, und wo der Vorverkauf sein soll. Du liebe Zeit, was mache ich denn jetzt, es sind noch eineinhalb Stunden bis zu meiner Verabredung mit den andern. Um sechs Uhr kommt jemand, der das Einkaufszentrum aufschließt, und ich bin froh, endlich ins Warme zu kommen. Aber noch immer ist außer mir keine Menschenseele zu sehen. Was läuft hier schief? Die ersten Geschäfte werden aufgeschlossen, und Gott sei Dank, da kommen auch meine Leute endlich angetrabt. Sie sind genauso irritiert wie ich, dass erst eine handvoll Fans da sind. Vielleicht sind die anderen alle zum altgewohnten Platz gegangen, denn hier bei Karstadt findet der Vorverkauf zum ersten Mal statt.

So ist es auch, denn nach und nach tauchen abgehetzte und frustrierte Leute auf, die tatsächlich am vorher bekannten Ort gewesen waren. Nur durch Zufall hatten sie erfahren, dass der Vorverkauf bei Karstadt ist. Wir kommen mit den andern ins Gespräch, die von ihren bisherigen Erfahrungen erzählen. Die meisten von ihnen sind sehr nett, und wir erzählen von unserem Fanclub. Auf diese Art und Weise gewinnen wir sogar ein neues Mitglied! Es gibt allerdings auch rücksichtslose Zeitgenossen hier, die sich nach vorne drängen und dafür gleich böse Bemerkungen einfangen. Hier erfahre ich zum zweitenmal, dass es mit der "großen Familie der Fans" nicht so toll sein kann, denn es kommt zu heftigen Wortwechseln mit den Dränglern, denen sogar Schläge angedroht werden. Auch ich bin sauer, denn obwohl ich seit Stunden hier stehe, bin ich inzwischen weit nach hinten gedrängt worden.

Die Stimmung ist nicht so, wie ich es mir vorgestellt habe. Nichts von Party, Musik oder gemeinsamem Frühstück unter den Wartenden, dafür in erster Linie gereizte und enttäuschte Leute. Aber das große Chaos kommt erst. Als nämlich das Tor zum Karstadt um neun Uhr endlich aufgeht, wird nur noch rücksichtslos gedrängt, gerannt, geschubst, alles stürmt zu der kleinen Ecke, wo es heute die heißbegehrten Karten geben soll. Ich bekomme Panik und bin nur damit beschäftigt, mich irgendwo festzuhalten, denn ich werde quasi von hinten überrollt. Meine Freunde sind irgendwo, nur nicht mehr in meiner Nähe und es ist sehr laut.

Als ich meine Leute endlich finde, stelle ich schnell fest, dass das Personal hoffnungslos mit der Situation überfordert ist. Hier hat sich wohl niemand der Verantwortlichen im Vorfeld einmal mit den Gepflogenheiten des Vorverkaufs, geschweige denn mit dem Verhalten von Fans auseinander gesetzt. Wir werden wie kleine Schüler von einer Ecke in die andere gescheucht, und die Verkäufer können sich offensichtlich nicht einigen, wie sie die Geschichte über die Bühne bringen sollen.

Endlich stehen wir zusammen in einer Schlange, die Gemüter beruhigen sich nach und nach, und wir beobachten Dinge, die uns erneut wütend machen. Es ist eine bekannte Tatsache, dass pro Person beim ersten Vorverkaufstag nur eine begrenzte Anzahl Karten ausgegeben werden. Wir stellen aber fest, dass auch hier die Ausnahme die Regel bestätigt, denn wir sehen Leute, die mit zig Karten abziehen, während der Rest sich mit der festgelegten Menge begnügen muss.

Die ganze Geschichte ist ein einziges Desaster, und weil ich irgendwo meinen Frust loswerden möchte, schreibe ich am nächsten Tag einen Brief nach Tutzing. Zwei Tage später bekomme ich Antwort – von Fritz Rau, dem Konzertveranstalter der Tour. Jetzt bin ich aber platt. Er schreibt, dass dieses Experiment des Vorverkaufs in einem Einkaufszentrum offensichtlich gescheitert ist. Das nächste Mal soll es wieder am gewohnten Ort stattfinden. Na also, ich bin stolz auf meinen Erfolg. Andererseits steht aber für mich fest, dass ich so einen Vorverkauf mit Sicherheit nicht mehr mitmache. Diesen Stress brauche ich nicht noch einmal. Ich habe keine Lust mehr, mir für ein Stück Papier die Nacht um die Ohren zu schlagen und mich mit anderen Leuten um einen guten Platz zu streiten!

In der Zwischenzeit beschäftigt mich auch ein ganz anderes Thema. Ich habe mir in den Kopf gesetzt, Peter zu Weihnachten eine kleine Überraschung unseres Fanclubs zu schicken. Diese Überraschung besteht aus drei mit Helium gefüllte Ballons, die mir Ela auf dem Weihnachtsmarkt besorgen muss. Nur – wie bekomme ich die Dinger, so wie sie sind, nach Tutzing? Ich organisiere mir einen Karton, der so groß ist, dass ich fast selbst darin Platz hätte, einen Sack mit Styroporflocken zum Schutz der Ballons habe ich "zufällig" in der Ecke stehen. Als Beilage hänge ich an die Ballons noch kleine Grußkärtchen von uns allen, und einen sehr persönlichen Brief an Peter von mir lege ich ebenfalls noch dazu. Ich hatte einfach das Bedürfnis, ihm einmal zu erzählen, was mir in den letzten zwei Jahren, seit ich ihn zum ersten Mal live gesehen habe, alles passiert ist.

Der Karton wird sehr gut verklebt und mit der Bemerkung versehen "nur vom Chef persönlich zu öffnen". Ich möchte sicher gehen, dass mein Brief nicht in andere Hände gelangt. Dann schicke ich das Paket mit UPS auf die Reise und hoffe, dass es auch wirklich ankommt.

Drei Tage lang halte ich es aus, dann juckt es mich in den Fingern, und ich rufe im Büro von Peter an. Man sagt mir, dass er tatsächlich das Paket selbst geöffnet hat. "Es war schon lustig, wie er in dem Styropor rumsuchte, und dann die Ballons rausflutschten...". Sie würden jetzt im Büro herumschweben. Ja, meinen Brief hat er auch gelesen und will ihn beantworten, sobald er Zeit hat. Ohne, dass ich es bemerke, hat mich der typische Virus der Fanclubs befallen: das Bedürfnis, sich bei Peter mit besonderen Aktionen bemerkbar zu machen, und dabei viel Phantasie zu entwickeln.

Super-Fan

Kurz nach meiner Ballon-Aktion bekomme ich einen Anruf von RTL. Der Sender organisiere eine neue Sendung mit dem Namen "Super-Fan", und Peter solle das Thema der ersten Sendung sein, sagt man mir. Jetzt sucht man Fans, die sich zutrauen, alles über Peter zu wissen, und dieses Wissen eben in der Sendung beweisen wollen. Ich bin sprachlos, dass man ausgerechnet mich anruft, und auf die Frage, ob ich mir das zutrauen würde, sage ich spontan ja. Da sind sie bei mir genau an der richtigen Adresse, denke ich mir, denn durch das Erarbeiten meines eigenen Clubquiz hatte ich mir jede Menge Wissen über Peter angeeignet.
Man wirft mich auch gleich ins kalte Wasser und castet mich direkt am Telefon, aber den Test bestehe ich glänzend. Kein Wunder, bei den leichten Fragen. Die Dame am Telefon meint, ich würde wieder von ihr hören, um einen Termin zum Kameracasting zu bekommen. Wow, das gibt's ja wohl nicht! Zum Casting kann ich auch noch ein paar Leute aus dem Club mitbringen, quasi zur moralischen Unterstützung, sagt man mir, und lässt mich mit meiner Fassungslosigkeit alleine.

Was geht hier ab? Ich im Fernsehen – das gibt's nicht, oder? Wieso ausgerechnet ich, wie sind die auf mich gekommen? In meinem Kopf überstürzen sich die Gedanken, und dann greife ich zum Telefon, um jedem von meinem Glück zu erzählen. Für mich steht an diesem Tag fest, dass ich Kandidatin werde, keine Frage, schließlich weiß ich jede Menge über Peter Maffay. Ich komme überhaupt nicht auf die Idee, dass vielleicht auch andere Fans befragt werden könnten.

Dass dem aber so ist, stelle ich beim Kameracasting ein paar Tage später in Frankfurt fest. Ich habe drei Leute aus meinem Fanclub ausgesucht, die mich begleiten dürfen, und im Gepäck habe ich eine meiner Wanduhren, die ich gebastelt habe. Man sollte etwas besonderes mitbringen, hatte man mir gesagt. Als wir die anderen Fans sehen, werden unsere Gesichter genau so lang, wie die ihren. Hier hat wohl keiner im Vorfeld gewusst, dass so viele Fans zum Casting eingeladen werden. Na gut, dann wollen wir mal.

Die potentiellen Kandidaten werden in Gruppen eingeteilt und danach in einem separaten Raum noch mal zu diversen Dingen rund um Maffay befragt. Irgendwo ist die ganze Geschichte auch ganz lustig. Die meisten von uns scheitern allerdings spätestens dann, als sie vor laufender Kamera ein Lied von Peter singen sollen. Wir fragen uns, wofür um Himmels Willen wir singen können sollen. Nach einer Ewigkeit werden wir mit dem Hinweis entlassen, dass wir zu gegebener Zeit wieder von RTL hören werden.

Aufgeregt und voller Ungeduld warte ich den ganzen Dezember auf einen Anruf vom Fernsehen. Der ganze Fanclub und meine Familie zittern mit mir mit. Obwohl, nach dem Casting mache ich mir keine großen Hoffnungen mehr, denn es waren jede Menge Fans, die getestet worden sind. Anfang Januar ´92 halte ich es nicht mehr aus, und rufe selbst bei RTL an. Die Kandidatenwahl ist schon entschieden? Und warum hat man mir nicht Bescheid gesagt? Ich bin wahnsinnig enttäuscht, vor allem, als ich höre, dass auch die Einladungen zur Sendung schon vergeben sind, und wir offensichtlich vergessen wurden. Ich drücke auf die Tränendrüse und erreiche, dass wir wenigstens zur Generalprobe nach Köln kommen können. Na also, wenigstens etwas! Vor lauter lauter habe ich jetzt vergessen zu fragen, wer denn nun die Kandidaten für die Show geworden sind.

Wir dürfen mit zehn Personen kommen, aber das gestaltet sich schon im Vorfeld als schwierig. Zum einen, weil ich zehn von zwanzig Mitgliedern nicht mitnehmen darf, zum andern, weil die restlichen wiedermal Probleme mit kurzfristigem Urlaub bekommen. Und als letztes, weil wir uns auch hier nicht einigen können, wer mir wem und zu welcher Uhrzeit nach Köln fährt. Dieses Unternehmen ist das erste, bei dem es zu Unstimmigkeiten im Club kommt. Ich bin über das Hickhack wegen der Fahrerei so genervt, dass ich mich kurzfristig entschließe, mit Ela zusammen mit dem Zug nach Köln zu fahren. Wir beide sind die einzigen im Club ohne Führerschein, und nun mal drauf angewiesen, von den andern mitgenommen zu werden. Wenn es aber zu keiner Einigung kommt, muss es eben auch anders gehen.

Die Fahrt mit dem Zug ist auch nicht das Gelbe vom Ei, denn wir haben schlechte Verbindungen bekommen und sind stundenlang unterwegs.

Trotzdem versuchen wir, unsere Spannung auf den restlichen Tag zu legen und unsere gute Laune beizubehalten. Kurz vor Düsseldorf will Ela ihren Fotoapparat testen und stellt entsetzt fest, dass er kaputt ist. Solch ein Abenteuer ohne Fotoapparat – für einen Fan ein undenkbarer Zustand! Also steigen wir kurzentschlossen in Düsseldorf aus, und Ela versucht, auf die Schnelle einen neuen Knipser zu kaufen. Gott sei Dank bekommen wir wenigstens gleich einen Anschlusszug nach Köln.

Hier heißt es nun, dieses Studio zu finden, wir haben keine Ahnung, wo das sein soll. Zwar haben wir die Adresse, aber jeder, den wir fragen, zuckt nur mit den Schultern. Verzweifelt halten wir ein Polizeiauto an und lassen uns den Weg erklären. Die Polizisten gucken zwar etwas blöd, als wir ihnen unseren Wunsch schildern, aber sie können uns letztendlich helfen, und alleine das ist wichtig.

Endlich sind wir da, und stellen erfreut fest, dass schon ein paar andere Fans vor Ort sind. Es ist jetzt ein Uhr mittags, und um 17 Uhr ist die Generalprobe angesetzt. Es ist Januar und dem entsprechend nicht besonders warm, von der fehlenden Sonne an dem Tag ganz zu schweigen. Was machen wir jetzt solange? Bei der Suche nach einem geeigneten Warteraum stellen wir fest, dass es weit und breit keine Gaststätte gibt. Unmöglich, und das in der Umgebung eines Fernsehstudios, finden wir. Allerdings steht vor den Studios ein riesiges Catering-Zelt. Mit Sicherheit ist das wieder nur für die VIPs vorgesehen. Uns ist kalt, Hunger haben wir auch, also – Frechheit siegt – und schon geht es geschlossen in das Zelt hinein.

Die Dame dort schaut ziemlich irritiert, als sie uns einmarschieren sieht. Verunsichert holt sie sich Verstärkung, um zu beratschlagen, was sie mit uns machen kann. Kaum sitzen wir alle, werden wir auch schon wieder – höflich, aber bestimmt – hinausbefördert. Wir sind eben nur Zuschauer, keine geladenen Gäste. Die andern ziehen schmollend von dannen, aber Ela und ich gehen in die Offensive. Wir erklären der Dame, dass wir ohne Auto da sind und somit nicht die Möglichkeit haben, uns eine Gaststätte zu suchen. Da die andern inzwischen alle schon weg sind, lässt sie Milde walten und wir dürfen im Zelt sitzen bleiben. Na also, geht doch!

Von hier aus können wir – nicht ganz ohne ein wenig Schadenfreude – beobachten, wie nach und nach die anderen Fans ankommen. Die schauen von draußen neugierig ins Zelt und sehen voller Erstaunen uns beiden ganz alleine da drinnen sitzen. Als es immer mehr werden, riskierten Ela und ich einen Rausschmiss, indem wir sie zu uns reinlassen. Aber nichts passiert, obwohl registriert wird, dass das Catering-Zelt wieder geentert wird. Offenbar hat man eingesehen, dass man hier gegen eine Horde Fans machtlos ist.

Vor dem Eingang des Zeltes gibt es kurze Zeit später einen Disput zwischen einem Fanclub, den Verantwortlichen der Sendung und Dieter Viering. Der Fanclub hat irgendwas zu meckern, weil er nicht eingeladen wurde. Auch der Hinweis, dass das Studio schon voll sei, kann die Leute nicht beruhigen. Sie reiten minutenlang darauf herum, dass sie eine sooooo weite Anreise hinter sich haben, und noch einige fadenscheinige Gründe mehr, und jetzt bitteschön auch deswegen hier mit dabei sein wollen. Wie borniert seid ihr eigentlich, denke ich empört. Ihr seid selbst Schuld, wenn ihr den Weg ohne Einladung gemacht habt. Aber genau mit dieser Masche erreichen die Leutchen ihr Ziel und bekommen das ok. Mich ärgert dieses Verhalten sehr, vor allem aber, dass sie damit auch noch weiterkommen. Da frage ich mich, warum Leute wie unsereins immer darauf bedacht sind, sich fair und ehrlich zu benehmen. Aber genau dieser Fanclub wird mir in den kommenden Jahren noch öfter wegen dieses Verhaltens auffallen.

Aber jetzt warten wir erst mal alle gespannt vor dem Eingang des Studios darauf, dass es endlich losgeht. Zuerst werden wir in Gruppen "Generalprobe" und "Aufzeichnung" eingeteilt. Das ist notwendig, so sagt man uns, weil das Studio nur 150 Personen fasst. Außerdem verrät man uns, dass man bei der Auswahl der Fans für diese Aufzeichnung hatte losen müssen, weil es so viele Fans gibt, die dabei sein wollten. Beim Casting für die anderen Stars hätte man dagegen Mühe gehabt, überhaupt genügend Fans zu finden, so dass man teilweise Leute von der Straße gefragt hätte.

Wir bekommen noch ein paar Verhaltensregeln mit auf den Weg und dann dürfen wir endlich ins Studio. Das heißt, die Zuschauer für die Generalprobe dürfen rein, die andern müssen draußen weiter warten.

Das Studio ist unerwartet klein, und nachdem wir uns platziert haben, müssen wir ein sogenanntes "warming-up" über uns ergehen lassen. Im Klartext heißt das, dass irgend ein Typ meint, er müsse uns erst mal in Stimmung für die Sendung bringen und erklärt uns, wann wir wie stark applaudieren müssen. Dass diese Verhaltenstipps an uns Fans völlig überflüssig sind, zeigt sich in dem Moment, als Peter das Studio betritt.

Mareike Armado, die die Sendung moderiert, kippt fast aus den Schuhen von dem Krach, den wir machen. Wir vergessen sofort, dass dies nur die Probe zur Sendung ist und feiern unseren Peter wie sonst auf einem Konzert. Jetzt sind nur Ersatzkandidaten am Werk, die aber auch von den Fans gestellt werden. Natürlich kennen wir alle die Glücklichen und bibbern bei jeder Frage, die ihnen gestellt wird. Die Probe wird sehr lustig, denn Peter ist bester Laune und macht einige Späße.

Ab und zu geht er in eine Ecke, um auf seine weiteren Einsätze zu warten. Ich sitze mit unseren Leuten in der zweiten Reihe, und während Peter in seine Ecke geht, schaut er in unsere Richtung und ich winke ihm spontan kurz zu. Er grinst und kommt auf uns zu. Hilfe, das wollte ich damit eigentlich nicht bezwecken! Was will er von uns??? "Wir sehen uns später, ok, Leute?" meint er, während er dem einen oder andern die Hand drückt. Klar doch, nichts lieber als das, denke ich und bin froh, als er wieder in seine Ecke marschiert. Ich mag den Typen ja furchtbar gerne, aber bei dem Gedanken, mit ihm reden zu müssen, kriege ich immer wieder nur Matsch im Hirn.

Viel zu schnell ist die Probe zu Ende, aber dafür dürfen wir jetzt noch mal zu Peter. Alles stürmt nach vorn, und unser Idol ist gleich so umlagert, dass man ihn aus der Menge heraus gar nicht mehr erkennen kann. Heute bin ich schlauer als bei der Autogrammstunde und dränge mich, genau wie die andern, nach vorne. Ich strahle ihn an und frage ihn, was die Luftballons machen, die wir ihm zu Weihnachten geschickt hatten. Er grinst mich an: "Ach, du warst das! Na, den Ballons ist jetzt die Luft ausgegangen, aber wir heben sie für unsere Kinder auf". Dann bekomme ich meine Autogramme. Ich bibbere am ganzen Körper vor Aufregung und Freude darüber, dass er jetzt weiß, wer hinter der Idee mit den Ballons steckt. Aber was meint er mit "... wir heben sie für unsere Kinder auf"???? Sollten er und Micky etwa... ??? Ich denke mit einem kleinen Grinsen an den Moment, als ich erfuhr, dass Peter wieder eine neue Freundin hat. Es ist noch gar nicht so lange her, und ich war doch tatsächlich eifersüchtig, als ich das damals las. Das passte zu den Träumen, die ich damals hatte, überhaupt nicht dazu. Gott sei Dank bin ich inzwischen aus diesem Stadium des Fanatismus heraus, und heute finde ich, dass Micky eine ganz nette und liebe Person ist.

Eigentlich müssten wir jetzt das Studio verlassen, damit die andern für die Aufzeichnung kommen können. Die meisten von uns tun das auch, und auch ich bin mit meinen Leuten erst mal ganz brav. Aber unterwegs nach draußen merke ich, dass ich eigentlich viel lieber hier drinnen bleiben würde, um zu sehen, was noch alles passiert. Frech hängen wir uns einfach an ein paar ganz Mutige dran und schleichen uns zurück in den Backstagebereich, woran wir auch zu meiner Verwunderung nicht gehindert wurden.
Hier wird es jetzt so richtig interessant. An der Kopfseite des großen Raumes ist eine Art Garderobe mit einem Tresen davor. Auf diesem Tresen stehen ein paar Monitore, mit deren Hilfe man das Studio sehen kann, wo wir vorhin noch gesessen haben. Auf der einen Längsseite des Backstagebereiches ist ein Merchandising-Stand aufgebaut, der auch schon mit Fans umlagert ist. Was soll das hier, denke ich, so was gibt's doch nur bei den Konzerten. Aber ich ertappe mich dabei, dass ich begierig die tollen Sachen betrachte, die es hier zu kaufen gibt. Wenn nur nicht alles so teuer wäre...

Kaum jemand schaut auf die Monitore, wir wissen ja, was draußen im Studio passiert, außerdem kann man es sehr gut hören, denn der Backstagebereich ist nur durch eine dünne Holzwand vom Studio abgetrennt. Was hier hinten abläuft, ist im Moment viel interessanter für uns Fans. Peter's Bandmitglieder laufen gutgelaunt durch die Gegend und sind gerne bereit, unsere Autogrammwünsche zu erfüllen. Dabei hat man gute Gelegenheit, das eine oder andere Wort mit ihnen zu wechseln. Ich bin beeindruckt, wie höflich sich Colin Hodgkinson uns Frauen gegenüber verhält, so richtig gentlemanlike. Da merkt man doch sofort, woher er kommt. So können sich wohl nur Engländer Frauen gegenüber verhalten, denke ich mir. Natürlich können wir auch fotografieren, soviel wir wollen. Es ist einfach himmlisch, so eine Gelegenheit bietet sich sicher nie wieder für uns.

Wir fühlen uns schnell heimisch hier hinten und nutzen die Gunst der Stunde. Carl zeigt uns, welch ein Clown in ihm steckt, und besonders lustig wird es, als Frank anfängt, auf seiner Gitarre zu schrammeln und die "Schwarz-braune Haselnuss" zu singen. Wir lachen so laut darüber, dass wir von den Ordnern zurechtgewiesen werden: man kann uns bis ins Studio draußen hören. Also, leise, leise, damit wir nicht rausgeworfen werden...

Kurz danach wird es auf einmal hektisch, die Ordner treiben uns an die Wände und tun furchtbar wichtig. Den Grund dafür sehen wir gleich: Peter's Politikerfreund wird, umringt von Bodyguards, in den Backstagebereich geführt. Er ist einer der Überraschungsgäste für Peter. Der arme Mann, denke ich. Keinen Schritt ohne Leibwächter. Nee, da bin ich doch lieber ein ganz normaler Bundesbürger.

Kaum ist der gute Mann im Studio, kommt ein lederverpackter Mensch auf einer Harley hereingeschoben. Wer ist das denn nun wieder? Der Mensch nimmt den Motorradhelm ab und entpuppt sich als Toni Schumacher, und die Harley sieht ganz nach der von Peter aus. Auch er soll Peter überraschen, erfahren wir. Zwischendurch hören wir das Klatschen und Johlen der Fans aus dem Studio und stellen fest, dass die Stimmung bei der Probe viel ausgelassener war.

Nach neunzig Minuten ist auch die Aufzeichnung im Kasten, und derselbe Run wie vorher geht nur wieder auf Peter los. Wir aus dem Backstagebereich stürzen uns ohne Hemmungen dazwischen, aber ich traue mich nicht, noch mal zu Peter zu gehen. So setze ich mich auf einen der Sitze und beobachte das Getümmel aus ein paar Metern sicherer Entfernung. Himmel, was für ein Trubel.
Fans und Prominenz, die Moderatorin, der Produzent der Sendung – Rudi Carell – das Aufnahmeteam, alle schwirren durcheinander, sind froh, die erste dieser Sendungen über die Bühne gebracht zu haben. Die Fans sammeln unermüdlich Autogramme, machen Fotos, filmen mit ihren Videokameras, reden mit dem einen oder anderen Prominenten oder einfach nur mit ihresgleichen. Einfach genial diese Stimmung, und ich bin mittendrin!

Aber irgendwann ist auch hier Schluss und wir werden gebeten, nun endlich das Studio zu verlassen. Sehnsüchtig stehen wir jetzt vor dem Catering-Zelt, das inzwischen hell erleuchtet ist, und schauen zu, wie das bunte Treiben und die angeregten Unterhaltungen von Prominenz und Gästen hier weitergeführt wird. Und mittendrin ist die Siegerin der Sendung, eben der Super-Fan von Peter Maffay. Ich freue mich für sie, aber ich höre auch hier und da die ersten neidischen Töne, die so klingen wie: das war alles nur getrickst, die kannte Peter doch so gut persönlich, die Auswahl der Kandidaten war nicht in Ordnung und... und... und... Herrje, denke ich, warum können die sich nicht einfach nur für diesen tollen Tag freuen, anstatt dem Neid die Oberhand zu geben? Es scheint mit der Toleranz wohl nicht so weit her zu sein, in dieser "großen Familie".

Langsam drängt die Zeit, denn wir haben alle noch einen weiten Heimweg vor uns. Ela und ich haben noch keinen Plan, wie wir wieder heim kommen sollen, und fragen aufs Geradewohl unsere Leute vom Fanclub, ob sie uns mitnehmen können. Wir haben Glück, und können uns so die endlos lange Zugfahrt sparen. Ich döse im Auto vor mich hin, ab und zu gestört von meinem immer lauter knurrenden Magen. Der arme hat den ganzen Tag fast nichts bekommen!

Gegen zwei Uhr nachts liege ich glücklich und zufrieden in meinem Bett und träume von den aufregenden Ereignissen des vergangenen Tages.

Ereignisse wie diese bleiben Gott sei Dank die Ausnahme. Gott sei Dank deshalb, weil ich im Laufe der Zeit feststelle, dass in der Regel die Erwartungen um so größer werden, je mehr man erlebt – und demzufolge die Enttäuschungen wachsen, weil sich die Erwartungen meist nicht realisieren lassen.

Tour 1992

Im Vorfeld zur Tour gibt es jede Menge Arbeit und noch mehr zu organisieren. Wir möchten auch ein Transparent haben, so wie viele andere Clubs, um es in den Hallen aufzuhängen. Wir organisieren uns dazu ein riesiges Bettlaken. Na, wenn das noch übersehen werden kann! Die Schrift werden wir mit Autolack aufsprühen. Dazu sitze ich wiedermal, und bastele in stundenlanger Arbeit die Schablonen für die Buchstaben. An einem kalten und feuchten Tag treffen wir uns bei Klaus, um in seiner Garage unser Werk zu vollbringen. Wir wurschteln fast sechs Stunden. Es ist gar nicht so einfach, die Buchstaben gerade auf das Tuch zu bringen, zumal der Autolack bestialisch stinkt. Immer wieder müssen wir nach draußen, um frische Luft zu tanken. Aber dann ist es endlich fertig, und wir sind sichtlich stolz auf das Ergebnis.
Ebenfalls bis zur Tour fertig werden sollen die neuen T-Shirts mit einem neuen Logo. Ich sitze tagelang dafür, versuche es erst mit einem Foto, dann mit einer Zeichnung. Übe mich im Nachmachen des Schriftzuges "Kein Weg zu weit", bis ich ihn im Schlaf kenne, klebe Collagen, verwerfe wieder, kopiere, vergrößere, verkleinere, bis das Logo endlich steht und dann von den andern für gut befunden wird.

Die nächste Hürde ist die Farbe des Shirts. Oh ja, ich habe immer noch den Hinweis aus unseren Anfangstagen im Ohr: "...aber bitte keine roten, die Farbe ist schon vergeben." Fast gibt es Knatsch untereinander, weil wir uns einfach nicht auf eine Farbe einigen können. Mehr oder weniger halbherzig einigen wir und schließlich auf ein neutrales Hellgrau. Und wo lassen wir die Dinger jetzt drucken??? Man finde eine Druckerei, die möglichst billig ist und trotzdem ein gutes Ergebnis bietet – fast unmöglich. Langsam verfluche ich meine Idee des neuen Logos und meine Position als Clubleiterin ebenfalls. Warum muss ich immer alles alleine machen? Zum Schluss nehmen wir die nächstbeste Druckerei, der Preis ist viel zu hoch, aber Hauptsache, wir sind "tourfertig".

Es kann losgehen! Wir haben Karten für drei Konzerte, in Frankfurt, auf der Loreley und in Mannheim. Langsam wird das mehr und mehr Routine für uns, trotzdem sind wir völlig aus dem Häuschen und voller Vorfreude.

Bisher habe ich ja die Konzerte mit Peter immer von irgendwo aus der Halle erlebt, aber heute in Frankfurt, möchte ich unbedingt auch mal in der ersten Reihe stehen. Deshalb fahre ich mit Ela schon sehr früh zur Festhalle. Wir zwei sind inzwischen Freundinnen geworden, schließlich teilen wir das Schicksal der alleinerziehenden Mutter.

Es ist ziemlich kalt, und wir bibbern mit der handvoll Fans, die um diese Zeit schon vor Ort sind, um die Wette. Natürlich muss ich auch hier wieder unbedingt aufs Klo, was auch sonst, nur: wo kann ich hin? Manchmal beneide ich doch die Männer, die sich einfach in irgendeine Ecke stellen können, wenn sie mal müssen. Aber ich bin nicht alleine mit meinem menschlichen Bedürfnis und so schreiten wir zu mehreren zur Tat, und gehen in die gegenüber liegende Luxusherberge. Oh je, ist das vornehm hier, und wir mit unserem Fan-Outfit. Im Foyer sehe ich ein paar Fans mit gelangweilten Mienen sitzen und frage mich, was die hier wollen. Aber egal, nur möglichst unauffällig zur Toilette, und genauso wieder raus aus dem Hotel, das ist jetzt meine einzige Sorge. Die Herren im dunklen Anzug hinter dem Tresen der Hotelanmeldung schauen etwas konsterniert, sagen aber keinen Ton. Ich möchte gerne wissen, was in deren Köpfen jetzt vorgeht.

Wieder zurück in der Kälte stelle ich fest, dass die Menge doch beträchtlich zugenommen hat. Ich quetsche mich nach vorn in die erste Reihe zu Ela und dem Rest unserer Truppe, die inzwischen auch da sind, und treffe dabei auf bekannte Gesichter. Prima, dass ihr auch da seid! Noch zwei Stunden bis zum Einlass, ich friere immer mehr, und Kohldampf habe ich auch. Schließlich habe ich seit dem Frühstück nichts gescheites mehr gegessen. Auf einmal höre ich jemanden fragen, ob man eine Freikarte haben möchte. Wieso oder warum, das kann ich nicht erkennen. Aber ich sehe den Typen, der das fragt. Komisch, na ja, was soll's, ich bin in der ersten Reihe, das ist das Wichtigste! Einen Moment später sehe ich diesen Mann hinter der Absperrung laufen, direkt an uns vorbei. Ich winke ihn zu uns, und frage, um was es da eben ging.

Er meint, er sei der Tourfotograf von Peter und suche Freiwillige, die während des Einlasses Gutscheine für ein Gratisfoto vom Konzert verteilen. "Und was springt dabei raus?" will ich wissen. "Eine Gästekarte", meint er. Wir schauen uns an, es tickert gewaltig in unseren Köpfen. Die Überlegung liegt auf der Hand: sollen wir unseren Erste-Reihe-Platz gegen eine Freikarte eintauschen oder nicht? Unsere Karten könnten wir leicht verkaufen, und wir bräuchten nicht länger hier im Kalten anzustehen. Aber irgendwie zieht es mich noch nicht so recht, und ich frage: "Gästekarte ist ja ganz schön, aber wir müssen unseren guten Platz hier opfern. Was bieten sie uns denn noch an?". "Wie wäre es mit Soundcheck?" fragt der Typ zurück, und damit hat er uns überzeugt. Einmal beim Soundcheck dabei sein, davon träumt jeder Fan, und natürlich wir auch. "Ist gebongt, machen wir". "Ok, prima, wartet hier einen Moment, ich muss das erst abklären und komme in fünf Minuten wieder". Ich bin misstrauisch und renne nicht wie die andern los, um meine Karte zu verhökern. Was ist, wenn das nicht klappt? Dann bin ich meinen guten Platz los und meine Karte auch.

Die andern sind erfolgreich, aber das ist mir egal. Nach einer Ewigkeit kommt der Fotograf zurück: "geht ok, kommt nach hinten, ich hole euch rein". Die andern Fans schauen ziemlich dumm, als sie sehen, dass wir freiwillig die besten Plätze zum Einlass aufgeben, und sie schauen noch dümmer, als sie uns kurze Zeit später hinter der Absperrung in Richtung Halle laufen sehen. Tja, selber schuld, denke ich nur und bin gespannt, was als nächstes kommt. Soundcheck, juhuuuu!

Wir bekommen einen bunten Aufkleber mit der Aufschrift "Gäste" in die Hand gedrückt, den wir unbedingt an unsere Klamotten pappen sollen. Also gut, was tut man nicht alles für einen Soundcheck... Dann geht es in die Halle mit der Aufforderung, uns leise zu verhalten. Peter hasse es, bei der Probe gestört zu werden. Wir schleichen also zu den Plätzen, und ich sehe auf der gegenüberliegenden Seite die Leute des Fanclubs sitzen, bei dem ich meine "Karriere" als aktiver Fan begonnen habe. Nanu, da schau an, die wissen wohl auch, wie man es machen muss, denken wir uns.

Mucksmäuschenstill sitzen wir nun hier und beobachten das Treiben auf der Bühne. Seltsam hören sich die Songs an, wenn die Halle leer ist. Und immer wieder wird die selbe Sequenz ein und des selben Liedes gespielt. Spannend. Zwischendurch bekommen wir von dem Fotografen und seinen Mitarbeitern Instruktionen, wie wir unseren Job später zu erledigen haben, aber wir hören nur mit halbem Ohr zu. Viel interessanter ist doch jetzt, was da vorne auf der Bühne und in der Halle passiert.

Mit ernsten Gesichtern und voller Konzentration spielt die Band um Peter immer wieder kurze Sequenzen der verschiedenen Songs, mal unterbricht Peter für eine Korrektur, gibt kurze und knappe Anweisungen an die einzelnen Musiker, die auch ohne große Einwände sofort ausgeführt werden. Wir sind erstaunt, wie diszipliniert das alles abläuft. Das hier sieht nach konzentrierter Arbeit aus und hat nichts gemein mit den üblichen Vorstellungen von "Sex, Drugs and Rock´n Roll". Über der Bühne klettern in luftiger Höhe ein paar Roadies herum, um noch hier und da die Spots für die Lightshow richtig einzustellen, und in den Hallenecken werden diverse Fressbuden aufgebaut. Knapp eine Stunde vor dem Einlass ist hier drinnen noch geschäftiges Treiben. Zwischendurch schaut Peter kurz in unsere Richtung, wir winken zaghaft, aber er zeigt keine Reaktion. Wir bekommen einen ersten Eindruck von der Arbeitsweise unseres Idols und sind beeindruckt.

Leise frage ich den Fotografen, ob man bei diesem Job, den wir heute machen, öfter die Möglichkeit gegeben ist, Soundchecks zu sehen, und bei welchen Künstlern er noch unter Vertrag ist. Was ich zu hören bekomme, lässt mein Herz hüpfen, und spontan biete ich ihm unsere Dienste auch für die Zukunft an. Das ist doch eine tolle Möglichkeit, die Konzerte vieler verschiedener Künstler zu erleben, ohne dafür eine Karte kaufen und stundenlang vorher auf den Einlass warten zu müssen.

Die andern aus dem Club sind ebenso begeistert wie ich, aber jetzt müssen wir zum ersten Mal ran. Der Job erweist sich als absolut erfreulich, und es macht Spaß, schon vor dem Konzert einen Kontakt mit dem Publikum zu bekommen. Außerdem haben wir eine diebische Freude an den verblüfften Fragen der uns bekannten Fans: "was macht ihr denn hier, und wie kommt ihr dazu?".

Punkt 20 Uhr lassen wir alles fallen und stürmen in die Halle, das Konzert fängt an! Jetzt haben wir zwar keine Chance mehr, in die erste Reihe zu kommen, dafür können wir uns aber überall frei bewegen, und kein Ordner darf uns daran hindern – theoretisch. Praktisch wissen das die Ordner wohl nicht, denn sie reagieren ziemlich unfreundlich bei unserem Versuch, vom Innenraum in den ersten Rang zu gelangen. Kurzentschlossen suche ich unseren Fotografen, der die Situation zu unseren Gunsten regeln kann.

Wir müssen unbedingt in den ersten Rang, denn hier wollen wir unser so mühsam erstelltes Transparent aufhängen. Aber wie klein wirkt es dann, als wir es uns kurz danach aus dem Innenraum ansehen. Trotzdem sind wir stolz darauf. Ganz besonders aber, als Peter es entdeckt und zum ersten Rang hinaufruft: "ich grüße den Fanclub Groß-Gerau!" Wir jubeln laut, ach, sind wir stolz!

In der Zeit bis zum nächsten Konzert auf der Loreley bekomme ich Post von Peter! Der erste persönliche Kartengruß von ihm enthält eine Bitte. Ich hatte ihm ein paar Fotos von seinem Auftritt beim Open-Air-Konzert am Hockenheimring geschickt, damit er sie für ein Geschenk signieren kann. Die Bilder haben ihm wohl gefallen, denn er fragt, ob er ein paar Abzüge bekommen kann. Ich wachse bei der Tatsache, dass ER MICH um etwas bittet, gleich ein paar Zentimeter, und mein Selbstvertrauen bekommt noch einen gehörigen Schub nach oben. Ist es denn zu fassen? Ich entschließe mich, ihm die Fotos in Mannheim zu geben, denn hier wollte ich zum ersten Mal den Versuch wagen, wie so viele andere auch schon vor dem Konzert im Hotel auf Peter zu treffen. Alle schwärmen davon und natürlich wollen wir diese Erfahrung unbedingt auch machen. Was ich natürlich nicht wissen kann: es sollte ein Erlebnis werden, das ich bis heute nicht vergessen habe.

Doch jetzt ist erst einmal die Loreley an der Reihe, eine Arena, von der ich schon viel gehört habe, und auf die ich mich sehr freue. Natürlich mache ich mich wieder mit Ela auf den Weg, denn der Rest des Clubs kann sich wieder mal nicht einig werden, wer mit wem und wann losfährt.

Wir beide starten schon sehr früh am Morgen, denn wir wollen so früh wie möglich vor Ort sein, um einen Platz in der ersten Reihe zu ergattern. Von Frankfurt aus geht es nach Wiesbaden, und hier stellen wir mit Entsetzen fest, dass wir eine Stunde Aufenthalt haben! Na, das fängt ja gut an. Die Fahrt nach St. Goar kommt uns ewig vor, und als wir dort nach den Rückfahrtmöglichkeiten schauen, gibt's den nächsten Schock: wir müssen entweder mit der letzten Bahn um 21 Uhr zurückfahren, oder aber bis morgens früh um halb sechs auf den ersten Zug warten. Tolle Aussichten!

Während ich mit Ela zur Loreley hoch kraxele, vor und hinter uns jede Menge andere Fans, geht mir immer wieder durch den Kopf: wie kommen wir verdammt noch mal wieder nach Hause? Wir schaffen es fast bis zur ersten Reihe und treffen unterwegs viele bekannte Gesichter aus den Reihen der Fanclubs. Das Konzert gefällt mir sehr gut, aber richtig genießen kann ich es nicht. Für uns steht fest, dass wir auf keinen Fall schon vor neun Uhr hier weggehen, um den letzten Zug zu bekommen. Auf der anderen Seite bin ich nicht scharf darauf, die Nacht hier irgendwo auf der Wiese zu verbringen.

Nach dem Konzert quatsche ich alle möglichen Leute an, ob sie uns mitnehmen können, aber die Autos sind schon überall voll. Ela ist ganz gelassen, ihr macht es nichts aus, mal eine Nacht unter freiem Himmel zu sein, aber mich packt langsam die Verzweiflung. ICH WILL HEIM! Und ausgerechnet mein "Erzfeind" aus unseren Anfangszeiten ist es, der uns letztendlich aus der Misere hilft. Ich kann es nicht fassen, aber er findet tatsächlich jemanden aus seinem Club, der bereit ist, uns wenigstens bis zum Mainzer Bahnhof zu bringen. Heilfroh und total erschossen – der Tag war verdammt lang – kommen wir in Mainz an.

Auf dem Bahnhof gähnende Leere. Wieder eine neue Erfahrung: wie sehen Bahnhöfe bei Nacht aus? Genauso leer wie meiner zu Hause... Und wann geht nun der nächste Zug für uns? In eineinhalb Stunden, na ja, besser noch, als die ganze Nacht auf einer Wiese über dem Rhein zu sitzen. Mir knurrt der Magen - ein Dauerzustand, seit ich aktiver Fan bin - und Durst haben wir beide. Die Getränkeautomaten aber verweigern uns ihren Dienst, sie wollen partout unser Geld nicht. Ela kramt in ihrem Rucksack und findet noch ein etwas zerknautschtes Brot für mich. Mit trockener Kehle würge ich das Brot runter, aber man wird ja genügsam mit der Zeit. Während ich mit dem Brot kämpfe, kommt eine Durchsage: unser Zug hat eine halbe Stunde Verspätung. Jetzt überkommt uns Galgenhumor. Die Anspannung der letzten Stunde löst sich bei uns beiden in albernem Gelächter, wir kringeln uns vor Lachen, und weil es so still ist hier draußen, machen wir uns unsere eigene Musik: wir singen lauthals ein paar unserer Lieblingssongs. Die Leutchen, die außer uns noch auf dem Bahnhof sind, denken bestimmt, bei uns ist ein Rad ab. Aber das kümmert uns wenig. Wir sind zwar todmüde und kurz vor dem Verdursten, aber trotzdem happy.

Als unser Zug dann endlich kommt, rechne ich mir aus, dass ich am Frankfurter Bahnhof noch einige Stunden warten muss, bis ich weiterfahren kann. Also entschließe ich mich, erst mal mit Ela nach Darmstadt zu fahren, um dort den ersten Bus zu mir zu nehmen – morgens um halb acht.

Meine Beine laufen von alleine, mein Kopf ist völlig leer, und ich schlafe - endlich zu Hause - den Schlaf der Gerechten und wie eine Tote. Später, als ich wieder einigermaßen klar denken kann, rechne ich mir aus, wie lange wir nun unterwegs waren, um unseren Peter für zwei Stunden zu sehen: ich komme auf 19 Stunden und frage mich wieder mal, ob ich noch alle Tassen im Schrank habe.

Das Mannheimer Konzert wird, so hoffe ich, für mich ein besonderes, weil ich ja Peter die von ihm bestellten Fotos geben will. Ich treffe mich schon nachmittags mit ein paar anderen Fans im Hotel, wo Peter & Co. eingecheckt haben. Um herauszubekommen, welches Hotel das sein wird, habe ich einige Telefonate geführt und musste ziemlich hartnäckig sein, denn so ohne weiteres bekommt man diese Information nicht. Erst als ich betonte, dass Peter bei mir Fotos bestellt hat, die ich ihm geben möchte, bekam ich meine Auskunft.

Wir sind nur eine handvoll Fans, und als die Bandmitglieder auftauchen, ist es kein Problem für sie, uns mit Autogrammen zu versorgen. Ich bin sehr nervös und halte mich im Hintergrund, Autogramme der Band interessieren mich jetzt herzlich wenig. Herbert ist natürlich auch da. Herbert – der selbst ernannte größte Fan unter der Sonne und in der Szene bekannt wie ein bunter Hund. Er ist immer und überall dort zu finden, wo sich Prominenz aufhält, und stets ist er bestens ausgerüstet mit allen möglichen Dingen, die er sich signieren lässt. Und natürlich ist er immer passend zum jeweiligen Promi der "größte Fan überhaupt".

Währen Herbert von seinen diversen Erlebnissen mit den Stars erzählt, taucht plötzlich Peter auf. In sehr knappen Radlerhöschen – wow, ein echter Hingucker – und der üblichen Lederjacke kommt er mit ziemlich missmutigem Gesicht die Treppe zum Foyer hinunter. Sofort wird es hektisch und alles wuselt durcheinander und stürzt sich auf Peter, was seine ganz offensichtlich schlechte Laune noch steigert. Ich höre zwar, dass er recht energisch irgend etwas von sich gibt, kann es aber aufgrund des gestiegenen Lärmpegels nicht verstehen.

Unbeirrt kämpfe ich mich durch bis zu ihm, nur den einen Gedanken im Kopf: du musst ihm unbedingt diese Fotos geben. Aber jetzt bekomme ich zum ersten Mal zu spüren, was es heißt, wenn er schlecht gelaunt ist. "Hallo Peter, ich wollte...", weiter komme ich gar nicht, denn er blitzt mich mit seinen dunklen Knopfaugen wütend an und schnauzt: "Hast du nicht gehört, was ich gerade gesagt habe? Lasst mich erst mal einen Moment in Ruhe!", dreht sich um und geht ein Stück von der Fanmeute weg.

Ich stottere zwar ein "ist ja schon gut" hinter ihm her, bin aber total perplex. Päng! Jetzt habe ich meinen Abreiber. Die andern Fans rundum reagieren genauso entsetzt wie ich, denn so haben wir Peter bisher noch nicht erlebt. Einige sind empört darüber, in welchem Ton er mich zurechtgewiesen hat, aber ich selber sehe es nicht ganz so eng. Wer weiß, was der Grund seiner schlechten Laune ist, aber wir sind es sicher nicht, denke ich mir. Auch ein Peter darf mal schlecht drauf sein.

Aber wie schaffe ich es jetzt, ihm die verfluchten Fotos zu geben? Während ich zur Beruhigung mit den andern eine Zigarette rauche, kommt Peter wieder zu uns zurück. Offenbar hat er sich wieder im Griff, denn jetzt ist er so, wie wir ihn kennen. Etwas zurückhaltender und vorsichtiger als vorher gehen die Fans auf ihn zu, um sich ihre Autogramme zu holen, und auch ich warte mehr oder weniger geduldig, bis ich an der Reihe bin. Aber erst noch muss ich die "Hürde Herbert" überwinden, denn der hat einen ganzen Sack voll Zeugs dabei, das Peter ihm amüsiert unterschreibt. Während dessen klicken die Fotoapparate unermüdlich, Peter links, Peter rechts, Peter beim Unterschreiben oder beim Reden. Endlich bin ich dran, und ich stottere meinen zurechtgelegten Satz. Er grinst mich an und – Hilfeeee – drückt mich kurz an sich, während er sich bedankt. Jetzt bin ich happy, und habe auch den Mut, es den andern gleichzutun. Inzwischen ist nämlich Dieter Viering, Peter's rechte Hand, aufgetaucht und verteilt recht großzügig die von einigen Fans geforderten Gästekarten. Im Grunde gefällt mir diese Handhabung gar nicht. Irgendwie ist es ungerecht denen gegenüber, die von dieser Möglichkeit nichts wissen und immer treu und brav eine Menge Geld für die Konzertkarten ausgeben. Heute aber belohne ich mich selber für den Anschnauzer von Peter, indem ich, völlig problemlos, für mich und meine Begleiterinnen Freikarten erbitte und auch bekomme.

Vor der Halle dann gibt es eine doppelte Dusche: zum einen regnet es Bindfäden und zum andern erfahren wir, dass wir mit den Gästekarten genauso draußen anstehen müssen, wie alle anderen. So ein Mist aber auch. Wir versuchen, uns unter diverse Regenschirme zu drücken, allerdings mit mäßigem Erfolg. Ich sehe hinter der Absperrung den Tourfotografen laufen, den ich in Frankfurt kennen gelernt hatte, aber er hört mein Rufen nicht.

Endlich ist Einlass! Aber die nächste Ernüchterung folgt sofort. Die ach so tollen Götter in Schwarz, die stets präsenten Hüter der Hallen - sprich Ordner – können sich nicht drauf einigen, wo wir uns mit unseren Gästekarten aufhalten dürfen und wo nicht. Sie schicken uns von einer Ecke in die andere, und bald fühlen wir uns ziemlich verarscht. Da wird Dagmar auf uns aufmerksam.

Sie habe ich kennen gelernt, als ich mit unseren Leuten aus dem Fanclub wieder für den Tourfotografen arbeiten durfte. Dagmar ist schon ein alter Hase, sprich langjähriger Fan mit einigen Konzerterfahrungen. Sie ermutigt uns, dass wir uns mit ein paar anderen Fans in der ersten Reihe vor der Bühne postieren. Ein verlockender Gedanke, denn in der ersten Reihe bin ich ja immer noch nicht gewesen. Kaum stehen wir auf unseren Plätzen, kommen die Ordner, um uns wieder zu verscheuchen. Die Leute in den ersten Reihen der Sitzplätze schimpfen ebenfalls lauthals auf uns – wir nehmen ihnen die Sicht auf die Bühne, meinen sie.

Brav, wie ich bin, will ich mich verkrümeln, aber Dagmar belehrt mich eines Besseren. Kaum sind die Ordner verschwunden, zieht sie mich im Schlepptau wieder in die erste Reihe. Dieses Spiel wiederholt sich mehrmals, bis es die Ordner entnervt aufgeben, und das Licht in der Halle ausgeht. Es geht los! Ich bin doppelt happy: mein Platz in der ersten Reihe ist mir sicher, und ich habe mich, mit Dagmar´s Hilfe, gegen die Halbgötter der Hallen durchgesetzt!

Zusammen mit den andern jubeln wir Peter zu, der uns auch gleich wiedererkennt. Er grüßt mit einem Grinsen und dem Daumen nach oben in unsere Richtung, und ich bilde mir ein, dass er dabei mich ganz alleine ansieht. Das Konzert geht richtig ab, vergessen ist der Schrecken des Nachmittags im Hotel und das anschließende Spiel mit den Ordnern, jetzt zählt für mich nur noch die Mannschaft auf der Bühne, ihre Musik und die Atmosphäre in der Halle. Peter singt jetzt "Zwei in einem Boot" und läuft dabei auf der Bühne in unsere Richtung, während er mit dem Finger jemanden zu sich winkt. Ich drehe mich um, um zu sehen, wen er mit diesem Fingerzeig gemeint haben kann. Als ich mich wieder zur Bühne wende, steht Peter vor mir und grinst mich an. Mir rutscht vor Schreck das Herz in die Hose: meint der etwa mich???? Wieder zeigt er auf mich, mit fragendem Blick. Ich nicke: na klar will ich, egal was auch immer er von mir möchte! Auf die Bühne?!! Aber wie um Himmels Willen soll ich da raufkommen? Peter springt mit zwei kurzen Sätzen auf die Bühne zurück, während mich vier kräftige Arme packen und über die Absperrung hieven; dann zieht mich Peter von oben und die Ordner schieben von unten und schon stehe ich auf den Brettern, die die Welt bedeuten.

Das alles passiert in Sekunden, und nun stehe ich hier und denke, ich bin im Film. Ich sehe vor der Bühne nur die ersten zwei Reihen im Licht, die Fans jubeln, meine Freunde strahlen und meine Beine schlottern. Peter hält mich leicht im Arm, während er unbeirrt sein Lied weitersingt. Ich traue mich, und lege meinen Arm um seine Taille – mein Gott, ist der Mensch zierlich! Ich spüre sein schweißnasses Hemd unter meiner Hand, strahle ihn an, und als er mir das Mikro hinhält, damit ich mitsingen kann, vergesse ich die Worte, die ich sonst im Traum gewusst hätte.

Dann nimmt mich Peter an der Hand, geht ein Stück mit mir auf der Bühne lang, und ich komme mir vor, wie ein Schäfchen, das seinem Schäfer hinterher trottet. Was macht er denn jetzt? Er legt das Mikro weg und nimmt mich in den Arm, um mit mir zu tanzen! Himmel hilf, ich will sofort wieder runter!!! Nein, jetzt streng dich an, sage ich mir. Ich habe schon seit Jahren nicht mehr getanzt. In meinem Kopf ist nur ein Gedanke: bring das einigermaßen gut hinter dich, blamier dich nicht, hoffentlich ist der Spuk bald zu Ende. Wir brauchen ein paar Schritte, um den richtigen gemeinsamen Rhythmus zu finden, und dann klappt auch das. Nach einer Ewigkeit ist der Song zu Ende, und unter tobendem Beifall des Publikums geht Peter mit mir zurück zum Bühnenrand, während er mir ins Ohr brüllt: "ist jetzt wieder alles Ok?" Ich signalisiere ihm: alles Ok, spüre noch mal sein schweißnasses Hemd und drücke ihm einen kurzen Kuss auf die Backe. Der Schweiß seines Gesichtes bleibt auf meinem hängen, und ich spüre den kalten Hauch noch, als mich die Ordner mit Schwung wieder von der Bühne heben und ich zurück auf meinen Platz klettere.

Strahlende Gesichter empfangen mich, Schulterklopfen von mehreren Ecken, und langsam tauche ich wieder aus einem Traum auf. Was war das eben? Hab ich das geträumt oder bin ich wirklich da oben gewesen? Ela bestätigt mir, dass das kein Traum war: "Ausgerechnet jetzt, verdammte Scheiße", schimpft sie so laut, dass ich es trotz der Musik gut hören kann. "Der Mist Fotoapparat hat gehängt, und ich konnte kein einziges Bild von euch da oben machen!". Ach, das ist mir doch momentan völlig wurscht, Ela. Ich hab mit Peter getanzt. Und als ob er meine Gedanken erraten könnte, meint dieser von der Bühne runter: "Bisher dachte ich immer, dass beim Tanzen der Mann führt, aber eben bin ich eines Besseren belehrt worden". Herrje, meint er das im Ernst? Da habe ich gar nicht gemerkt, dass ich wieder mal in mein altes Verhalten gerutscht war: schon früher habe ich die Führung beim Tanzen übernommen, wenn ich merkte, dass mein Tanzpartner nicht so will, wie ich.

Ich bin dabei, mich wieder in "Zuschauerposition" zu bringen, als Dagmar neben mir auftaucht: "Ich hab einen ganzen Film mit euch verknipst. Ich hab gemerkt, dass Ela Probleme mit ihrem Fotoapparat hat", verkündet sie stolz, und ich könnte Ihr um den Hals fallen vor Dankbarkeit. "Morgen bringe ich dir die Fotos mit", meint sie, und ich mache ihr klar, dass ich morgen nicht hier sein werde. Wir verabreden uns für nach dem Konzert, damit wir unsere Adressen austauschen können, nicht ahnend, dass hier eine Freundschaft für lange Zeit entsteht. Auch von anderen Ecken kommen Leute auf mich zu, die meine Adresse habe wollen, weil sie mir Fotos schicken möchten.

Glücklich und auf Wolke sieben schwebend verfolge ich den Rest des Konzertes. Peter kommt noch einmal an den Bühnenrand und vergewissert sich, dass ich auch meinen alten Platz wiederbekommen habe. Ich frage mich, warum er gerade mich auf die Bühne geholt hat und gebe mir eine Antwort, die mir nur zu gut gefällt: sicher hat er auf dem Weg aus dem Hotel am Nachmittag meine Fotos angeschaut, und jetzt, als er mich sah, hat er sich an seinen Ausrutscher erinnert, und ihn mit dieser Geste wieder gutgemacht. Eine Erklärung, die mich sehr zufrieden sein lässt...

Dieser Tanz auf der Bühne ist eines der schönsten Erlebnisse, das ich im Laufe der vielen Jahre als Fan habe, aber es ist eigenartig: an Einzelheiten dieser Geschichte kann ich mich nur schwer erinnern, denn es war wirklich wie ein Traum gewesen. Trotzdem beschäftigt mich das Erlebte noch lange und ich glaube, so etwas lässt sich nicht toppen. Was mir bis heute in Erinnerung bleibt, ist dieses schweißdurchtränkte Hemd unter meiner Hand und die Hoffnung, dass dieser Tanz möglichst bald vorüber geht. Da die Gefahr für einen Fan sehr groß ist, seine Erwartungen nach solchen Erlebnissen immer höher zu schrauben, versuche ich diesbezüglich auf dem Teppich zu bleiben. Anfangs gelingt mir das, später allerdings nicht mehr immer, was dann auch zunehmend zu Enttäuschungen führt.

Fanclub-Alltag

Die Tour ist zu Ende, für die Fanclubs geht das Jahr weiter mit diversen Sommerfesten. In unserem Club läuft inzwischen alles seinen gewohnten Gang. Ich bin in erster Linie damit beschäftigt, es allen recht machen zu wollen und alle unter einen Hut zu bringen. Beides ist nur in den seltensten Fällen möglich, so dass auch schon mal Unstimmigkeiten entstehen. Deshalb führe ich eine Meckerstunde ein, in der jeder das loswerden kann, was ihm nicht gefällt. Die Idee kommt gut an und wird auch ohne Hemmungen genutzt. Mein Selbstvertrauen wächst immer noch, und meine Funktion als "Leithammel" des Clubs fordert mich nach wie vor und gefällt mir immer noch.

Wir müssen wieder mal das Lokal wechseln, weil wir so viele geworden sind. Die Suche nach einem geeigneten Raum ist gar nicht so einfach, denn die wenigsten Lokale haben einen Nebenraum, der groß genug ist. Oft ist die Clubarbeit auch stressig für mich. Es sind jedes Mal tausend Kleinigkeiten, die für das nächste Treffen vorbereitet werden wollen. Mangels technischem Equipment entstehen die meisten Sachen in Handarbeit, was sehr zeitaufwendig ist. Fast meine gesamte Freizeit geht inzwischen für den Fanclub drauf, und wenn unser Treffen stattfindet, ziehe ich jedes Mal wie ein Packesel bepackt los zu unserem Clublokal. Meine Mitglieder schauen jedes Mal gespannt, was ich wohl wieder alles "im Sack" habe.

Meine Kontakte zu anderen Fans werden zahlreicher, und so funktionieren auch die Fan-Buschtrommeln zunehmend besser. Wann immer jemand etwas aktuelles über Peter Maffay erfährt, gibt er es telefonisch weiter. So ist es keine Seltenheit, dass ich ganze Abende am Telefon verbringe, um irgendwelche Informationen weiterzugeben, die uns alle wichtig erscheinen. Entsprechend hoch sind meine Telefonrechnungen. Oft ist es nicht einfach, meine Kinder und den Fanclub unter einen Hut zu bringen. Sie haben inzwischen zwar akzeptiert, dass ihre Mutter irgendwo nicht ganz dicht ist im Kopf, aber sie fordern natürlich auch ihre Rechte. Ich komme immer öfter in Zugzwang und habe ein schlechtes Gewissen ihnen gegenüber, weil mir so manches Mal der Fanclub wichtiger ist als sie.

Trotzdem fahre ich im Oktober ´92 zu einem Bundestreffen der Fanclubs nach Bremen. Der Kontakt zu Dagmar aus dem Badischen ist intensiver geworden, und sie erklärt sich bereit, einen Bus zu organisieren, mit dem ein paar der Fanclubs gemeinsam nach Bremen fahren werden. Leider kann ich auch für diese Aktion nur einen kleinen Teil meiner Mitglieder motivieren, mitzufahren. Wir sind die letzten, die für diese Fahrt "eingesammelt" werden, und die anderen begrüßen uns mit großem Hallo.

Mir graut vor den acht Stunden im Bus, die noch vor uns liegen, aber die Zeit wird unerwartet kurz, weil einfach eine gute Stimmung an Bord herrscht. In Bremen staunen wir nicht schlecht, wie viele Fanclubs zu diesem Fest angereist sind. Noch überraschter aber sind wir, als wir in der Halle Dieter Viering entdecken. Er ist da, um Grüße von Peter zu überbringen: im Gepäck hat er das neue Album, das in Kürze auf den Markt kommen soll. Wir kommen also in den Genuss, das Album schon vorab hören zu können. Highlight der Veranstaltung ist zweifelsohne die Tombola, bei der als Hauptpreis ein Wochenende mit Peter im Studio winkt – entsprechend reißenden Absatz finden die Lose.

Auch hier komme ich nicht drum herum, mich wieder als Clubleiterin vorstellen zu müssen, aber ich umgehe diese Hürde, indem ich Ela überrumpele und sie mehr oder weniger ans Mikro zwinge. Ich habe einfach keine Lust auf dieses Ritual. Ansonsten wird die Fete recht unterhaltsam, mit Live-Musik, Tanz und jeder Menge Unterhaltung mit den anderen Fans.

Trotzdem bin ich froh, als es endlich heißt: wir fahren nach Hause. Mitten in der Nacht, wo andere Leute in ihren Betten liegen und schlafen, machen wir uns auf den Weg. Die Fahrt verläuft ruhiger als die Hinfahrt, denn die meisten versuchen, zu schlafen. Ich würde das auch gerne tun, aber mein Hintermann im Bus ist strikt dagegen, dass ich die Rücklehne meines Sitzes in Schlafstellung bringe. Noch bin ich ein braves Mädchen und versuche, jeder Auseinandersetzung aus dem Weg zu gehen, also versuche ich, im Sitzen zu schlafen, was kläglich misslingt.

Die Stunden ziehen sich und ich höre nur das monotone Geräusch des Motors, das nur unterbrochen wird von vereinzelten Schnarchern meiner Mitreisenden. Gegen sieben Uhr morgens werde ich endlich erlöst von einem zaghaften Ruf: "Musiiiihiiiik, wir sind wieder munter!" Nach und nach rappeln sich die andern aus ihren Sitzen, und es geht weiter zu einer Raststätte, wo wir ein gemeinsames Frühstück bestellt haben. Als wir dort einfallen, schauen die anderen Gäste recht misstrauisch, als ob sie sagen wollen: um Gottes willen, tut uns bloß nichts! Es muss wohl recht merkwürdig aussehen, eine wilde Horde mit bemalten und bestickten Jacken, richtig gefährlich. Dabei sind wir alles so stolz auf unsere Clubjacken, an der jeder sehen kann, von welchem Club wir sind. Leute mit solch einem Outfit sind halt immer noch Rocker, und die meisten von ihnen schlagen alles kurz und klein. Dabei sind die 60er schon lange vorbei.

Autogrammstunde mit Hindernissen

In Bremen hatten wir erfahren, dass im Dezember in Frankfurt eine Autogrammstunde sein soll. Aber schon im November schreckt mich ein Anruf auf: in einer großen Tageszeitung steht im Rahmen einer Werbeanzeige: Peter Maffay kommt morgen nach Frankfurt! Unsere Reaktion darauf ist vergleichbar mit einem Stich ins Wespennest. Unruhe, Hektik und Ungläubigkeit machen sich breit. Wieso jetzt schon und nicht im Dezember???? Aber die Buschtrommeln funktionieren und jeder versucht, heraus zubekommen, was an dieser Werbung dran ist.

Ich rufe bei der Zeitung an: "...wie bitte? Wir wissen nichts davon, aber rufen sie doch mal in der Zeil-Galerie an, wenn Peter dort sein soll, wissen die es bestimmt." Zeil-Galerie? Steht nicht im Telefonbuch, also noch mal bei der Zeitung anrufen. Jaaa, der Laden heißt doch offiziell "Les Facettes". Nächster Versuch bei der Auskunft, ich habe Glück und bekomme endlich eine Telefonnummer. Bei "Les Facettes" leiere ich meinen Spruch herunter und höre erst mal: "Moment, ich verbinde weiter". Dieses Spiel läuft dreimal, bis ich endlich den richtigen Laden an der Strippe habe. Dort heißt es: "ja, Peter Maffay kommt morgen... um wie viel Uhr? Nun ja, das wissen wir auch noch nicht so genau, vielleicht, wenn er ausgeschlafen hat?"
"Wie bitte?", frage ich ungläubig, "wollen sie mich verarschen?" "Nein, aber wir wissen eben auch nicht, wann er kommt. Wir öffnen um neun Uhr, kommen sie doch einfach dann".

Ich gebe mich geschlagen, habe aber das Gefühl, dass hier was faul ist und rufe deshalb in Peter's Büro an. "Peter morgen in Frankfurt? Davon wissen wir nichts". Es ist zum Mäusemelken! Irgendwie muss doch rauszufinden sein, ob diese Meldung stimmt oder nicht! Nicht auszudenken, wenn Peter in Frankfurt ist, und wir sind nicht dabei... Die Telefone zwischen den Fanclubs im Rhein-Main-Gebiet glühen inzwischen. Jeder versucht, konkrete Auskünfte zu bekommen, aber jeder erhält eine andere Antwort: Peter kommt... Peter kommt nicht... Peter kommt vielleicht.

Am Ende beschließen wir, auf Verdacht nach Frankfurt zu fahren. Also wird schnellstens der Samstag umdisponiert, die Kinder bei den Omas untergebracht und das Essen für die armen, vernachlässigten Ehemänner vorgekocht. Nun ja, die Ehepartner sind das inzwischen gewöhnt: wenn Peter aktuell ist, dann kommt die Familie schon mal später dran. Samstagmorgen geht es zur nachtschlafender Zeit nach Frankfurt, wo auch die anderen Fanclubs schon warten.

Alle sind sie da – aber kein Peter Maffay. Mit zunehmender Wartezeit werden unsere Gesichter immer länger – war unsere anfängliche Skepsis doch berechtigt? Wir machen uns auf die Suche nach Verantwortlichen, aber niemand will das sein. Wir hören von: "Maffay hat kurzfristig abgesagt" bis zu "Maffay kommt heute, aber wir wissen nicht genau, wann". Nach ein paar Stunden Hin und Her reicht es uns, wir werden nun ungemütlich und bringen mit unserem Unmut den ganzen Laden durcheinander. Während wir beraten, was wir als nächstes tun können – Rache! – taucht der Geschäftsführer auf. Na also, warum kam der nicht schon früher? "Ich wollte doch mal hören, was hier los ist" meint er. "Man sagte mir, hier sitzen Maffayfans, die ziemlich sauer sind". Wir erklären ihm die Sachlage, und der gute Mann geht auf die Suche nach Verantwortlichen, denn er weiß nichts davon, dass Peter kommen soll.

Wir glauben ihm und harren der Dinge, die noch kommen sollen. Während dessen bemerken wir, dass noch viele andere Leute auf diese Werbeaktion hereingefallen sind. Sie sind zwar genauso enttäuscht wie wir, ziehen aber unverrichteter Dinge wieder ab – das ist eben der Unterschied zwischen normalen und organisierten Fans: wir geben nicht so schnell auf, wenn es um Peter geht. Nach einer halben Stunde kommt der Geschäftsführer wieder, ihm ist die Sache sichtlich unangenehm. Er hat nichts weiter herausfinden können, als dass Peter tatsächlich nicht für diesen Tag angemeldet ist. Wer aber nun die Werbung in die Zeitung gesetzt hat, konnte er – angeblich – nicht herausfinden. Er ist sichtlich zerknirscht und zeigt seinen guten Willen, indem er uns verspricht, dass wir für diese verunglückte Autogrammstunde unsere Unkosten ersetzt bekommen werden. Damit haben wir nun nicht gerechnet, nehmen aber das Angebot gerne an.

Als sich der Geschäftsführer wieder verkrümelt hat, fragen wir uns: warum ist keiner von den Verantwortlichen für die Werbung mal bei uns aufgetaucht? Irgendwo juckt es uns immer noch, deshalb gehen wir noch einmal los um nachzufragen. Doch plötzlich sind alle Mitarbeiter furchtbar beschäftigt. Das stachelt unseren Ehrgeiz erst recht an, und wir fragen frech nach dem Chef der Werbeabteilung. Aber wir erreichen natürlich gar nichts. Statt dessen folgt eine fruchtlose Diskussion zwischen den Angestellten und uns, ob und wer die Schuld an dieser nicht stattgefundenen Autogrammstunde hat.

Ich habe das Gefühl, dass hier einiges schiefgelaufen ist, dass die rechte Hand nicht weiß, was die linke tut. Zum Schluss bitte ich darum, in Maffays Büro anrufen zu dürfen, um die Sache endgültig zu klären, aber das wird mir mit dem Hinweis verwehrt, ich könne doch nicht einfach auf Kosten des Hauses in der Gegend herumtelefonieren. Jetzt geben wir entnervt auf und verlassen gefrustet diesen Einkaufstempel.

Wir trösten uns damit, dass ja dann wohl im Dezember die geplante Autogrammstunde stattfinden wird. Aber auch das läuft schief, und wir erfahren später: die Autogrammstunde war nicht für Frankfurt, sondern für Stuttgart angesetzt worden.

Fazit für uns: wenn man sich einer Sache nicht sicher ist, sollte man sehr gut recherchieren, bevor man handelt. Zusätzlich taucht nun erstmals offene Kritik am Büro von Peter auf. Könnten wir immer das glauben, was man uns von dort erzählt, und wäre die Bereitschaft größer, die Fanclubs gezielter zu informieren, hätten wir uns diesen Ärger sparen können.

Die Vorwürfe bezüglich der mangelnden Informationsbereitschaft seitens des Büros von Peter Maffay sind durchaus berechtigt, und ich schließe mich dem voll an. Der Unmut der Fans wird im Laufe der Zeit größer und auch häufiger geäußert – was auch mutig ist, denn viele trauen sich nicht, eine öffentliche Kritik an Peter zu äußern. Sie befürchten, dann ihre Privilegien zu verlieren, und ich frage mich dabei immer öfter, welche Privilegien das sein sollen.

Sicher haben die wenigsten von uns einen Einblick in den Arbeitsablauf und die Organisation des "Unternehmens Maffay", und jeder von uns hat auf seiner Clubgenehmigung stehen "... keine Verpflichtung zur Versorgung mit Material...". Die Versorgung mit Informationen aber setzen wir dabei trotzdem voraus. Denn wie kann ein Fanclub für die Fans da sein, wenn er nicht einmal die nötigen Informationen bekommt, die nun mal jeder von uns haben möchte?

Es kommt häufig vor, dass man als Clubleiter von Leuten angesprochen wird, die Informationen haben wollen. Dann steht man ziemlich blöde da, weil man eingestehen muss, dass man selber nichts weiß. Und die fast immer anschließende Frage: "ja, wofür habt ihr dann einen Fanclub?" trägt dazu bei, unseren Frust noch zu steigern. Diese Frage "... wofür habe ich eigentlich einen Fanclub?" stelle ich mir in den folgenden Jahren noch häufiger. Mein Grundsatz ist der, dass ich immer gerne eine Meinung von zwei Seiten höre, bevor ich über etwas urteile, und so würde ich auch gerne einmal von Peter hören, warum wir so schlecht "bedient" werden, ich möchte schließlich nicht ungerecht urteilen. Aber leider ist es nicht möglich, diesen Menschen einmal für ein Gespräch in die Finger zu bekommen.

Die Unzufriedenheit vieler Clubleiter hat eine eigenartige Wirkung: der eine steckt den andern damit an. Durch viele Gespräche kommt mir die Idee, einmal alle Clubleiter zusammen zu trommeln, damit wir gemeinsam versuchen können, aus dieser Unzufriedenheit das beste zu machen. Ich stürze mich mit Feuereifer in die Vorbereitungen für dieses Treffen, werde aber mittendrin von meinen eigenen Leuten aus dem Club ausgebremst: sechs Leute steigen auf einen Schlag aus dem Club aus. Hinter meinem Rücken wird mein Verhalten als Clubleiterin kritisiert und ich komme erst dazu, Stellung zu nehmen, als es zu spät ist. Zwei der Mitglieder sind mit meiner Clubleitung nicht einverstanden und ziehen noch vier andere mit. Erst, als sich ein Mitglied traut, mich zu informieren, erfahre ich von der Geschichte. Ich bin sehr enttäuscht, denn jeder, der mich kennt, weiß, dass man mit mir über alles reden kann, und dass ich durchaus in der Lage bin, mir Kritik anzuhören. Wozu habe ich die Meckerstunde eingeführt?

Es folgen Stunden heißer Diskussionen, aber der Vorteil des Austretens dieser Leute liegt schnell auf der Hand: es wird wieder friedlicher im Club. Wir sind zwar jetzt weniger, aber die, die übrig geblieben sind, stehen zu mir und wir können vernünftig und ohne Vorbehalte miteinander umgehen.

Nun beschäftigt mich aber wieder die Vorbereitung für das Clubleitertreffen. Ich bilde mir ein, dass bei einer solch wichtigen Sitzung auch die beiden Hauptzuständigen für uns aus dem Büro von Peter anwesend sein sollten: der Meister himself und Dieter, seine rechte Hand. Schließlich soll ja jeder von uns die Möglichkeit bekommen, seine Meinung, Wünsche und Kritik loszuwerden. Natürlich bekomme ich eine Absage, wie sollte es auch anders sein. Ich bin noch sehr naiv, und reagiere mit einem enttäuschten Brief an Peter selber. Schreibe mir meinen ganzen Frust von der Seele, mir ist egal, mit welcher Konsequenz.
Ich denke mir, dass Peter ruhig auch einmal einen kritischen Brief von einem seiner Fans lesen kann, denn in der Regel wird er sicher nur Lobeshymnen zu lesen bekommen. Womit ich absolut nicht rechne: ein paar Tage später flattert ein Brief von Peter in meinen Briefkasten, in dem er mich darauf hinweist, dass er seine Entscheidungen gerne selber trifft und sich das nicht von einem Fan vorschreiben lässt, und er bittet mich am Schluss darum, doch künftig bitte friedlich zu sein. So – jetzt habe ich mein Fett. Aber es stört mich nicht, denn mir ist es wichtiger, dass Peter einmal weiß, was wir von ihm erwarten. Obwohl dieser Brief nicht vor Freundlichkeit strotzt, hefte ich ihn stolz zu meinen Unterlagen, denn jetzt habe ich mehr als nur ein Autogramm von Peter – einen ganzen handgeschriebenen Brief!

Voller Eifer gehen wir bei unserem Treffen zur Sache und erstellen ein Protokoll der Sitzung, das später einer von uns Peter geben soll. Schließlich soll er wissen, was so in den Fanclubs los ist. Um die vielen Clubs besser unter einen Hut zu bekommen, gründen wir an diesem Tag eine Clubzentrale und hoffen sehr, dass diese für ihre Arbeit künftig Unterstützung von Peter & Co bekommt. Wir malen uns aus, dass diese Zentrale ein Anlaufpunkt für alle Clubs sein soll und wünschen uns dadurch auch eine Entlastung des Büros in Tutzing. So könnte die Clubzentrale alle wichtigen Informationen erhalten und diese an die Clubs weiterleiten. Dadurch würde gewährleistet, dass nicht jeder einzelne im Büro anrufen muss, wenn er etwas wissen will. Eine gute Idee, glauben wir. Dem Protokoll wird eine ausführliche "Wunschliste" beigefügt, in der wir erklären, was wir in Zukunft verbessert haben möchten, und das Ganze wird von einem Clubleiter kurze Zeit später an Peter übergeben. Wir warten gespannt, aber eine Reaktion kommt erst mal nicht. Dafür plustert sich ein Clubleiter fürchterlich auf, der bei unserem Treffen nicht dabei war. Es ist wieder mal genau derjenige, der mir schon am Anfang meiner Clubarbeit Schwierigkeiten gemacht hat. Er schreibt einen öffentlichen Brief an alle Clubs, in dem er seine Meinung zu unseren Aktionen äußert. Das alleine wäre ja noch in Ordnung, denn jeder hat schließlich seine eigene Meinung zu gewissen Dingen. Aber nicht nur die Art und Weise, wie er das tut – überheblich und schulmeisterlich – sondern die Tatsache, dass er mich dabei als „die Urheberin allen Übels“ und das böse Mädchen hinstellt, als "... alleinige Verursacherin dieses Debakels...", macht mich unheimlich wütend.

Wer glaubt dieser Typ eigentlich zu sein, dass er sich anmaßt, mich in aller Öffentlichkeit dermaßen fertigmachen zu können, und uns allen vorzuschreiben, was wir zu entscheiden haben und was nicht ?!?!? Er war zu diesem Treffen eingeladen worden, hat es aber vorgezogen, nicht zu erscheinen, und jetzt das! Ich bin stinksauer, und meine Abneigung diesem Menschen gegenüber verstärkt sich noch mehr als vorher.

Peter selbst hüllt sich aber erst mal in Schweigen. Ich bin enttäuscht, denn ich hatte mir doch erhofft, er würde auf unser Protokoll reagieren. Doch ein paar Wochen später kommt ein kurzes Schreiben an unsere Clubzentrale, in dem er unsere Initiative begrüßt und uns seine Unterstützung zusagt. Yeah, gewonnen!!! Ich fühle mich irgendwo als Siegerin, habe ich doch einen Großteil zu diesem Erfolg beitragen können. Auch die andern jubeln und hoffen nun auf Verbesserungen. Doch leider bleibt es nur bei diesem Schreiben, denn nichts passiert, und wir sind alle noch enttäuschter als vorher. Nach wie vor erfahren wir aktuelle News erst aus der Presse, verpassen Autogrammstunden oder Ausstrahlungen im Fernsehen, weil keiner etwas davon rechtzeitig erfährt.

Und so dümpelt auch die Clubzentrale nur so vor sich hin, denn sie kann ja nicht das liefern, was wir uns erhofft haben. Die Leute, die die Zentrale leiten, geben sich viel Mühe und versuchen, ein monatliches Informationsblatt für uns zu erstellen. Natürlich sind sie dabei auch auf die Mithilfe aus den Clubs angewiesen, aber aufgrund mangelnden Interesses – oder Bequemlichkeit der einzelnen – scheitert auch das mehr oder weniger. Ich freue mich zwar immer auf die monatlich erscheinende Post von der Clubzentrale, denke mir aber immer häufiger: hier würde ich einiges anders machen.

Ein Wochenende am See

Weil uns allen unser erstes gemeinsames Wochenende in Starnberg so gut gefallen hat, wollen wir das unbedingt wiederholen, und zwar im gleichen Hotel wie beim ersten Mal. . Also sparen wir fleißig in unsere Clubkasse und ich fange wieder an, zu organisieren – langsam habe ich ja Übung darin. Im Laufe der letzten Zeit haben wir Freundschaften zu verschiedenen Fanclubs aufgebaut, und so liegt es für mich nahe, dass wir diesmal nicht alleine an den See fahren werden. Ich bitte meine Leutchen um ihr Einverständnis, und so lade ich einen Club aus Nürnberg ein, ebenso zwei Schwestern aus Berlin, mit denen ich persönlich seit geraumer Zeit in sehr nettem Kontakt stehe.

Im März 1993 starten wir mit dem Zug wieder in Darmstadt. Morgens um neun ist für uns die Welt noch in Ordnung, und wir beginnen unsere Fahrt bei bester Laune und Sekt für alle. Die gute Laune bleibt, aber je näher wir München kommen, um so öfter und besorgter geht unser Blick aus dem Fenster: es schneit, und zwar immer heftiger, je näher wir unserem Ziel kommen! Und so was am ersten Frühlingswochenende!
Als wir einige Stunden später in Starnberg ankommen, strahlt die Sonne – vorerst. Wir werden von unseren Berliner Schwestern empfangen, die schon gestern angereist sind, aber auch der Fanclub aus Nürnberg ist schon da. Na, dann kann es ja losgehen. Es liegt auf der Hand, wo es uns am Nachmittag alle hinzieht. Mit Fotoapparat und Videokamera bewaffnet und mit guter Laune – und Schneegestöber! – machen wir uns auf den Weg nach Tutzing. Pflichtprogramm. Für uns alle steht aber fest, dass wir nicht am Büro von Peter klingeln werden. Zum einen deshalb, weil wir annehmen, dass er schon unterwegs nach Leipzig ist, wo er bei einem Benefizkonzert mitwirkt, und zum andern, weil der Sinn dieses Wochenendes für uns nicht darin liegt, unbedingt Peter sehen zu müssen. Ja, soweit sind wir inzwischen! So machen wir unsere Fotos – Schneegestöber und Sonne im Wechsel immer noch inbegriffen - und verschwinden danach ganz einfach wieder. Ehrlich gesagt ist es uns auch einfach zu kalt, um noch weiter durch die Gegend zu laufen.

Am Abend, als es uns wieder einigermaßen warm ist, gibt es das erste Schmankerl des Wochenendes: Fisch! Bei einigen werden die Gesichter ziemlich lang, denn Fisch ist nicht jedermanns Geschmack, aber der Tisch ist wieder so schön und reichlich gedeckt, dass wir eine knappe Stunde später nur noch japsend und satt in den Stühlen hängen. Trotz der Gräten hat es wunderbar geschmeckt! Die zum Teil lange Anreise für einige von uns, der Spaziergang bei Schnee und Kälte und dann das gute Essen tragen aber dazu bei, dass wir alle recht müde sind und eigentlich viel zu früh in die Federn kriechen.

Für den nächsten Tag habe ich uns bei den Filmstudios bei München angemeldet. Wir verteilen uns in die Autos und versuchen, auf dem kürzesten Weg zu den Studios zu kommen. Trotz Schneetreibens – so langsam gewöhnen wir uns an den Wechsel Sonne – Schnee – gelingt es auch ein paar von uns, pünktlich vor Ort zu sein. Der Rest hat wohl Schwierigkeiten mit dem Kartenlesen. Na ja, es führen eben viele Wege nach Rom.

Aber ob pünktlich oder zu spät, es ist sowieso egal, wie wir feststellen müssen. Denn trotz unserer Anmeldung gibt es noch ein paar Leute mehr, die an diesem Nachmittag die gleiche Idee haben wie wir, und so dürfen wir noch einige Stunden warten, bis wir in die Studios können. Und in der Zwischenzeit scheint sogar mal die Sonne! Nun kommen wir also in den Genuss, durch "Das Boot" zu kriechen – Kopf einziehen ist ratsam – auf "Fuchur" aus der niemals endenden Geschichte zu reiten und sogar als Komparsen für einen kurzen Demofilm agieren zu können. Alles in allem ist das ein sehr vergnüglicher und interessanter Nachmittag.

Wir düsen zurück nach Starnberg, so gut es das Wetter zulässt. Im Hotel werden wir schon sehnsüchtig vom Fanclub aus München erwartet, den wir für diesen Abend ebenfalls eingeladen haben. Es gibt ein großes Hallo und so können wir mit nunmehr 22 Personen die zweite Schlacht des Wochenendes schlagen: Hax'n, Sauerkraut und Knödel...n.

Satt und zufrieden können wir danach in die nächste Runde des Abends gehen. Wir ermitteln unseren eigenen Superfan mit dem Quiz, den ich für den eigenen Fanclub schon einmal durchgeführt hatte. Bewaffnet mit Tröten, Tuten, Klappern und ähnlichem hat jeder der dreizehn freiwilligen Teilnehmer die Möglichkeit, sich zu Wort zu melden um später einen der Preise einzukassieren, die ich organisiert und zum Teil wieder selbst gemacht habe. Das Motto der Münchner: wir lassen die Sau raus. Es wird ein sehr lauter und lustiger Abend. Was wir allerdings noch nicht wissen können: in Bayern werden die Bürgersteige schon recht früh hochgeklappt, und so werden wir schon gegen 23 Uhr mehr oder weniger freundlich dazu aufgefordert, uns zu verabschieden: "...sie wollen doch morgen beim Frühstück einen freundlichen und ausgeschlafenen Kellner haben, oder?" Schade, denn gerade jetzt wird die Stimmung so richtig schön. Die Münchner müssen sich recht überstürzt verabschieden, um nicht unfreiwillig im Hotel eingeschlossen zu werden. Irgendwo eine Unverschämtheit, finden wir, denn schließlich sind wir Gäste des Hauses.

Am nächsten Morgen dann beim Frühstück erleben wir einen süffisant grinsenden Kellner, den ich provozierend fragen muss, ob er auch ausgeschlafen ist. Wir erfahren, dass das Konzert aus Leipzig, wo Peter mit dabei ist, als Aufzeichnung nachts im Fernsehen gezeigt wird. Und so sitzen wir dann alle um Mitternacht bei mir und Ela im Zimmer vor der Glotze. Warten auf Peter, das sind wir ja inzwischen gewohnt, und auch in dieser Nacht halten wir durch, auch wenn es teilweise schwer fällt. Wie die Ölsardinen in der Dose sitzen wir auf den Betten, auf Stühlen oder auf dem Boden. Und wie schon so oft kommt Peter wiedermal am Schluss des Konzertes. Schade nur, dass wir das mangels eines Videorecorders nicht aufzeichnen können.

Am letzten Tag wollen wir eigentlich zum Abschied einen Frühschoppen machen, aber dann entschließen wir uns kurzfristig zu einem nochmaligen Abstecher nach Tutzing. Die andern geben eben die Hoffnung nicht auf, Peter doch noch zu sehen. Na also gut, gehen wir eben noch mal unseren Rundgang.
Die Sonne bleibt uns hold bis fast zum Schluss, aber dann fängt es plötzlich wieder an zu schneien. Die beiden Berliner Schwestern bringen uns bei Schneetreiben zum Bahnhof, sie bleiben noch einen Tag länger. Ziemlich still und etwas wehmütig kommen wir am Münchner Bahnhof an, das Wochenende war schön, aber viel zu kurz! Doch hier erwartet uns eine Abschiedsüberraschung: eine Delegation des Münchner Fanclubs ist da, um uns eine Videoaufzeichnung des Leipziger Konzertes

vom Vorabend zu geben! Eine nette Geste, finden wir.
Während der Heimfahrt beschließen wir, dass wir diese gemeinsamen Wochenenden in Zukunft regelmäßig machen werden. Es ist jedes Mal eine schöne Gelegenheit, Familie und Alltag hinter sich zu lassen, und eine kurze Zeit mit Freunden verbringen zu können.

Urlaub in Tutzing

Trotz des schönen Wochenendes im März in Bayern hatte ich genügend Stress, um urlaubsreif zu sein. Einen richtigen Urlaub im Ausland kann ich mir nicht leisten, aber ich weiß genau, wo es mir gefällt: an diesem schönen See vor den Bergen... Da ein Fest des Münchner Fanclubs ansteht, entschließe ich mich, zusammen mit Ela, meiner Vertreterin im Club, die Gelegenheit zu nutzen, und gleich noch ein paar Tage Urlaub dranzuhängen. Und was liegt da näher, als diese Tage nicht bei den sieben Zwergen, aber in Tutzing zu verbringen, schließlich liegt es quasi um die Ecke.

Da sich inzwischen mein Kontakt zu Dagmar, der Clubleiterin aus dem Badischen, intensiviert hat, lade ich sie ein, uns während unseres Kurzurlaubs Gesellschaft zu leisten. Ela ist erst mal skeptisch und gar nicht begeistert darüber: "...ich kenn die doch gar nicht..." jammert sie. Als ich ihr aber erkläre, dass wir dadurch mit dem Auto und nicht mit dem Zug fahren können, ist sie vorerst beruhigt. Tja, Taktik ist alles...

So fahre ich mit Ela an einem warmen Juliwochenende mit dem Zug nach Heidelberg, wo uns Dagmar abholen will. Der Zug ist proppevoll – Samstag, Ferienbeginn! Aber wir kommen gut in Heidelberg an, Gepäck in Dagmar´s Auto umladen, was mit ein bisschen Quetschen auch gelingt. Wieso braucht man bloß so viel Gepäck für eine Woche?? Die gemeinsame Fahrt nach München wird ausgesprochen gemütlich, mit Begleitmusik von Peter. Unterwegs einmal Halt zum Essen, und ich muss natürlich, wie überall, die Toiletten testen.

Kurz vor München lerne ich dann von Dagmar, wie man eine Straßenkarte liest. Als führerscheinloser Mensch hatte ich das bisher noch nicht nötig gehabt. Ich versuche, Dagmar den Weg zu erklären, aber das Unterfangen gestaltet sich nicht unbedingt als optimal, denn ich habe einfach ein Brett vor dem Kopf und kann die komischen Zeichen auf der Karte nicht deuten. Ist ja auch alles so klein dargestellt! Dagmar ist dazu noch eine Meisterin der Orientierung, und so verfahren wir uns mehrfach, bis wir endlich ans Ziel kommen. Na ja, auf diese Weise lernen wir wenigstens die Gegend kennen.

Jetzt heißt es erst mal, sich clubmässig zu stylen, und dann rein in die Halle, wo die Fete stattfinden soll. Hier sind schon einige Bekannte versammelt, und es gibt Küsschen hier und dort, freudige Begrüßung, ach, wir haben uns ja schon soo lange nicht gesehen. Danach suchen und finden wir einen guten Platz, vertilgen den Rest unseres Reiseproviantes und versuchen uns an einem Fragebogen des gastgebenden Fanclubs.

Dann kommt wieder dieses ätzende Ritual der Vorstellung der Clubleiter. Warum müssen die das immer wieder durchziehen? Inzwischen müssten sich doch alle kennen, denke ich. Widerstrebend gehe ich auf die Bühne und warne alle: "Erbarme, die Hesse komme!"

Je später der Abend, desto besser wird die Stimmung, was nicht zuletzt der Tatsache zuzuschreiben ist, dass irgendwann die Sektbar eröffnet wurde. Ela gefällt es dort so gut, dass sie für den Rest des Abends nicht mehr dort wegzubringen ist. Derweil versuchen Dagmar und ich, es uns irgendwo bequem zu machen, denn wir beide sind – weit nach Mitternacht – hundemüde. Ela ist immer noch nicht aus der Bar herauszulocken. Irgendwie müssen wir versuchen, die Nacht hinter uns zu bringen, denn wir wollen ja am nächsten Morgen weiter nach Tutzing. Dagmar wickelt sich in eine Decke ein und legt sich kurzentschlossen unter einen Tisch auf den Boden – und schläft sofort ein. Die Glückliche! Ich hänge, halb liegend, halb sitzend, am Tisch, werde aber ständig von irgendwelchen Leuten gestört, die nicht mehr ganz nüchtern sind.

Gegen vier Uhr morgens kommt der Pächter der Halle und befördert uns alle ziemlich unfreundlich ins Freie! So war das nicht abgemacht! Wir hatten die Zusage, bis morgens in der Halle bleiben zu können, aber daran kann der Gute sich nicht erinnern. Was jetzt tun, bis die Nacht zu Ende ist? Wir können nicht vor zehn Uhr morgens in unser Hotel!

Ela, nun nicht mehr ganz standfest, schleppt sich zu unserem Auto, Dagmar und ich hinterher. Ela fällt sofort in Tiefschlaf – kein Wunder – während Dagmar meint, sie müsse mich unbedingt wach halten. Sie redet wie ein Wasserfall, und das drei Stunden lang. Ich döse vor mich hin und tue so, als ob ich ihr zuhöre. Mensch Dagmar, warum kannst du nicht mal einen Moment die Klappe halten, ich bin soooo müde! Aber meinen Hinweis, dass ich nicht mehr ansprechbar bin vor Müdigkeit hört sie offensichtlich nicht.

Endlich ist es sieben Uhr, und wir können nach Starnberg losdüsen, "unser" Hotel von den Schmankerl-Wochenenden eröffnet nämlich um diese Uhrzeit das Frühstück. Dagmar meint, wir können da einfach reinspazieren, und uns stärken. Na ja, dein Wort in Gottes Ohr, meine Liebe. Ich glaube das ja nicht so ganz. Ela bekommt von alledem überhaupt nichts mit, sie schläft auf dem Rücksitz den Schlaf der Gerechten. Wir haben große Mühe, sie in Starnberg wach und ins Hotel zum Frühstück zu bekommen.

Nach dieser "Nacht ohne Schlaf-Aktion" nehme ich mir vor, mir im Wiederholungsfall ein Hotelzimmer zu nehmen, denn eine Nacht im Auto mit einem quasselnden Wasserfall neben mir möchte ich nie wieder erleben! Punkt zehn Uhr stehen wir dann vor unserem Urlaubsdomizil: einer kleinen Privatpension. Die Dame des Hauses empfängt uns sehr freundlich und geleitet uns nach oben. Himmel, wie weit geht das noch? Meine Koffer werden immer schwerer und wir drei Raucherinnen schnaufen wie eine Dampflok in den letzten Zügen. Ganz unter dem Dach, im vierten Stock, erleben wir eine angenehme Überraschung: Das Zimmer für drei entpuppt sich als kleine, komplette Wohnung! Dafür lohnt es sich, bis unters Dach zu kraxeln.

Wir fühlen uns sofort wohl hier und teilen die Schlafplätze auf. Ela und ich ins Schlafzimmer, Dagmar, die Nachteule, darf im Wohnzimmer auf der Schlafcouch nächtigen. Ela ist jetzt so richtig munter. Kein Wunder, sie hat ja inzwischen genug geschlafen! Dagmar und ich haben aber nur eines im Sinn: ins Bett! Ela will derweil die Gegend begutachten.

Drei Stunden später sind wir alle wieder in der Lage, etwas zu unternehmen und starten die erste Rundfahrt durch Tutzing, vorbei an den Studios von Peter und dem See. Danach decken wir uns mit Lebensmitteln ein, denn wozu sollen wir die nette kleine Küche unbenutzt lassen? Wir sind zu kaputt, um noch mal wegzugehen und kriechen nach einem gemütlichen Abendessen in die Betten.

Am nächsten Morgen dann eine weitere angenehme Überraschung: diskret und leise hat unsere Vermieterin unser Frühstück gebracht, während wir noch schliefen. So lass ich mir das gefallen! Beim Frühstück schmieden wir Pläne, was wir unternehmen wollen. Eine Runde bei Peter vorbei ist logisch, das Auto von Dagmar fährt schon von ganz alleine dorthin. Hier treffen wir auf Dieter Viering, der uns gleich alle Hoffnung nimmt, Peter zu besuchen. Na ja, diese Sprüche kennen wir inzwischen. Von wegen: "Peter ist nicht da..." Wir wollen es trotzdem versuchen!

Mittags will Dagmar ihren Schönheitsschlaf halten, kein Wunder, denn sie hat bis nachts um drei gelesen! Ela und ich schnappen unsere Gameboys – ja, ohne unsere Spielejungs machen wir im Moment keinen Schritt – und gehen damit runter zum See. Schön, so in der Sonne sitzen, reden, rauchen, spielen und im Rücken das Haus von Peter Maffay. Ach, es geht uns doch richtig gut! Es ist ziemlich heiß, wir bekommen Durst und gehen in den nahen Biergarten, direkt hier am See. So langsam könnten wir Dagmar aus dem Bett werfen. Aber vorher rufe ich einfach mal im Büro von Peter an, überlege ich mir. Vielleicht können wir ja doch mal vorbeikommen. Gesagt, getan, aber wir bekommen nur eine vage Auskunft. Man weiß nicht, ob Peter da sein wird oder nicht. Scheinheilig antworte ich, dass das für uns nicht wichtig sei, sondern dass wir nur was abgeben möchten. Unter dem Aspekt dürfen wir kommen, wann wir wollen. Na also, das passt doch!

Wir versuchen, Dagmar aus dem Reich der Toten zu holen. Eine ganze Kompanie Soldaten zu wecken ist sicher leichter. Endlich ist sie wach und wir berichten ihr von meinem Telefonat. Später schmieden wir bei einer leckeren Pizza Pläne für den nächsten Tag. Wir wollen es im Büro versuchen und überlegen, wie man Peter's Sekretärin Christel etwas milde stimmen kann, damit sie uns nicht wieder wegschickt. Vielleicht mit Blumen?

Ela hat eine Videokamera dabei und steht am Abend ständig auf dem Balkon und filmt die Gegend – zum üben, wie sie behauptet. Ich will es auch mal versuchen und lege mich dabei auf den Sonnenuntergang fest, der am Horizont des Sees einfach traumhaft aussieht.

So, heute wollen wir uns in Peter's Büro wagen. Wir sind aufgeregt wie Teenager und überlegen, dass es sicher besser ist, wenn wir erst am späten Nachmittag dort aufkreuzen, dann ist es vielleicht nicht so hektisch dort. Mit einem Blumenstrauß bewaffnet klingeln wir und erhalten die Nachricht, dass Christel nicht da ist. Wir sollen später noch mal klingeln. Toll, dabei muss ich wiedermal dringend die Toiletten testen, und die in Peter's Büro wäre sicher nicht schlecht. Also verziehen wir uns mit unseren Blumen zurück ins Auto, um wiedermal zu warten.

Ich muss inzwischen so dringend, dass ich drauf und dran bin, ins Gebüsch zu gehen. Dagmar meint: "das lässt du schön bleiben! Verkneif dir das, bis wir im Büro sind!" "Warum denn das?" frage ich verständnislos, "ich muss aber jetzt, und zwar ganz schrecklich!" "Ganz einfach", meint die Gute, "dann bleibst du ´ne Weile auf dem Klo, und wir können nicht so schnell wieder rausgeworfen werden. Vielleicht kommt in der Zeit Peter". He, du bist ja eine ganz raffinierte, soweit habe ich noch gar nicht gedacht. "Na toll, dann sitze ich auf dem Pott, und Peter kommt. Wie sieht das denn aus, wenn ich aus seinem Klo komme!" wende ich entrüstet ein. Aber meine beiden Begleiterinnen überstimmen mich. Ich habe gefälligst zu warten um dann bei Peter aufs Klo zu gehen, basta!

Außerhalb des Autos ist ein ständiges Kommen und Gehen. Nur die, auf die wir warten, kommt nicht. Eigenartig. Als meine Blase zu platzen droht und ich ankündige, jetzt ins Auto zu pieseln, machen wir uns noch mal auf den Weg zum Büro. Auf dem Weg dorthin begegnet uns eine Frau, von der wir nicht wissen, wer sie ist und stellen fest, dass eigentlich keine von uns genau weiß, wie die Sekretärin von Peter aussieht. Diese Frau schielt uns an und geht weiter. Wir kommen uns jetzt mit unserem Blumenstrauß irgendwie albern vor. War sie das jetzt oder nicht? Wieder klingeln wir, und endlich dürfen wir ins Allerheiligste. Uns dreien schlottern die Knie, und, oh Wunder, aufs Klo muss ich auf einmal auch nicht mehr.

Im Büro herrscht das totale Chaos, so zumindest empfinden wir das, was wir dort vorfinden. Fritz Rau, der große Konzertveranstalter, wuselt herum und bestellt bei irgend jemandem Kaffee für Peter. Also ist er doch da! Eine gestresste Mitarbeiterin fragt uns, die wir ganz verloren mitten im Raum stehen, ziemlich unfreundlich, was wir wollen. Ich bin von der Atmosphäre ganz eingeschüchtert und drücke ihr kurzentschlossen die Blumen in die Hand: "die wollten wir für Christel abgeben". Auf einmal kommt Peter aus seinem Büro geschossen, schaut kurz in unsere Richtung und verschwindet wieder. Oh oooh, hat der einen Blick drauf! Ela starrt wie hypnotisiert und sagt gar nichts mehr. Wir drei fühlen uns hier zum falschen Zeitpunkt am falschen Ort und gehen ganz schnell wieder raus an die frische Luft. Das war ja nun nichts, und auch meine Blase meldet sich wieder zurück.

Wir genießen diese Tage hier am See. Mit Freunden zusammen sein, mal alles zu Hause vergessen können, das Wetter genießen, die Seele baumeln lassen. Beim Frühstück planen wir den Tag, aber trotzdem kann jede machen, was sie möchte – theoretisch. Praktisch machen wir doch alles zusammen. Dagmar schreibt jede Menge Briefe, während Ela und ich um die Wette Gameboy spielen oder die Videokamera testen. Der Ausblick von unserem Balkon auf den See ist einfach himmlisch.

Dagmar, die Nachteule, die nie vor drei Uhr nachts ein Ende findet, schläft morgens gerne lang, und Ela und ich versuchen morgens um sieben – noch vor dem Frühstück – am See zu joggen. Es könnte ja sein, dass Peter seine Hunde Gassi führt, bevor er ins Büro geht. Wir sehen zwar ab und zu Herrchen oder Frauchen mit Hundchen Gassi gehen, aber Peter eben nicht. Es bleibt allerdings auch nur bei dem Versuch des Joggens. Zum einen hindern uns unsere nikotinverseuchten Lungen daran, zum andern müssen wir dabei so lachen, dass wir nach zehn Metern kichernd aufgeben.

Wenn wir vom "Frühsport" zurückkommen, liegt Dagmar noch immer schnarchend im Bett. Sie zu wecken ist zwecklos, sie hört meist nicht einmal, wenn wir den Frühstückstisch decken. Nachmittags fahren wir am See entlang und bestaunen die schlossähnlichen Villen, oder wir sitzen einfach nur im Biergarten in der Sonne. Am Abend spielen wir Karten bis zum Abwinken – wie sind wir doch solide.

Einen Nachmittag nutzen Ela und ich, um eine Seerundfahrt zu machen, während Dagmar sich mit ihrer Bekannten trifft. Natürlich hat Ela ihre Videokamera dabei und ist ganz zittrig vor Aufregung, als Peter's Haus in Sicht kommt. Das muss schließlich alles gefilmt werden! Diese Fahrt ist sehr entspannend. So sehr, dass ich nicht merke, wie die Sonne mein Gesicht verbrennt, und ich renne die nächsten Tage herum wie ein Brathähnchen.

Am andern Tag bin ich total erschossen und will nur schlafen, die beiden andern machen einen Trip zum Kloster Andechs. Aber schon nach zwei Stunden sind sie völlig aufgekratzt wieder da. Sie sind gekommen, um mich zu holen, da ist es ja sooo toll, und sie haben ganz nette Leute kennen gelernt, und überhaupt, das geht doch nicht, dass ich hier so ganz alleine liege und schlafe. Oh Gott, bei der Hitze heute bringt mich keiner auf die Straße, wende ich ein. Ich habe absolut keine Lust auf Biergarten und Touristen, auf die Wärme erst recht nicht. Hitze ist für mich ein Launetöter. Ich wehre mich mit Händen und Füßen, aber die beiden bleiben stur. Also komme ich widerstrebend mit, quäle mich mit Hitze, brühwarmem Bier und notgedrungenen Konversationen mit sehr angeheiterten Touristen. Nach zwei Stunden geben es meine Begleiterinnen auf und wir fahren wieder zurück nach Tutzing.

Am selben Abend hat Dagmar eine Verabredung zum Essen mit ihrer Bekannten, Ela und ich wollen ein bisschen laufen gehen, die Temperaturen sind inzwischen auch für mich wieder erträglich. Dagmar macht sich im Bad noch schöner, als sie schon ist, während wir beiden auf sie warten. Warum braucht diese Frau nur immer für alles doppelt so lang wie andere? "Dagmar, wir gehen schon mal, viel Spaß nachher", rufen wir ins Bad und verschwinden ohne sie. Auf dem Weg zum See holen wir uns ein Eis und schlendern, wie schon so oft in den letzten Tagen, die Straße lang, wo auch das Privathaus von Peter steht.

Es ist fast halb acht, ein Blick über den Zaun sagt uns, dass er nicht zu Hause ist: Garage ist zu, kein Auto in Sicht, keine Hunde auf dem Hof. Tja, als erfahrener Fan lernt man auch so was ganz schnell. Aber da vorne! Er kommt uns mit dem Wagen entgegen, biegt zum Haus ab. Wir beiden stehen wie angewachsen und grüßen ihn, während er an uns vorbeifährt. Peter grüßt mit einem Nicken zurück, und wir reagieren wie Zombies: ohne ein Wort und mit leerem Hirn lecken wir an unserer Eistüte, während wir, wortlos und wie von einem Magneten angezogen, die paar Schritte bis zur Toreinfahrt zurücklaufen. Da stehen wir nun und schauen nur blöde, wie Peter aus dem Auto steigt. Was sollen wir tun? Ihn einfach anquatschen? Und was sollen wir sagen? Warum sind die doofen Eistüten denn immer noch so voll? Wohin damit? In unseren Köpfen rattert es und wir lecken an unserem Eis... und schauen...

Peter sieht uns stehen und winkt uns zu sich. Jetzt kommt wieder Leben in uns. Ich halte mich an meiner Eistüte fest, ganz cool, ganz langsam, jetzt bloß nicht rennen! Ela flüstert mir zu: "sag du was, ich kann nicht!" und ich denke nur, was sag ich denn bloß Schlaues? Und wo, verdammt noch mal, tu ich diese Eistüte hin? Ela gibt Peter die Hand und sagt nur: "endlich!", was auch immer sie damit meint. Ich bin total hinüber und versuche ihm zu erklären, dass wir hier nur Urlaub machen – jetzt fängt diese blöde Eistüte auch noch an, zu tropfen – und frage ihn, ob wir vielleicht morgen für ihn ein paar Minuten Zeit haben könnten. Bescheuert! Ob WIR für IHN Zeit haben können! Was rede ich hier für einen Mist? Warum kriege ich keinen vernünftigen Satz zustande, wenn dieser kleine Powermensch mit seinen braunen Knopfaugen vor mir steht und mich nur wartend anschaut?

Was für ein Bild müssen wir beiden hier abgeben, mit den tropfenden Eistüten und um die richtigen Worte kämpfend. Peter grinst freundlich, während er meiner Stotterei zuhört, und lädt uns für den nächsten Vormittag zu sich ein. Ich glaube, mich verhört zu haben: "wie, hierher, nicht ins Büro?" frage ich ungläubig. "Ja, hierher, nicht ins Büro", antwortet er grinsend. Mein Herz macht einen Riesenhüpfer, zu ihm nach Hause, meine Güte! Wir wollen nicht länger stören, vielmehr gebieten das unsere inzwischen ziemlich aufgeweichten Eistüten, und wir verabschieden uns etwas überstürzt.

Wir schweben aus dem Tor hinaus, und kaum sind wir außer Peter's Sichtweite, fliegen die Reste der Eistüten im hohen Bogen in die nächste Hecke, ich quieke vor Freude wie ein junges Ferkel und Ela fällt mir heulend um den Hals. Hoffentlich hat uns jetzt niemand gesehen! Unsere Freude ist unbeschreiblich. Wir hüpfen in Richtung Biergarten, als es plötzlich hinter uns hupt. Peter?!? Nein, es ist Dagmar, die verständnislos den Kopf schüttelt. "Dagmar, Dagmar, wir haben eben Peter getroffen!" In Kurzfassung reden wir beide gleichzeitig auf sie ein – sie sagt später darüber, es sah aus, als ob man junge Geißböcke freigelassen hätte. Sie versteht nur Bahnhof und denkt, wir wollen sie veräppeln. Aber unsere Gesichter sprechen wohl Bände, und sie versteht nun endlich, was wir erlebt haben. Sie muss aber weiter zu ihrer Verabredung, und wir beide lassen uns im Biergarten eine Maß schmecken. Unser Gespräch dreht sich natürlich nur um das eben Erlebte, wie war das noch mal, ach, sind wir happy! Kurz, nachdem wir wieder in unserer Ferienwohnung sind, kommt auch Dagmar. Sie hat etwas schneller gegessen, denn sie ist sooo neugierig, und will jetzt genau hören, was wir erlebt haben. Wir würden am liebsten die ganze Nacht durch erzählen, aber wir wollen auch fit sein für unsere Verbredung mit Peter.

Pünktlich am nächsten Morgen werde ich auch ohne Wecker wach. Wir sind aufgeregt wie nie! Erst mal duschen, eine Kanne Kaffee und jede Menge Nikotin. Dagmar betet laut: "Lieber Gott, lass es regnen!" "Spinnst du, warum denn das?" fragen wir ganz entgeistert. "Ganz einfach, wenn es regnet, dürfen wir vielleicht zu Peter ins Haus", meint Dagmar. Ach so, logisch, also beten wir gleich mit. "Und wenn es regnet, und Peter fragt uns hinterher, wie wir gekommen sind: wagt euch nicht, und sagt was von einem Auto", meint sie noch. "Und warum das denn nun wieder nicht?" Wir verstehen sie aber auch überhaupt nicht. "Na, denkt doch mal nach. Peter ist viel zu höflich, um uns im Regen wieder ins Hotel laufen zu lassen. Vielleicht fährt er uns dann nach Hause". Das leuchtet uns ein.

Als wir kurz danach losgehen, fängt es an zu donnern und es gießt wie aus Eimern! Wir quetschen uns unter einen Regenschirm, was aber nicht viel nützt, und klingeln bei Peter am Tor, klitschnass und vor Aufregung zitternd. Herzklopfen hoch drei! Nur einen Augenblick später geht das Tor auf, und wir sehen ihn mit einem Zwieback in der Hand – ist das sein ganzes Frühstück? – in der Haustür stehen, kauend und freundlich grinsend. Ich überlege: wie kommen wir jetzt zu dritt und mit dem Regenschirm zusammen durch dieses kleine Tor? Es gießt ja immer noch wie aus Kübeln. Also gehe ich vor, noch nasser kann ich gar nicht werden. Aber ich werde doch noch nasser und deshalb immer schneller, fange an zu rennen. Das wiederum animiert Peter's beide Riesenhunde, mit mir spielen zu wollen. Einer von ihnen schießt mir von hinten durch die Beine, ich verliere die Balance, komme ins Stolpern, übersehe dabei die beiden Stufen zum Haus... und kann mich gerade noch fangen. Mein Gott, beinahe wäre ich ihm vor die Füße gefallen. Peter lacht und meint trocken: "langsam, du kommst noch schnell genug hier rein". Am liebsten würde ich mich in ein Mauseloch verkriechen, so peinlich ist mir dieser Auftritt. Später lästern die beiden andern, ich hätte es einfach nicht abwarten können, und wäre nur deshalb so gerannt.

Peter bittet uns ins Haus und geht vor in die Küche, wo sich die Hunde erst mal eine Portion Streicheleinheiten von uns holen wollen. Der "Chef" aber unterbindet das mit energischen Worten, worauf die Hunde auch ganz schnell wieder verschwinden. Er ist, wie immer, sehr höflich, betont aber, dass er nicht sehr viel Zeit habe. Na ja, das kennen wir ja. Also legen wir gleich los mit unseren Anliegen. Dabei fragt Ela, ob sie ein Foto von ihm machen darf. Aber er lehnt ab: in seinem Haus generell nicht. Aber später, vor dem Haus, können wir unsere Alibifotos machen, wie er es nennt. Ich spreche ihn auf die Clubzentrale und deren Probleme an. Peter hört interessiert zu und meint, da kann er sicher was machen, um ein bisschen zu helfen. Wir unterhalten uns jetzt locker und entspannt, weil er uns nicht das Gefühl gibt, ihn zu stören.

Während unserer Unterhaltung lassen wir uns diverse Sachen unterschreiben, und nach einer knappen Viertelstunde kommt dann der obligatorische Satz: "So, Freunde..." und wir wissen, dass es Zeit ist, zu gehen. Dagmar aber will unseren Aufenthalt unbedingt noch ein wenig hinauszögern und spricht Peter auf die bevorstehende Tabaluga und Lilli – Aufführungen in Frankfurt an. Tabaluga und Lilli ist ein Rockmärchen für Kinder, und Erwachsene, die Kind geblieben sind. Peter hat es mit Freunden geschrieben und es soll im nächsten Jahr aufgeführt werden. Nach unserer Information solle es insgesamt nur zehn Aufführungen geben, was viiieeeel zu wenig ist, meint Dagmar. "Das geht doch nicht, so ein Superkonzept, und dann nur zehnmal auf der Bühne", meint sie. "Das reicht doch nie für alle Fans." Peter schaut ziemlich verdutzt, und meint: "In Frankfurt gibt es sogar nur fünf Konzerte. Woher seid ihr denn so gut informiert? Nein, es wird mit Sicherheit mehr als zehn Konzerte geben, das verspreche ich euch. Ihr werdet schon alle auf eure Kosten kommen."

Dabei zieht er seine Lederjacke an – was auch sonst – bereit für die Fotosession mit uns. Draußen donnert es leicht und es regnet noch immer, und Peter fragt: “und, wo wollt ihr jetzt hin?” Hach, denke ich, jetzt fährt er uns tatsächlich ins Hotel! Aber Dagmar, unser Goldstück, sagt trocken: “wir wollen zum Auto...” und schaut ganz erschrocken zu uns. Da hat sich wohl jemand verplappert. Ela und ich schauen uns nur an und schlucken, unsere Blicke sprechen sicher Bände. Ach ja, es wäre doch zu schön gewesen, von Peter durch Tutzing gefahren zu werden... Dagmar aber hat immer noch nicht genug und erklärt Peter, während wir unsere Fotos mit ihm machen, dass sie sich schon des Öfteren gefragt hat, ob es normal ist, dass drei so alte Kühe wie wir so verrückt sein können wie Teenager, wenn es um ihn geht. Peter lacht laut und meint: “Drei alte Kühe und ein alter Esel, das passt doch, oder?” Finden wir auch. Aber nun müssen wir wirklich los, Peter schaut auf die Uhr und meint, seine Eltern warten auf ihn. Diesmal bleibe ich bei den andern unterm Schirm, denn es regnet immer noch.

Glücklich und wehmütig zugleich schleichen wir zu unserem Auto, das wir um die Ecke geparkt haben. Meine Güte, was für ein Erlebnis für uns! Den Rest des Tages schieben wir den Blues, passend zum Wetter; wir sind heute zu nichts mehr zu gebrauchen. Es war eine tolle Sache heute morgen, aber wir sind traurig, dass nun alles zu Ende geht. Heute ist unser letzter Tag hier am See. Wir haben ein paar wunderschöne und erholsame Tage gehabt, aber wir wollen noch nicht nach Hause! Traurig hängen wir auf dem Balkon herum und versuchen uns, mit Kartenspielen die Gedanken zu vertreiben. Aber es gelingt mehr schlecht als recht. Schweigsam packen wir unsere Koffer, und auf der Fahrt aus Tutzing heraus will Dagmar´ Auto den gewohnten Weg an den Studios vorbei fahren. Sollen wir Peter noch einen kleinen Gruß von “den drei alten Kühen” in den Briefkasten werfen? Aber einen Briefkasten gibt es nicht, was jetzt? Dagmar findet ein altes Stück Heftpflaster, mit dem pappt sie unseren Zettel an Peter’s Hoflaterne.

Nun geht es endgültig wieder Richtung Heimat, zurück zum Alltag, dem Beruf und zu den Familien. Dagmar legt eine Kassette ein, es läuft mein Lieblingssong von Peter, und ohne, dass ich was dagegen tun kann, laufen mir plötzlich die Tränen. Wir drei sind sehr still auf dem Heimweg.

Rock over Germany

Ein Riesen-Rockspektakel steht an, das erste seiner Art in Deutschland. Da hier auch Peter nicht fehlen darf, steht für uns erst mal fest: das werden wir uns nicht entgehen lassen. Aber je näher der Termin rückt, um so weniger klappt es bei uns: entweder ist der Kartenpreis zu hoch, oder Frau steht kurz vor der Entbindung und traut sich nicht (was durchaus akzeptabel ist), die richtige Lust fehlt oder man fährt gerade an diesem Tag in Urlaub. Übrig bleiben so nur noch Britta und ich – vorübergehend. Eine Woche vorher sagt auch Britta ab, und jetzt mag ich überhaupt nicht mehr. Schweren Herzens entschließe ich mich, zu Hause zu bleiben und hoffe, dass das Ereignis im Fernsehen übertragen wird.

Ich war ja schon mal auf einem Open-Air in Hockenheim und weiß, wie fantastisch so was sein kann, deshalb werde ich um so unruhiger, je näher das Festival-Wochenende kommt. Alle fahren nach Mainz, und ich muss zu Hause bleiben – eine grausame Vorstellung!

Am ersten Abend des Festivals mache ich es mir im Bett bequem und lausche der Live-Übertragung im Radio, als das Telefon geht. Jetzt mag ich nicht telefonieren und achte deshalb auch nicht darauf, was mir auf den Anrufbeantworter gesprochen wird. Oder...? Die Neugier siegt, und als ich höre, was da erzählt wird, fange ich sofort an zu routieren, das Radio wird zur Nebensache. Es war Britta, die angerufen hat, und sie sagte, dass sie zwei Freikarten für den nächsten Konzerttag in Mainz hat. Ob sie mich mitnimmt???... So ein Mist!! In meinem Kopf überstürzen sich die Gedanken, immerhin ist es schon kurz nach Mitternacht. Kann ich jetzt noch zurückrufen? Egal, ich muss anrufen. Aber es meldet sich niemand. Was mache ich denn jetzt? Ich will doch morgen nach Mainz!!!

Trotz meiner Skrupel starte ich einen erneuten Telefonversuch, und nach einer Ewigkeit meldet sich Brittas Mann; ich habe ihn aus dem Bett geholt – peinlich. Verstehe ich nicht ganz, von wo aus hat sie mich angerufen, wenn sie nicht zu Hause ist??? Ihr Mann klärt mich auf, und ich versuche es noch einmal. Jetzt ist es mir egal, wie spät es ist. Tatsächlich erreiche ich Britta und die Gute fragt mich, ob ich nicht am nächsten Tag mit ihr fahren möchte; sie hat diese Karten gewonnen. Was für eine Frage, natürlich will ich! Den Rest der Nacht schlafe ich so gut wie gar nicht...

Am nächsten Tag packe ich meinen Rucksack mit all den Sachen, die für mich bei einem Open-Air unverzichtbar sind und fahre mit der Bahn Richtung Groß-Gerau. Dort holt mich Britta ab, es geht weiter nach Rüsselsheim, von dort aus mit der S-Bahn nach Mainz, und zu guter Letzt mit einem Zubringerbus zum Flughafengelände. Ich weiß ja, was auf mich zukommt, aber für Britta ist es das erste Open-Air-Konzert. Als wir den Veranstaltungsort betreten, ist sie total von den Socken, dieses riesige Ausmaß des Geländes hat sie nicht erwartet.

Zuerst sehen wir nur eine Menge große und kleine Busse und noch mehr Toilettenhäuschen. Dahinter eine riesengroße Freifläche, umgeben mit Hunderten von Fressbuden und Verkaufsständen mit Dingen, die das Herz eines jeden Festivalbesuchers höher schlagen lassen. Irgendwo ganz weit vorne stehen zwei gigantische Bühnen, rechts und links davon eine Videowand und ebenso riesige Lautsprecheranlagen. Mein Herz wummert, ich freue mich auf das, was kommt.

Direkt vor den Bühnen ist der Teufel los. Gerade spielt PUR und die Fans sind total aus dem Häuschen. Ich sehe und höre die Band zum ersten Mal und beobachte fasziniert deren Show. Gefällt mit ungemein gut! Auf der anderen Bühne wird gerade für Foreigner umgebaut. Wir beobachten das Ganze erst mal von weitem, weil Britta diese Menschenmengen nicht ganz geheuer sind. Es ist ein toller Anblick und eine noch tollere Atmosphäre. Über das ganze Gelände verstreut sitzen, stehen oder liegen die Festivalbesucher auf ihren Decken, manche schlafen, trotz des Lärms. Je weiter wir nach vorne gehen, um so enger wird es. Mir fällt auf, wie friedlich die Atmosphäre ist, trotz der vielen Menschen.

Wir suchen nach bekannten Gesichtern, finden aber erst einmal niemanden. Danach stellt sich uns die Frage, auf welcher der beiden Bühnen Peter spielen wird. Na toll, nun haben wir uns auf der linken Seite bis nach vorne gequetscht, und nun erfahren wir, dass er auf der anderen Seite spielt! Also wieder zurück, einen riesigen Bogen schlagen, über Decken, Taschen, Füße, schlafende oder dösende Menschen, an Babys, Kleinkindern, Teenies und Oldies vorbei, an Fressbuden, wo es nach Fritten, Fisch, Crepes und Döner riecht – mmmmh, Hunger – bis wir endlich auf der richtigen Seite sind.

Jetzt erst merken wir, wie warm es ist. Die Sonne strahlt von einem fast wolkenlosen Himmel, und wir haben T-Shirt, Sweatshirt und Jeansjacke an. Es hätte ja auch kalt sein oder regnen können.... So, endlich haben wir einen guten Platz gefunden. Während Foreigner spielt, beobachte ich das Geschehen auf der anderen Bühne. Ich entdecke dort bekannte Gesichter, die darum bemüht sind, die Instrumente richtig zu stimmen. Das ist sicher nicht einfach, denn ein Soundcheck im üblichen Sinne ist bei solch einer Veranstaltung nicht möglich.

Wir beide schwitzen so vor uns hin, als ein uns bekannter Clubleiter auftaucht und erzählt, dass die andern Fanclubs auch alle da sind. Aber wir beide haben nun keine Lust mehr, uns wieder durch die Menge zu kämpfen und bleiben, wo wir sind.

Pünktlich kommt Peter auf die Bühne und wird natürlich mit großem Jubel empfangen. Ich merke wieder mal, dass mir ein paar Zentimeter Körpergröße fehlen. Wie schon so oft sehe ich von Peter nur den Kopf, aber besser als gar nichts, sage ich mir. Dafür höre ich wenigstens gut... Da oben auf der Bühne geht die Post ab; Peter ist in Topform, und das geht natürlich auf das Publikum über. Eine Stunde und eine Zugabe lang rocken die da oben ab, und wir rocken hier unten mit. Ich frage mich wieder, wo dieser kleine Kerl die Power hernimmt. Er spielt alle seine Hits rauf und runter, aber eine Stunde ist schnell vorbei, und auf der anderen Bühne laufen schon die Vorbereitungen für Prince.

Britta will zwar gleich nach Hause, aber ich kann ihr noch ein paar Minuten abringen, denn ich möchte doch unbedingt wenigstens dieses tolle "Purple Rain" von Prince noch live gehört haben. Ja, und dann ist er auch schon vorbei, dieser super Tag, von dem ich noch gestern dachte, ich müsse ihn im Radio hören. Ich bin sicher, dass dies nicht mein letztes Openair gewesen ist.

Tabaluga-Fieber 1.

Kurze Zeit später steht ein Projekt ins Haus, dem wohl alle Fans entgegenfiebern: Tabaluga soll endlich lebendig werden. Der kleine grüne Drache, eine Figur für Kinder – und Erwachsene, die Kind geblieben sind – war vor Jahren von Peter erfunden worden. Was zunächst als Experiment und Risiko galt, wurde im Laufe der Zeit zum Riesenerfolg und ist aus den Kinderzimmern nicht mehr wegzudenken. Immer mehr Schulen nehmen das Thema in den Unterricht auf oder führen es auf der Bühne auf.

Peter hatte für seine Märchenfigur eine Fortsetzung geschrieben und nun soll die gesamte Geschichte als Rockmusical auf die Bühne kommen. Für Maffay ist das sicher ein wirtschaftliches Wagnis, aber für uns Fans geht damit ein langgehegter Wunsch in Erfüllung. Die Geschichte ist zwar ursprünglich für Kinder gedacht gewesen, aber längst hat sie auch uns Erwachsene in ihren Bann gezogen.

Wir alle sind total aus dem Häuschen und verfolgen gespannt die Meldungen darüber in Presse und Fernsehen. Leider bekommen wir ja nach wie vor vom Management so gut wie gar keine Informationen, sodass wir uns mit dem begnügen müssen, was wir über die Medien erfahren. Aber ein paar besonders neugierige Fans gibt es ja Gott sei Dank immer, und so wissen wir bald, dass die Proben für das Bühnenspektakel in Mannheim stattfinden sollen, und das über mehrere Wochen.

Die Maimarkt-Halle ist für Januar und Februar ´94 angemietet worden. Hier soll nun neben den schauspielerischen und musikalischen Proben auch die Bühnenaufbauten getestet werden. Obwohl Mannheim bei mir quasi um die Ecke liegt, komme ich von alleine nicht auf die Idee, mir diese Proben anzuschauen. Aber Ralf, das einzige übriggebliebene männliche Wesen in meinem Club, wohnt noch näher bei Mannheim und ist ein bisschen unverfrorener und cleverer als ich. Er ist in den kommenden Wochen ständiger Gast in der Maimarkthalle.

Auf ganz einfache Weise schafft er es tatsächlich, dort ein- und ausgehen zu dürfen, ohne dass er daran gehindert wird. Er versorgt uns mit Fotos, die sehr schön den Fortschritt der Proben dokumentiert. Es dauert nicht lange, bis ihn die Mitwirkenden alle kennen, und eines Tages ruft er mich an, um mir mitzuteilen, dass ich mit ihm zusammen bei einer Probe dabei sein kann. Und Peter werden wir dort auch treffen!

Ich bin total aus dem Häuschen vor Begeisterung und aktiviere sofort Ela, um sie ebenfalls mitzunehmen. Und so kommt es, dass wir drei an einem kalten Februarmorgen schon vor neun Uhr vor der Maimarkthalle im Auto sitzen und auf das Eintreffen von Peter warten. Wir sind sehr aufgeregt, und ich hoffe inständig, dass Peter bald kommt, damit ich endlich da rein und den auf Pott gehen kann!

Als er dann endlich kommt, wirkt er noch sehr verschlafen, ist aber sehr zugänglich und nimmt uns mit in die Halle. "Gott, ist der knuddelig, so frisch aus dem Bett", denke ich, während er müde vor uns her tapst. Drinnen machen wir dann erst mal die obligatorischen Alibi-Fotos, holen uns ein paar Autogramme (man weiß ja nie, wofür man die alle mal brauchen kann), bis Peter uns mit den Worten entlässt: "so, ich muss weiter, schaut euch ruhig um hier". Wir setzen uns auf eine Bank in der Nähe des Catering-Bereiches und beobachten gespannt das Treiben um und auf der Bühne.

Hier ist zwar noch alles im "Rohzustand" und ohne jegliche Dekoration, aber mit ein bisschen Phantasie können wir uns gut vorstellen, was uns ein paar Wochen später erwarten wird. Die Tänzer üben wieder und wieder dieselben Schritte, und wir fragen uns beim Zuschauen, wie sie das durchhalten, ohne dass es ihnen dabei langweilig wird. Aber nicht nur auf der Bühne herrscht reges, aber diszipliniertes Treiben, auch rundherum wuseln zig Menschen herum. Da sind die Musiker, die ihre Stücke proben, Maskenbildner, die in einer Ecke hämmern, bohren und malen, die Leute vom Catering, die eifrig bruzzeln und Tänzer, die sich für ihre Probe aufwärmen. Auch aus dem Büro und vom Management von Peter sehen wir ein paar bekannte Gesichter. Trotz all dem fleißigen Treiben herrscht aber eiserne Disziplin, das fällt uns besonders auf. Eine wirklich phantastische Geschichte!

Aber es soll noch besser für uns werden, denn zwei Wochen vor der Premiere des Musicals erhalten alle Fanclubs eine Einladung zur Generalprobe nach Frankfurt! Wir alle sind nicht nur total überrascht, sondern auch erfreut über diese Tatsache. Zeigt diese Geste doch, so bilde ich mir zumindest ein, dass unsere vergangene Clubleitersitzung und das Protokoll darüber, das wir Peter hatten zukommen lassen, Früchte getragen hat. Vergessen ist wieder mal all der Frust der Vergangenheit, ich freue mich einfach nur, Fan zu sein.

Unser Club hat sich schon Karten für zwei Aufführungen besorgt, und somit können wir Tabaluga's Geschichte dreimal sehen – denke ich. Kurz darauf aber kommt ein Brief der Merchandising-Agentur – sie vertreibt sämtliche Fanartikel von Maffay – mit der Anfrage, ob wir als Fanclub nicht Lust hätten, bei der Tour mitzuarbeiten. Der Lohn dafür wäre freier Eintritt für die entsprechenden Konzerte. Ich flippe vor Freude fast aus. Wie oft zuvor hatte nicht nur ich mit etwas neidischen Blicken die Leute beobachtet, die bei den Konzerten von Peter mitarbeiten durften. Sie brauchen nicht stundenlang vor den Konzerten auf den Einlass zu warten, haben hautnahen Kontakt zu Peter und der Band – davon sind wir einfach überzeugt – und überhaupt... das Gefühl, wirklich dazu zu gehören, gibt es doch nur auf diesem Weg.

Sofort melde ich unseren Club mit zunächst vier Personen für eine Aufführung an, man will ja nicht unverschämt wirken. Aber bis die Premiere von Tabaluga & Lilli stattfindet, glühen erst mal die Telefone quer durch Deutschland, denn alle Fanclubs sind eingeladen und auch für die Mitarbeit sind alle Fanclubs gefragt. Da müssen natürlich unbedingt Erfahrungen und Meinungen ausgetauscht werden. Vor allem will man wissen, wer von den Freunden in welchem Konzertort mitarbeitet, damit man sich dort zusammentun kann.

Für die Generalprobe sollen Extrakarten gedruckt werden, die wir per Post bekommen. Aber die Dinger werden und werden nicht fertig. Jeden Tag laufe ich in der Mittagspause wie ein geölter Blitz nach Hause, um die so heißersehnte Post zu holen. Wir haben alle Angst, dass wir die Karten nicht rechtzeitig bekommen. Da man diese Dinger nicht wie üblich auf dem freien Markt kaufen kann, heißt das: keine Karten, keine Teilnahme an der Generalprobe. Am 10. März soll sie stattfinden, und am 9. März kommen die Karten – abends nach 20 Uhr, per Eilboten! Jetzt bin ich fast nicht mehr zu bremsen und freue mich wie ein kleines Kind auf Heilig Abend.

Für den großen Tag habe wir einen Treffpunkt verabredet; es ist ein wunderschöner sonniger und milder Tag, und fast alle sind pünktlich vor Ort. Bis auf unser Rüsselsheimer Trio. Wir erfahren von anderen, dass sie schon zu früh da waren, Hunger bekamen und nun unbedingt ausprobieren müssen, wie das Essen bei McDoof am Frankfurter Hauptbahnhof schmeckt. Meine Freude ist riesig, als die drei endlich antrudeln. Schließlich bin ich das Leithammel des Clubs und dafür verantwortlich, dass wir vollzählig bei der Probe antanzen.

Auch alle anderen Fans, die wir kennen, sind inzwischen vor Ort. Großes Hallo rundum, Küsschen hier und dort, freudige Begrüßung überall. Die Spannung auf das, was uns erwartet, ist fast unerträglich. Ralf läuft einem Filmteam über den Weg und wird interviewt, was ich mit stolzgeschwellter Brust zur Kenntnis nehme: schaut her, einer aus meinem Fanclub wird gefilmt! Plötzlich ein eigenartig zischendes Geräusch hinter mir: ein dunkelblauer Heißluftballon entfaltet auf dem Gelände vor der Festhalle seine Pracht. Das Motiv auf dem Ballon liegt auf der Hand: Tabaluga und Lilli. Auf welche Ideen Peter und Konsorten kommen! Natürlich wird dieses Ungetüm fleißig geknipst.

Endlich ist Einlass. Fotoapparate dürfen ausschließlich nur bei der Generalprobe mitgebracht werden, bei allen nachfolgenden Konzerten werden sie kompromisslos einkassiert. Pech für alle, die davon nichts wissen. Sie dürfen ihren Apparat am nachfolgenden Tag im gegenüberliegenden Nobelhotel für zehn Mark wieder einlösen. Desgleichen darf auch die Presse nur bei dieser einen Veranstaltung ihre Fotos machen. Natürlich frage ich mich, warum dieses Theater? Bisher war es niemals ein Problem gewesen, einen Fotoapparat mitzubringen. Die Antwort erfahre ich aus Insiderkreisen: es soll einen Live-Fotoband geben, und der muss schließlich auch verkauft werden. Könnte jeder seine eigenen Fotos schießen, so würde dieser Fotoband sicher in den Lagern verstauben.

Die Generalprobe wird ein ganz besonderes Ereignis für uns, an das wir uns auch in einigen Jahren noch gerne erinnern werden. Außer sämtlichen Fanclubs sind noch ein paar Kindergruppen eingeladen worden, und natürlich massenweise Vertreter der Presse, die, wie gesagt, ausschließlich nur an diesem Abend ihr Fotos und Filme machen dürfen. Obwohl ich von meinem Besuch bei den Proben in etwa weiß, was mich optisch erwartet, bleibt mir beim Betreten der Festhalle der Mund offen stehen. Es sieht alles so ganz anders aus, als wir es sonst von einem Konzert kennen, und auch die Atmosphäre ist eine ganz andere. Eine große Spannung liegt in der Luft, denn keiner weiß ja wirklich, was auf uns zukommt.

Die Spannung wird noch verstärkt durch gedämpfte Licht- und Akustikeffekte; ich fühle mich auf einmal wieder wie ein Kind – gespannte Erwartung vor unbekannten Abenteuern. Beeindruckend sind ebenfalls die fünf Bühnen, die einen großen Teil des Innenraums einnehmen. Von der Zentralbühne an der Stirnseite der Halle führt ein langer Steg zur Mitte der Halle, wo er in einer kleinen Hauptbühne endet. Kreisförmig dazu sind vier kleine Bühnen angeordnet, und um das alles herum sind die Sitzplätze für das Publikum, sodass wir als Zuschauer mitten im Geschehen sitzen können. Durch Lichteffekte wird ein nachtblauer Himmel an die Hallendecke gezaubert, auf dem tausend Sterne zu blinken scheinen. Im Hintergrund läuft leise und geheimnisvoll wirkende Musik, die uns nur noch flüsternd reden lässt.

Wir suchen uns Plätze am Steg zwischen Zentral- und Hauptbühne und wagen es kaum, zu atmen. Diese Atmosphäre hier hält uns total in ihrem Bann. Als es endlich losgeht, hat sich die Spannung von uns schon fast bis zur Schmerzgrenze gesteigert. So ist es kein Wunder, dass der Applaus ohrenbetäubend ist und nicht enden will, als Peter zu Beginn aus einem überdimensionalen Ei springt – das selbe Ei, aus dem später Tabaluga kommen wird. Es steht schon eine ganze Weile am Ende des Steges zur Hauptbühne, und ich höre von allen Seiten die Frage, was es wohl damit auf sich haben könnte. Mir, Ralf und Ela fällt es hier sehr schwer, unsere Klappe zu halten, denn durch unseren Besuch bei den Proben in Mannheim wissen wir ja, was es mit dem Ei auf sich hat.

Die Vorstellung lässt uns von einem gefühlsmäßigen Höhepunkt zum andern rutschen, meine Gänsehaut hört überhaupt nicht mehr auf, zu wachsen. Es ist einfach genial, was uns hier geboten wird, und ich bin sicher, dass dies nicht nur die eingefleischten Fans so erleben. Nach der Probe würden wir gerne noch ein wenig in der Halle bleiben, aber wir werden mehr oder weniger rausgeworfen, sodass kaum eine Möglichkeit besteht, sich mit den andern Clubs noch ein wenig zu unterhalten. Trotzdem sind wir hinterher in einer ganz besonderen Stimmung. Dieser kleine grüne Kerl, aber natürlich auch Peter und seine Mitstreiter, haben uns ganz einfach verzaubert. Jetzt freuen wir uns noch mehr auf die Konzerte, die wir noch vor uns haben. Am nächsten Tag stellen wir alle die gleichen Symptome bei uns fest: dieses Musical wirkt wir Crack – es macht schon nach dem ersten Mal süchtig auf mehr.

Der einzige, den man nach der Generalprobe und auch an den darauf folgenden Abenden nach den Konzerten nie zu Gesicht bekommt, ist Peter. Er verzieht sich über irgendwelche Schleichwege, was bei einigen Wartenden geteilte Meinung hervorruft. Ein paar Fans belagern bis tief in die Nacht das Hotel, in dem Peter und Co. nächtigen, und erzählen die tollsten Geschichten von einer Party, bei der Peter dabei gewesen sein soll. Die allabendliche Jagd nach den noch fehlenden Autogrammen gestaltet sich zum Teil als stressig, aber in erster Linie als Miniparty nach den Konzerten. Da immer nur eine handvoll Fans nach den Veranstaltungen am Bühnenausgang warten, sind die Akteure in der Regel recht zugänglich. Selbst seine Hoheit Bertram, der Mann an der Schießbude, hat nichts dagegen, dass seine Untertanen ihm bis in den Tourbus folgen, um ein Autogramm zu bekommen.

Am 11. März ist die offizielle Premiere. Da dies unser erster Arbeitstag auf der Tour ist, sind wir schon recht früh am Vormittag in Frankfurt. Während Ela und Ralf noch schnell zum Bahnhof fahren, um die aktuellen Zeitungen zu kaufen – für einen Fan und Sammler nach den Ereignissen des Vortages, die Generalprobe, einfach unerlässlich – warte ich mit Renate am Pförtnerhäuschen der Festhalle auf die Rückkehr der beiden. Hier fahren Autos raus und rein, und auf einmal kommt ein Kleinbus, an dessen Steuer Peter sitzt. Mein Herz macht einen Riesensatz, und ohne, dass ich es beeinflussen kann, winke ich ihm zu. Peter grüßt mit einem Grinsen zurück, und Muttern ist happy.

Endlich kommen die beiden andern wieder, und los geht es. Mit einer Art Passierschein dürfen wir das Gelände der Festhalle betreten und melden uns beim Merchandising-Chef. Es gibt zweierlei Jobs: einmal kann man beim Einlass und am Ende des Konzertes Handzettel verteilen, oder man kann die Fanartikel verkaufen. Wir werden für Letzteres eingeteilt, was mir nicht so recht ist. Beim Handzettel verteilen könnten wir das Konzert in Ruhe genießen, beim Verkaufen muss aber immer einer von uns am Stand präsent sein, glaube ich. Aber es stellt sich heraus, dass wir nur vor und nach den Konzerten – von denen es zwei pro Tag gibt – verkaufen müssen.

Wir stellen einen kleinen Tisch vor einen der Eingänge und bestücken ihn mit diversen Fanartikeln. Diese Jobverteilung hat aber den Nachteil, dass wir den Anfang und das Ende der Veranstaltung nicht mitbekommen, aber was soll's, dafür dürfen wir uns frei in der Halle bewegen, was die normalen Konzertbesucher nicht können. Das hat wieder den Vorteil, dass wir uns die Aufführungen aus den verschiedensten Perspektiven ansehen können. Wir pendeln vom Innenraum zum ersten und zweiten Rang und wieder zurück, bis wir freie Plätze im ersten Rang entdecken, wo auch ein befreundeter Fanclub von uns sitzt.
Die Premiere ist mindestens genauso traumhaft wie die gestrige Generalprobe. Wir lassen hier oben die Wutz raus und feiern ein Fest der guten Laune, was sich auch auf die Akteure auf der Bühne überträgt. Immer wieder winken sie strahlend und lachend zu uns hinauf. Beim Finale merkt man, wie schon am Vorabend auch, wie erleichtert die Darsteller sind, dass alles so gut geklappt hat. Es ist eine Ausgelassenheit zu spüren, die ansteckend auf das Publikum wirkt.

Kurz vor Ende sprinten wir wieder zu unserem Ministand, denn nun kommt der große Ansturm auf die Fanartikel, alle wollen kaufen, kaufen, kaufen. Egal, ob man einen Artikel brauchen kann oder nicht, Hauptsache, man hat ihn. Die Kinder quengeln, weil sie am liebsten den kleinen grünen Drachen in allen erhältlichen Formen besitzen möchten, und die Eltern stöhnen, weil die Sachen doch recht teuer sind. Letztendlich geben aber die meisten zähneknirschend dem Drängen ihrer Ableger nach, um ihre Ruhe zu haben. Und die richtigen Peter-Fans müssen halt alles kaufen, um ihre Sammlungen vollständig zu haben. Ich frage mich, ob die Leute zu viel Geld haben.

Am Ende unseres ersten Tages als Mitglieder der Maffay-Crew sind wir rechtschaffen kaputt. Aber nicht kaputt genug, um nicht noch am Hinterausgang zu warten, um noch ein paar Autogramme zu ergattern. Zuerst sind wir eine ganze Menge Leute, aber niemand von den Akteuren lässt sich blicken. Nur ab und zu kommen welche aus der Halle, ein volles Champagnerglas in der Hand, verschwinden aber ganz schnell irgendwo hin, ohne dass man eine Chance hat, sie anzusprechen. Nach und nach wird die Fangemeinde immer kleiner, bis zum Schluss nur noch eine Handvoll von ihnen übrig ist. Erst jetzt erfahren wir, dass man gerade dabei ist, Peter Platin für sein neues Werk zu überreichen. Klar, dann können wir hier noch lange warten, weil noch gefeiert wird. Hätten wir uns ja eigentlich denken können, dass nach einer Premiere gefeiert wird, also machen wir uns müde auf den Heimweg.

Oh je, meine Füße tun so weh, wie soll ich das morgen bloß noch einmal schaffen? Bevor ich gehe, drücke ich einem Fan, der sich im selben Hotel wie Maffay einquartiert hat, mein Poster in die Hand und drohe ihm mit der Kündigung meiner Freundschaft, wenn er es nicht schafft, mir bis übermorgen die Autogramme der Crew darauf zu besorgen. Er schafft es tatsächlich, fast alle Unterschriften zu bekommen – dieses Souvenir hängt bis heute in meinem Arbeitszimmer.

Wer glaubt, ein Autogramm kann man als Crewmitglied kinderleicht bekommen, der irrt. Nur wenige von uns haben die Möglichkeit, auch in den Backstagebereich zu kommen, denn dazu braucht man schon gewisse Privilegien. Wir können zwar die Musiker und Tänzer beim Soundcheck und den Tanzproben erleben, aber wer bei den Proben um ein Autogramm bittet, geht ein großes Risiko ein. Das habe ich sehr schnell kapiert: Maffay reagiert auf Störungen beim Soundcheck äußerst allergisch. Bevor man also einen Anschiss riskiert, verzichtet man lieber auf das eine oder andere und verhält sich so ruhig wie möglich. Peter ist ein Perfektionist und bei den Soundchecks äußerst konzentriert. Genau das erwartet er auch von seinen Bandmitgliedern, und ich bin immer wieder erstaunt, wie sie alle Gewehr bei Fuß stehen, wenn der little big boss es verlangt. Gerade hier merkt man ganz genau, wer in dieser Gruppe das Sagen hat.

Um an Autogramme oder die Künstler selber heran zu kommen, gibt es für viele Fans nur einen Weg: nach den Konzerten ins Hotel zu gehen und dort im Foyer oder der Bar so lange herumsitzen, bis sie ans Ziel ihrer Wünsche gelangen. Ganz hartnäckige - und das sind nicht einmal wenige – quartieren sich in der Regel ins selbe Hotel ein, wobei ihnen die horrenden Zimmerpreise egal zu sein scheinen. Zu diesem Verhalten habe ich ein etwas gespaltenes Verhältnis und wenig Verständnis, obwohl ich mich bemühe, ein toleranter Mensch zu sein. Ich probiere in den nächsten Monaten diesen Gang ins Hotel zweimal aus und entschließe mich danach, es nie wieder zu versuchen. Zum einen fühle ich mich in diesen Luxusherbergen absolut fehl am Platz und somit sehr unwohl. Zum anderen bin ich der Meinung, dass die Akteure der Konzerte nach ihrer Arbeit das Recht haben sollten, in Ruhe gelassen zu werden, um einfach nur Privatperson sein zu können.

Bei meinen beiden Versuchen denke ich nur die ganze Zeit: oh Gott, was geht wohl in den Köpfen der Leute vor, wenn sie uns hier wie die Hühner auf der Stange sitzen sehen? Auch wenn einige von uns sich für den Besuch im Hotel umgezogen haben, so sind die meisten ganz offensichtlich als Fans zu erkennen, die nur darauf warten, mit den Promis ins Gespräch zu kommen, ein Autogramm zu bekommen – oder vielleicht auch mehr. Ich bin mir sicher, dass sich die Musiker später untereinander schrecklich über uns lustig machen, und dazu will ich persönlich keinen Anlass geben.

Sicher kommt es das eine oder andere Mal vor, dass Peter sich im Foyer oder in der Bar blicken lässt - aber die Regel ist das nicht, das wird mir von "Experten" bestätigt. Schon allein diese Ungewissheit – kommt er, kommt er nicht? – ist es mir nicht wert, mir dafür die Nacht um die Ohren zu schlagen. Da ziehe ich doch mein kuscheliges Bett und eine Mütze voll Schlaf vor.

Für die nächste Aufführung in Frankfurt haben wir uns alle Karten besorgt und können auf eine Mitarbeit verzichten. Wir haben Plätze direkt am Steg zur Hauptbühne. Uns gegenüber auf dem zweiten Rang sitzen ein paar Bekannte von Ela, die bereit waren, unser Transparent mit dem Gruß an Peter und Band aufzuhängen. Erfreut stellen wir fest, dass es das einzige an diesem Abend ist. Als Peter es später entdeckt, macht er eine Verbeugung in Richtung zweiter Rang; wir freuen uns darüber wie die Schneekönige und bringen das auch akustisch zum Ausdruck. Er entdeckt uns direkt vor sich und guckt ein bisschen verwirrt, grinst uns dann aber zu. Hach, sind wir stolz, der Peter erkennt uns und grüßt uns.

Der Abend wird, wie soll es auch anders sein, wunderbar. Die Leutchen von Ela machen ihres Sache auch prima, denn wir schwenken unsere Leuchtstäbe mit ihnen gemeinsam im Takt der Musik, und stecken mit unserer guten Laune auch andere an. Wir bekommen zunehmend Lust auf mehr. Also fragen wir nach der Aufführung bei den Merchandisern nach, ob man noch Leute für die nächsten Tage brauchen kann. Man kann, sehr zu unserer Freude. Wir wollen den kleinen grünen Drachen einfach noch öfter erleben.

Dadurch, dass wir nun fast bei jeder Vorstellung in Frankfurt dabei und meistens in unmittelbarer Nähe der Bühne sind, erkennen uns die Leute da oben schon. Manchmal haben wir das Gefühl, sie suchen nach den bekannten Gesichtern und strahlen und winken, wenn sie welche entdecken. Und Ela freut sich jedes Mal wie eine Schneekönigin, wenn auf ihr Winken reagiert wird. Wir fühlen uns schnell als alte Hasen und sind nicht immer darauf aus, direkt mitten im Geschehen zu stehen, schließlich wissen wir ja, wie die Vorstellung läuft. Ab und zu stehen wir auch direkt vor dem Backstageausgang zur Halle und können sehr schön beobachten, wann die Sänger und Tänzer für ihren Auftritt rauskommen. So manches Mal hat man dabei die Möglichkeit, ein paar Worte mit ihnen zu wechseln oder ein Foto zu machen. Aber auch hier überlasse ich das den andern, denn mir ist es einfach peinlich, die Leute dafür anzuquatschen.

Ralf kommt aber hier auf seine Kosten, sein Fotoapparat ist ständig im Einsatz, und ich glaube, er lässt keinen aus, der ihm über den Weg läuft. Auch ein Vorteil, wenn man als Crewmitglied dabei ist, denn keiner von uns muss jemals seine Taschen vorzeigen. Theoretisch könnten wir sonst was mit in die Halle bringen! Natürlich fotografieren wir ohne Blitz, denn wir möchten erstens nicht damit auffallen und zweitens wollen wir vermeiden, uns den Zorn der anderen Konzertbesucher zuzuziehen, die ihre Fotoapparate beim Einlass abgeben mussten.

Ralf entwickelt sich zum wahren Autogrammjäger. So passiert es, dass er mitten im Satz aufhört zu reden, sein Tourbuch schnappt und mit einem: "da, da, Moment, Hallooooo..." in irgend eine Richtung flitzt. Dann hat er mit Sicherheit wieder einen Promi entdeckt, der noch nicht in sein Buch geschrieben hat – und Promis gibt es bei jeder Vorstellung genug.

Am Samstag sind nur Ela und ich eingeteilt, zum Handzettel verteilen. Das ist zur Abwechslung auch mal ganz schön, man spart sich die Abrechnerei am Ende der Veranstaltung. Außerdem kennen wir das schon von der Mitarbeit für den Konzertfotografen, den wir vor zwei Jahren hier kennen gelernt haben. Wir beide stehen am Einlass, als plötzlich zwei jeansblaue, quietschende und quasselnde Etwas auf uns zugestürmt kommen, und um uns wie Rumpelstilzchen herum hüpfen. Nach der ersten Verwirrung entpuppen sich die zwei Hüpfer als Moni und Britta aus unserem Club. Sie sind von der Sucht nach mehr angesteckt worden, auf Verdacht nach Frankfurt gefahren und haben tatsächlich noch Karten ergattern können. Und jetzt freuen sie sich zusätzlich, dass sie uns beiden hier entdeckt haben.

Am Montag sind die letzten beiden Vorstellungen in Frankfurt, und ich bin nicht böse darum. Nach acht Konzerten, die ich jetzt mitgemacht habe, bin ich so kaputt, dass ich nicht einmal mehr in der Lage bin, Beifall zu klatschen. Acht Mal mehr als zehn Stunden am Stück auf den Beinen sein, jedes Mal nur das Nötigste essen und trinken, viel zu viele Zigaretten, noch mehr reden und die Songs auf der Bühne mitsingen – meine Stimmbänder haben längst versagt – und vier Nächte lang nur einen minikurzen Schlaf, das alles fordert seinen Tribut. Ich kenne nun jede Szene des Musicals im Schlaf, weiß, wer wann seinen Einsatz hat und aus welcher Ecke auf die Bühne kommen wird, und die Festhalle kenne ich fast bis in jeden Winkel. Ich meine, alles gesehen und erlebt zu haben, was man als Fan erleben kann – kurz, es gibt momentan für mich keine Steigerung mehr, und ich will nur noch eines: Ruhe und ganz viel Schlaf, denn von beidem habe ich in der vergangenen Woche extrem wenig abbekommen.

Zum ersten Mal bin ich an meine physischen Grenzen gekommen und merke, dass ich keine 25 mehr bin. Aber ich bin zufrieden. Habe ich doch mit meinen Freunden ein paar wirklich schöne und aufregende Tage erlebt, in denen uns mehr geboten wurde, als wir uns jemals vorstellen konnten. Was will ich mehr?

Unsere Arbeit während der Frühjahrstour zeigt sich für uns von Vorteil. Es macht nicht nur unheimlich viel Spaß, mit dem Publikum in Kontakt zu kommen, sondern man lernt auch die Security näher und neue und interessante Leute kennen – und man hat die Gelegenheit, hinter die Kulissen solcher Veranstaltungen schauen zu können. Viele Menschen sind dafür verantwortlich, dass die Organisation reibungslos abläuft; von der Gardarobenfrau über die Security, den Merchandisern und dem Catering hin bis zu den vielen Helfern des Veranstalters – jeder hat seine Aufgabe zu erfüllen. Nicht nur ich bin stolz, zu diesem Stab zu gehören.

Mehr und mehr etablieren sich die Fanclubs während der Tour zu fleißigen Helfern von Maffay & Co. Egal, ob sie einen festen Verkaufsstand haben, oder während der Aufführung durch die Halle laufen, um ihre Artikel loszuwerden. Ich gehöre zu den letzteren, denn so habe ich die Gelegenheit, trotzdem noch etwas vom Geschehen auf den Bühnen mitzubekommen. Die Fans an den Ständen haben es da nicht so gut, denn sie müssen ja permanent am Platz sein. Außerdem müssen sie, im Gegensatz zu uns "fliegenden Händlern", schon sehr früh in der Halle sein, um ihre Stände aufzubauen, und sie sind die letzten in der Nacht, die gehen, weil sie erst alles wieder zusammen packen müssen.

Mir gefällt es, den Kontakt zum Publikum zu bekommen. Und da ich natürlich dabei unser Clubshirt trage, werde ich oft von Fans angesprochen, die irgend etwas über den Club wissen wollen oder allgemeine Fragen in Sachen Maffay haben. Wenn die Leute sehen, dass ich zur Crew gehöre, begegnen sie einem mit einer gewissen Bewunderung – genauso ging es mir ja vorher auch – und ich fühle mich wieder mal in meinem Element bestätigt, ein schönes Gefühl ist das. Schon bald sind wir heimisch in der Halle und bekommen ein freundschaftliches Verhältnis zu einigen der Securities. Aber nur zu einigen, denn hier gibt es auch richtige Ekelpakete, die versuchen, uns das Leben schwer zu machen, weil sie meinen, sie hätten uns was zu sagen. Trotz dieser Leute macht es uns aber Spaß, für Peter arbeiten zu dürfen.

Aber eine Sache stört mich ungemein: die Art und Weise, wie man versucht, den Fans das Geld aus der Tasche zu ziehen. Sicher ist das Merchandising heutzutage gang und gäbe, schließlich wollen ja die Fans möglichst viel von ihrem Star besitzen. Und sicherlich sind bei dem Angebot an Artikeln auch einige dabei, die es wert sind, vermarktet zu werden. Das meiste aber, was hier angeboten wird, ist meiner Meinung nach überflüssig und total überteuert. Ich habe bei dieser Tour den Eindruck gewonnen, dass man auf Biegen oder Brechen das Zeugs an den Mann bringen will, und man hat wirklich auch den noch so kleinsten Schnipsel dazu benutzt. Bei so manchem Artikel denke ich nur: um Gottes willen, was für ein Schund, aber die Leute kaufen es!

Ich glaube, solange es die Leute kaufen, wird so ein Schwachsinn auch weiterhin angeboten. Schlimm daran ist aber, dass sehr viele der Fans sich diese Sachen vom Mund absparen müssen, denn auch in diesen Kreisen ist die Arbeitslosenquote hoch. Sie sparen monatelang, um sich die Tickets kaufen zu können, und sparen noch mal extra, um all diese Fanartikel mit nach Hause nehmen zu können. Ein Verhalten, das mich erschreckt, und das ich niemals verstehen kann. Warum um Himmels Willen muss ich alle diese Teile zu Hause sammeln, wenn ich im Grunde gar nicht das Geld dazu habe?

Zu diesem Zeitpunkt erwische ich mich wieder mal bei einer wirklichen Kritik an Maffay und Co. In der Öffentlichkeit verdeutlicht Peter immer wieder, wie wichtig ihm seine Fans sind. Wenn das wirklich so wäre, dann sollte es ihn auch interessieren, wie sie mit seiner Merchandising-Taktik umgehen, dass sich viele aufgrund des übermäßigen Angebotes finanziell völlig verausgaben. Ich habe aber den Eindruck, dass dieser Aspekt völlig uninteressant ist. "Machen wir aus jedem Floh einen Verkaufsartikel, die Leute kaufen sowieso alles", das ist, glaube ich, das Hauptaugenmerk der Verantwortlichen. Ich glaube aber, weniger ist mehr. Weniger Artikel, dafür aber runter mit den überhöhten Preisen, dann rollt der Rubel auch noch, und den Fans tut es nicht so weh.

Löwenverleihung 1994

Nach der ersten Hälfte der Tabaluga-Tour gilt es nun, die Zeit bis zur zweiten Hälfte so gut wie möglich zu überbrücken. Es zeigt sich wieder mal, wie schwer es ist, die Zeitlöcher zu füllen, und die Fans bei der Stange zu halten. Ich muss mich selber aus diesem Loch holen, aber meine Clubmitglieder auch noch. Das Problem tritt immer in den Pausen zwischen zwei Alben auf, merke ich. Und meine Stimmungshochs und -tiefs wirken sich sofort auf meine Mitglieder aus. Es kommt zwar recht bald ein Livealbum von der Tour auf den Markt – muss natürlich sofort gekauft werden – und wir haben eine Unmenge von Fotos der Generalprobe zu sichten und nachzubestellen, aber es reicht nicht aus, um uns bei Laune zu halten. Es ist, als ob wir immer wieder in das Loch zurückfallen.

Gott sei Dank konnte ich mich schon immer gut selbst beschäftigen, für mich ist die Wartezeit nicht ganz so schlimm. Wir erfahren, dass das Schlusskonzert der Herbsttour in Frankfurt stattfinden wird, und natürlich lassen wir uns das nicht entgehen. Da ein Abschlusskonzert immer etwas Besonderes sein soll – so habe ich schon mehrfach gehört – sollte auch etwas Besonderes von den Fans kommen, denke ich mir. Und Muttern denkt sich was aus, denn sie hat ja genug Zeit, weil ihre Sprösslinge inzwischen alle ausgeflogen sind. Mir fällt ein Gag ein, den ich bei einem PUR-Konzert erlebt habe: dort werfen die Fans zum Schluss kleine Geschenke für ihre Idole auf die Bühne. Ich wandele diese Idee etwas ab und besorge kleine, verschiedenfarbige Kuscheldrachen, wirklich niedliche Dinger. Diesen Drachen verpasse ich ein Halsband mit einem Gruß unseres Fanclubs für Peter und die anderen Mitwirkenden darauf. Es ist eine böse Pfriemelarbeit, aber es macht mir Spaß, und am Ende bin ich richtig stolz auf meine Idee und das Ergebnis.

Inzwischen habe ich uns für die zweite Tourhälfte für alle Tage in Frankfurt wieder zur Mitarbeit angemeldet; somit brauchen wir wenigstens keine Karten zu kaufen, die wirklich horrend teuer sind. Trotzdem kostet uns am Ende diese Tour noch eine Menge Geld, wenn man die gesamten Fahrt- und Verpflegungskosten für all die Tage in Frankfurt berechnet. Für einige von uns wird es noch teurer, denn sie arbeiten außer in Frankfurt noch in Berlin und Dortmund mit, und müssen dort noch zusätzliche Übernachtungskosten investieren. Aber nun gut: es ist alles freiwillig und niemand wird dazu gezwungen.

Um meine Mitglieder bei Laune zu halten, organisiere ich für den Oktober eine Fahrt zur RTL-Löwenverleihung nach Dortmund. Wir wollten schon immer mal bei einer Löwenverleihung dabei sein, und da diesmal auch PUR nominiert ist – im Moment unser Ersatz für Maffay – ist das für uns ein Grund mehr, hinzufahren. Ich vergleiche das Veranstaltungsdatum mit Peter's Tourdaten und stelle fest, dass er an diesem Wochenende keinen Termin hat. Es könnte doch sein, spukt es mir durch den Kopf, dass er auch dabei ist. Also rufe ich kurzentschlossen im Büro von Peter an, um diesbezüglich eine konkrete Auskunft zu bekommen. "Peter bei der Löwenverleihung? Wissen wir nichts von", erfahr ich nur. Na ja, auch gut.

Obwohl es uns nicht in erster Linie darum geht, dass Peter dabei sein könnte, geht mir dieser Gedanke immer wieder durch den Kopf. Aber egal, Hauptsache ist, dass wir einmal dabei gewesen sind. Aber zwei Tage vor unserer Fahrt nach Dortmund lese ich in den RTL-Clubnachrichten, dass Peter einen Platinlöwen bekommen wird! Wow, mein Gefühl hat mich also doch nicht getrogen! Allerdings frage ich mich, warum man mir diese Tatsache nicht gesagt hat, als ich im Tutzinger Büro angerufen habe. Wollten die mich für doof verkaufen oder was? Für wie blöde halten die uns Fans eigentlich, wir erfahren letztendlich doch das meiste! Mich ärgert diese Hinhaltetaktik sehr, denn für viele Fans von Peter ist es zu diesem Zeitpunkt nicht mehr möglich, noch Karten für die Veranstaltung zu bekommen. In diesem Moment bin ich froh, dass für uns aus dem Club auch noch andere Musik interessant ist, als nur die von Peter. So können wir diese Überraschung doch noch live erleben.

Samstagnachmittag geht es los; Renate und ich fahren zu Moni. Von dort aus wollen wir mit ihr und ihren Eltern gemeinsam fahren. Wir sind gerade dabei, in ihr Auto zu steigen, als ich mit Entsetzen feststelle, dass ich meine Karten zu Hause habe liegen lassen. Scheibenkleister, so was ist mir doch noch nie passiert! Also düsen wir im Affentempo noch mal zu mir nach Hause, wo meine Karten schon sehnsüchtig auf mich warten. Als wir knappe vier Stunden später in Dortmund ankommen, bin ich heilfroh, dass ich das Fehlen meiner Karten noch rechtzeitig bemerkt habe. Denn hier bekomme ich keine mehr und könnte die nächsten vier Stunden sonst wo verbringen, nur nicht in der Westfalenhalle.

Im Foyer schnell noch was essen und trinken, und dann kann es von mir aus losgehen. Ich sehe die Westfalenhalle zum ersten Mal und bin beeindruckt von der Größe. Allerdings – die Frankfurter Festhalle, in der ich mich durch die vielen Besuche schon wie zu Hause fühle, wäre mir lieber. Wir haben relativ gute Plätze im ersten Rang, ca. in der Mitte der Halle. Man hat aber auch eine riesige Videowand aufgebaut, so dass man das Geschehen auf der Bühne von allen Plätzen aus gut verfolgen kann.

Es geht auch schon los, und wir amüsieren uns über die interessante Kleidung der Moderatorin. Den Anfang macht "Lucilectric"; ihr Löwe wird von einem Team des "Starlight-Express" überreicht, wie übrigens alle Preise an diesem Abend. Später kommt PUR, und wir singen kräftig mit und ölen unsere Stimmen für die nächsten Highlights, die noch kommen sollen. Die Stimmung in der Halle ist sehr gut und übersteht auch so manche Einlage, die uns persönlich nicht so gut gefällt. So wird ein Löwe des verstorbenen Roy Black versteigert – und überreicht von Karel Gott – es gibt eine laue Imitation von Elvis the Pelvis, aber schneller, als wir denken, kommt eine dreißigminütige Pause, in der wir über die Videowand mit Werbung berieselt werden. Schließlich darf man nicht vergessen, dass dies hier eine Veranstaltung von RTL ist.
Gespannt warten wir nun, wann Peter endlich an der Reihe ist. Es soll noch eine ganze Weile dauern, aber die Wartezeit wird uns versüßt mit einem Überraschungsauftritt der "Kelly Family", die das Publikum zu wahren Begeisterungsstürmen hinreißt. Auch Percy Sledge, dessen Songs ich schon in meiner Jugend rauf und runter gehört habe, begeistert alle, und ich bin einfach nur hin und weg.

Aber dann kommt er endlich, nach fast vier Stunden Programm: Little Big McMaffay betritt mit der Band die Bühne. Die Veranstalter wissen sehr wohl, warum sie ihn ans Ende der Veranstaltung gesetzt haben, denn der Jubel nimmt kein Ende. Peter singt einen seiner alten Titel und wir fragen uns, warum er nicht einen aktuellen aus Tabaluga gewählt hat. Er bekommt einen Platin-Löwen, der extra für ihn gemacht wurde, weil er zuvor schon sämtliche anderen Löwen abkassiert hat. Ganz so, wie wir ihn kennen, betont Peter, dass das alles ohne seine Freunde und Fans nicht möglich gewesen sei. Danach bringt er noch drei seiner alten Hits zum Mitsingen.

Hat das Publikum bei Peter's Erscheinen noch gejubelt, so verhält es sich nun zum Schluss ziemlich unhöflich, denn noch während er singt, haben es viele plötzlich sehr eilig, aus der Halle zu kommen. Als die Moderatoren des Abends das Publikum verabschieden wollen, hören die Leute kaum noch zu, sondern sind nur bestrebt, die Halle zu verlassen. Unverständlich!

Die Heimfahrt kommt mir endlos vor. Ich bin müde, denn es war ein langer Tag, und wir sitzen wie die Ölsardinen in Monis Auto. Das trägt nicht gerade zur Aufhellung meiner Stimmung bei, aber schön war es doch wieder gewesen!

Noch ´ne Autogrammstunde

Die zweite Tourhälfte von Tabaluga & Lilli ist inzwischen gestartet, aber für uns heißt es, noch ein paar Tage zu warten, bis wir dran sind. So kommt mir uns die Ankündigung einer Autogrammstunde in Frankfurt gerade recht. Keine Frage, dass wir dabei sein wollen! Trotzdem frage ich mich etwas skeptisch, ob es diesmal auch wieder nur ein werbewirksamer Gag sein wird oder nicht. Unsere Erfahrungen diesbezüglich haben uns vorsichtig werden lassen. Aber ein Anruf in Tutzing zerstreut meine Zweifel, die Autogrammstunde wird stattfinden.

Für die meisten von uns ist es gar nicht so einfach, diesen Termin wahrzunehmen, denn er fällt auf einem normalen Arbeitstag. Ich habe Gott sei Dank damit keine Probleme, kann schon einmal kurzfristig Urlaub bekommen. Wir wundern uns, dass man im Vorfeld nirgends eine Werbung für die Autogrammstunde sieht, aber im Nachhinein zeigt es sich, dass das gar nicht so schlecht ist. Ich fahre wieder mal mit dem Zug nach Frankfurt und treffe mich am Bahnhof mit den andern.

Vor dem Hertie-Kaufhaus ein kurzer Blick rundum: wo sind die Massen der Fans??? Nichts, also mit gemischten Gefühlen rauf in die vierte Etage. Immer noch keine Fans. Ja, wo sind sie denn alle? Dann, irgendwo aus dem Hintergrund höre ich Peter's Musik. Frage an das Personal: wo ist denn hier die Autogrammstunde? Da hinten in der Ecke... Ja, sind wir doch wieder einem Werbegag aufgesessen, oder was? In der besagten Ecke stehen nur ein paar Gestalten herum, aber halt, da vorne entdecke ich bekannte Gesichter, also sind wir doch richtig.

Nichts wie hin, und dann sehe ich eine kleine Ecke, die man für den Ansturm der Fans hergerichtet hat – mit einer Absperrung durch Gitter und Security. Du liebe Zeit, da fühlt man sich ja wie wilde Tiere im Zoo! Hinter der Absperrung entdecke ich ein paar Freunde. Wieso sind die schon so früh hier, und warum sind die alle hinter der Absperrung? Das stinkt mir jetzt gewaltig. Ich möchte unbedingt auch da hinein, aber ein freundlicher Mensch mit Security-Zeichen an der stolzgeschwellten Brust hindert mich erfolgreich daran. Mit der Bemerkung, dass der "gnädige Herr Maffay" nicht gestattet, dass wir schon vorher hinter die Absperrung gehen, schickt er mich gnadenlos zu den anderen Wartenden. Oh, ich bin sauer! Wie haben es die andern geschafft, dahin zu kommen, und warum geht das wieder nur bei den selben Leuten, die auch sonst immer eine offensichtliche Sonderstellung innehaben? Aber am meisten ärgert es mich, dass zwei Leute aus meinem eigenen Club bei den andern hinter der Absperrung sind und mich feixend angrinsen. Ich fühle mich verraten und schwöre mir später ein klärendes Wort.

Es wurmt mich sehr, dass auch hier wieder die big boys von Ordnern versuchen, uns das Leben schwer zu machen. Reicht es nicht, dass sie uns ständig in den Konzerthallen ärgern? Nun müssen die auch noch bei einer Autogrammstunde einem das Leben vermiesen. Aber ich bin fest entschlossen, mir nicht die Laune verderben zu lassen. Also krame ich unsere Clubchronik heraus, in die ich von Peter eine Widmung schreiben lassen will – das Ding ist ganz schön schwer – und warte mit den andern Fans geduldig auf das, was noch kommen soll.

Peter erscheint pünktlich, gefolgt von seinen Bodyguards. Sehen kann ich von meinem Platz aus nichts, wie immer. Ich bin, wie schon so oft, eingekeilt zwischen den auf nun ca. 100 Leute angewachsenen Pulk, der zwar geduldig, aber ständig nach vorne drängend darauf wartet, eingelassen zu werden. Meine Güte, warum müssen Fans immer so drängeln? Ich kapier das nicht, irgendwann kommen doch alle mal dran. Zuerst dürfen die Fans, die schon innerhalb der Absperrung sind, und ich habe den Eindruck, dass alles sehr ruhig abläuft. Zwischen den Köpfen hindurch kann ich sehen, dass fleißig geknipst und gefilmt wird, von Peter selbst sehe ich aber immer noch nichts. Bei seiner immensen Körpergröße ist es immer wieder schwierig, ihn in einer Menschentraube ausfindig zu machen.
Jedes Mal, wenn wieder fünf Leute reingelassen werden, geht das Gequetsche von Neuem los. Langsam werde ich aber sauer! Nach einer halben Stunde bin ich endlich innerhalb der verfluchten Absperrung, inzwischen nass geschwitzt vom Gedränge der Leute. Dann endlich sehe ich Peter, diese halbe Portion Mann in schwarzen Jeans, schwarzem T-Shirt und ebenso schwarzer Lederweste, freundlich grinsend, und jeden noch so verrückten Autogrammwunsch schreibend, flankiert von seine Körperwächtern.

War ich bisher noch recht gelassen, so werde ich um so nervöser, je näher ich dem Tisch komme, hinter dem sich Peter verschanzt hat. Jetzt stehe ich endlich vor ihm, aber weg sind alle Worte, die ich mir zurechtgelegt habe. Statt dessen zittern mir die Knie, die Hände flattern – wie gehabt – und ich bringe nur ein "Hallo Peter" zustande. Flatternd und wortlos lege ich ihm unsere Chronik hin, bekomme einen Gruß auf ein Foto für eine Brieffreundin, ein kurzer Händedruck von Peter, und schon werde ich von den hinter mir Wartenden weiter geschoben.

Meine Güte, es ist ja nun wirklich nicht das erste Mal, dass ich Peter gegenüber stehe, aber noch immer flattere ich am ganzen Körper vor Aufregung und ärgere mich darüber, dass ich es immer noch nicht fertig bringe, in seiner Gegenwart cool zu bleiben! Ich schwebe zu den anderen zurück und beobachte das weitere Geschehen. Natürlich frage ich auch die beiden Grazien aus meinem Club, wieso sie es geschafft haben, schon vorher hier zu sein und hinter die Absperrung zu kommen. Die Antwort befriedigt mich nicht besonders, zumal sie sehr nach Ausrede klingt. Aber ich habe keine Zeit, mich weiter darüber zu ärgern, denn plötzlich fällt mir ein, dass ich vor lauter Aufregung vergessen habe, ein Autogramm für mich selbst zu holen.

Kurz entschlossen drücke ich meinen ganzen Krempel meinen Freunden in die Hand und quetsche mich noch einmal in die Warteschlange. Kurz danach stehe ich wieder vor Peter, diesmal aber wesentlich ruhiger als vorher. Als er mich sieht, grinst er und meint: "du warst doch eben schon hier?" "Na ja, du machst mich auch ganz schön nervös", sage ich ihm, "vor lauter Aufregung habe ich ein Autogramm für mich selbst vergessen!" Peter lacht laut auf und schreibt mir mein ganz persönliches Autogramm, und ich ziehe zufrieden von dannen.

Ein großer und lang gehegter Wunsch von uns ist es, einmal ein Gruppenfoto von unserem Club zusammen mit Peter machen zu können. Heute wäre doch eine Gelegenheit dazu! Ela fragt einen der Bodyguards danach, und der meint, wir sollen warten, bis alles gelaufen ist, dann geht es sicher. Er will sich darum kümmern. So warten wir weiter geduldig, bis sich auch der letzte Fan verzogen hat. Gleich kommt Peter auf uns zu, bestens gelaunt: "Ihr wollt ein Foto? Das machen wir jetzt!" Wir postieren uns vor dem Tisch, hinter dem Peter vorher gestanden hat, und er, nicht faul, steigt auf ein Gitter hinter uns und überragt uns alle um Haupteslänge – na ja, lassen wir ihm seine Illusionen – ein-, zweimal "Cheeeese" und das war's, fertig.

Äußerst zufrieden mit dem Ausgang dieser Stunde ziehen wir wieder ab. Verglichen mit der ersten Autogrammstunde, die wir vor vier Jahren erlebt hatten, war die heutige wesentlich ruhiger und disziplinierter abgelaufen, was allerdings nicht verwunderlich ist. Beim ersten Mal waren es rund 2000 Leute gewesen, die ihre Autogramme in drei Stunden bekamen, heute ca. 100 Fans, für die Peter exakt eine Stunde gebraucht hat.

So, jetzt kann es kommen, unser Tabaluga-Wochenende in Frankfurt, das letzte aufregende Wochenende im Jahr des kleinen grünen Drachen.

Tabaluga-Fieber 2.

Fast ein halbes Jahr lang habe nicht nur ich dem Herbst entgegen gefiebert. Akribisch habe ich einen Plan aufgestellt, in dem für jedes der insgesamt acht Konzerte in Frankfurt der Arbeitseinsatz von jedem einzelnen von uns aufgelistet ist. Schließlich soll ja jeder auf seine Kosten kommen. Den Plan habe ich gleich gemacht, als ich die Zusage vom Merchandising-Chef für unsere Mitarbeit bekommen hatte. Bis es allerdings soweit ist, ändert sich diese Liste noch ein paar Mal, sehr zu meinem Leidwesen. Hier springen zwei ab, da kommt einer dazu, kann eine Freundin noch mit, oder die Tochter, hier kann ich nicht, kann ich nicht tauschen usw. Nun aber steht die Teilnahme aller und es kann losgehen. Diesmal soll das absolut letzte Konzert der Tour in Frankfurt stattfinden, und wir können dabei sein – ein Wunsch, den jeder Fan hat: einmal beim Abschlusskonzert dabei sein, denn das soll immer was ganz besonderes sein, hat man uns erzählt.

An den ersten drei Tourtagen sind sieben von uns dabei. Die Arbeitszusage vom Merchandising-Chef ist unsere Eintrittskarte für den ersten Tag, wo wir unsere Tagespässe erhalten. Ganz souverän laufen wir durch das Gelände, nicht ohne ein kleines bisschen Stolz mit Blick auf die vor den Toren wartenden Fans. Seht her, wir gehören dazu! Ach ja, irgendwo sind wir auch nur Menschen... Wir werden dazu verdonnert, Programmbücher zu verkaufen. Jeder bekommt 30 Stück auf den Arm gepackt, die wir unters Volk bringen müssen. Ich breche fast zusammen bei dem Gewicht und frage auf der Stelle, wo ich die Dinger deponieren kann, denn ich bin nicht bereit, diese Kilos während des ganzen Konzertes mit mir herumzuschleppen.

Bis zum Konzertbeginn ist noch genügend Zeit, die Halle zu begutachten und unsere Freunde von den andern Fanclubs zu begrüßen. Das gesamte Merchandising ist fest in den Händen der Clubs, stelle ich fest. Einige haben einen festen Stand, und das während der gesamten Tour. Von den Konzerten werden sie allerdings nicht viel mitbekommen, weil sie hier ständig präsent sein müssen. Ich bin froh, dass wir nur zum Fußvolk gehören, denn so können wir uns frei in der Halle bewegen und die Konzerte aus allen Blickwinkeln bewundern.

Die Halle ist jetzt noch leer, und es ist schon eigenartig, sie ohne Publikum zu sehen. Die Akustik ist eine ganz andere als sonst, alle Geräusche und Gespräche haben bei der Größe der Halle ein Echo. Rundum herrscht geschäftiges Treiben, überall wuseln Techniker, Musiker und Mitarbeiter herum; hier werden noch Scheinwerfer gerichtet, dort noch ein Mikrofon, und zwischen allen schwirren Mädchen in Bienenkostümen umher, die genau wie wir mit Programmbüchern und Leuchtstäben bewaffnet sind. Wir nutzen die noch verbleibende Zeit, um etwas zu essen, denn später wird dafür keine Gelegenheit mehr sein.

Doch dann heißt es: bezieht Eure Positionen, der Einlass beginnt! Wir verteilen uns auf die uns zugewiesenen Plätze, und dann geht alles sehr schnell. Das Publikum strömt ohne Unterlass – aber leider, leider, an Programmbüchern haben die wenigsten Interesse. Es ist wohl viel wichtiger, den richtigen Platz zu finden. Etwas frustriert stehen wir unsere Zeit ab. "Proooooogramme! Daaas Buch zum Konzert! Heute zum Sonderpreis von nur zehn Mark!" Ich brülle mir die Lunge aus dem Leib und komme mir ziemlich blöd vor bei dieser Marktschreierei. Aber es bleibt uns nichts anderes übrig als zu schreien, den diese Rufe hört man von den anderen ebenfalls. Alle drei Meter stehen welche und rufen. Und das wird so während der nächsten drei Tage gehen. Noch heute höre ich dieses "Prooooogramme", wenn ich an Tabaluga denke.

Punkt achtzehn Uhr deponieren wir die uns verbliebenen Bücher und suchen uns einen Platz in der vollständig ausverkauften Halle, um Peter, die Band, Tänzer, Sänger und Tabaluga gebührend begrüßen zu können. Obwohl wir das Musical im Frühjahr schon mehrfach gesehen haben, freuen wir uns, alles noch mal erleben zu dürfen. In der Pause flitzen wir mit unseren Büchern wieder auf unsere Positionen: "Prooooogramme!..." Jetzt läuft der Verkauf wesentlich besser, zum Teil werden uns die Dinger fast aus der Hand gerissen. Ist doch eigenartig...

Wie im Frühjahr werden wir auch diesmal wieder verzaubert von der Geschichte um Tabaluga und Lilli, von der Musik und der tollen Atmosphäre während des Konzertes, und wir singen aus Leibeskräften mit. Am Ende des Tages habe ich keine Stimme mehr. Ehe wir uns versehen, ist der Tag vorbei, aber bevor wir gehen, rechnen wir noch unsere verkauften Bücher ab und bekommen die Pässe für den nächsten Tag.

Wofür wir uns bisher nicht interessiert haben, erfahren wir jetzt: wir können uns für unsere Arbeit direkt auszahlen lassen oder aber unseren Gewinn ansammeln, um ihn am Ende in Merchandising-Artikel einzutauschen. Und ich dachte, unser freier Eintritt fürs Konzert sei unsere Entlohnung. Wir entschließen uns für letztere Lösung und beratschlagen gemeinsam, welche der vielen Schätze wir unbedingt haben müssen. Je nachdem, wie hoch der einzelne seine Ziele nun steckt, weiß er jetzt, wie viele Bücher in den nächsten Tagen unters Volk bringen muss...

Eigentlich bin ich müde und würde gerne nach Hause fahren, aber einige haben sich entschlossen, nach der Aufführung noch ins Hotel zu gehen, wo Maffay & Co. logieren, und ich überlege, einmal mit den andern zu gehen – auch wenn ich nicht so wahnsinnig begeistert davon bin. Zu Fuß wandern wir durchs nächtliche Frankfurt und stellen fest, dass es bis zum Hotel doch weiter ist, als wir dachten. Dort angekommen sind wir nun erst recht fußlahm und freuen uns, nach dem langen Tag auf den Beinen endlich einmal sitzen zu können.

Wir lassen uns auf einer Sitzgruppe nahe der Hotelbar nieder und bestellen uns was zu trinken. Mein Gott, sind die Preise hier gesalzen! Aber was soll's, wir haben Durst! Zuerst sind wir die einzigen Fans, aber nach und nach trudeln uns bekannte Gesichter ein, und alle sind erstaunt, noch niemanden von Peter & Co. zu sehen. Ich schaue mir die Leute in der Bar näher an, die gut besetzt ist. Alles gut betuchte Menschen, das kann man sehen. Und wir hier mit unseren Peter-T-Shirts! Ich fühle mich nicht besonders wohl, denn die Blicke der anderen Gäste sprechen Bände. Ich hätte es wissen müssen, warum bin ich wieder mitgegangen??? Ich bin hundemüde und wäre jetzt viel lieber zu Hause, um zu duschen und zu schlafen. Aber mitgegangen – mitgefangen. Mein letzter Zug ist längst weg und ich bin darauf angewiesen, mit den andern hier auszuharren. Also halte ich mich weiterhin an den kostenlosen gesalzenen Knabbereien fest, während die andern ihren Spaß haben, es wird gewitzelt, erzählt und trotz der hohen Preise getrunken, immer mit einem Blick zur Tür: wann kommen die den endlich!

Ich starte ein, zwei Versuche, den andern das Warten mies zu machen in der Hoffnung, dass sie nach Hause fahren, aber ich stoße auf Granit – keine Chance. Hier bleibt man jetzt so lange sitzen, bis an Peter & Co.

auch mal privat erlebt hat! Die kommen dann endlich gegen ein Uhr nachts. Bei meinen Mitstreitern werden die Augen groß und größer, denn jeder hofft insgeheim, dass Peter wenigstens mal kurz bei uns vorbeikommt, um mit uns ein paar Worte zu wechseln. Man tut zwar unheimlich cool und beschäftigt, aber es ist offensichtlich, dass dem nicht so ist.

Ich würde mich am liebsten unter den Couchtisch verkriechen, so peinlich ist mir diese Situation. Es ist ja nun mal nicht zu übersehen, dass es Fans sind, die hier in einem Luxushotel in der Bar sitzen, und ich frage mich, was die Leute wohl von denen denken mögen, die einem Promi bis ins Hotel nachlaufen, denn etwas anderes ist diese Geschichte ja nicht. Sicher werden sich die Musiker später in ihren Zimmern über uns die Mäuler zerreißen und sich über uns amüsieren. Ich will da nicht dazugehören!!! Ich bin zwar auch ein Fan, aber der Meinung, dass man dieses Völkchen nach ihrer Arbeit einfach in Ruhe lassen sollte.

Natürlich kommt Peter nicht zu uns, auch wenn man extra auf der Couch ein wenig zusammengerückt ist. Er grüßt zwar kurz zu uns herüber, wird aber sofort von zwei Geschäftsmännern in Beschlag genommen, die ihm irgend einen Käse vorlabern. Die drei stehen nur knappe zwei Meter von mir entfernt, Peter kehrt mir den Rücken zu, und ich kann jedes Wort hören, dass sie sagen. Na ja, viel schlauere Dinge als wir Fans von uns geben, kommt von den beiden aber auch nicht. Der arme Peter hört sich das geschlagene neunzig Minuten an, höflich wie er nun mal in solchen Situationen der Öffentlichkeit ist. Er kontert freundlich, wenn die Herren versuchen, ihn in seine verhassten Schubladen zu stecken. Während des Gespräches hält er die meiste Zeit seine Hände hinter dem Rücken verschränkt, und nur an seinen Händen kann ich sehen, wie sehr in dieses Gespräch an manchen Stellen nervt.

Kurz nach drei Uhr werde ich endlich erlöst, indem Peter sich verzieht. Jetzt besteht für die Fans kein Grund mehr, noch länger hier zu sitzen. Endlich darf ich nach Hause! Zwei Stunden später falle ich in mein Bett und denke, oh je, auf was habe ich mich wieder eingelassen?

Am nächsten Tag stehen wir alle um 12:30 Uhr "Gewehr bei Fuß" in der Festhalle, um unsere Arbeitsanweisungen in Empfang zu nehmen. Wir dürfen wieder Programme verkaufen! Ist es nicht schön???? Also, wieder, wie am Vortag: "Proooogramme! Daaaas Buch zur Show!" Ich hatte schon gestern keine Stimme mehr und brauche heute recht lange, bis meine Stimmbänder wieder einigermaßen funktionieren. Und ich bin noch soooo müde, was kein Wunder ist, nach dieser Nacht.

Wir versuchen, so oft wie möglich eine Sitzgelegenheit zu finden, denn zwei Vorstellungen ziehen sich ganz schön in die Länge, wenn man nur stehen kann. Heute bleiben wir nicht an den uns angewiesenen Plätzen, sondern laufen mit unseren Büchern überall herum, in der Hoffnung, ein paar Programme mehr zu verkaufen. Aber da muss irgendwo ein Nest sein, denn wo man steht und geht, überall hört man den schon bekannten Ruf: "Proooogramme!". Zwischendurch beratschlagen wir, ob wir wieder ins Hotel gehen sollen – aber bitte ohne mich!. Als wir hören, dass am Abend nach dem Konzert noch eine Pressekonferenz laufen soll, kommen wir aber wieder von unseren Plänen ab.

Den meisten ist das ganz recht, und mir sowieso. Denn wir sind von der vorangegangenen Nacht noch ganz schön angeschlagen, außerdem tun uns vom vielen Herumlaufen höllisch die Füße weh. Heute ist es fast unmöglich, einen Sitzplatz zu bekommen, denn die Halle ist total überfüllt, selbst für die Ränge hinter der Bühne hat man Karten verkauft! Die Leute, die dort sitzen müssen, sind zu recht ziemlich sauer über diese Plätze, denn von hier aus können sie fast nichts sehen. Gegen Mitternacht ist auch dieser Tag für uns gelaufen – wir schleichen, mehr als das wir gehen, zu unseren Autos. Endlich mal sitzen!

Am dritten Tag zeigen sich weitere Ermüdungserscheinungen bei uns. Aber bei allen ist die Stimmung prima. Es macht einfach Freude, dabei sein zu können, Freunde aus den anderen Fanclubs zu treffen, zu quatschen und den ganzen Trubel ums Geschehen miterleben zu können. Heute sind wir so rechtzeitig vor Ort, dass wir auch beim Soundcheck dabei sein können. Ich denke daran, wie wir das zum ersten Mal erleben durften, und kann mir ein Grinsen nicht verkneifen – viel ist seitdem passiert, und wir fühlen uns schon wie alte Hasen in dem "Geschäft". Natürlich dürfen wir auch diesmal Programme verkaufen, wie sollte es auch anders sein. Ich kann die Dinger inzwischen nicht mehr sehen! Trotzdem verkaufen wir heute so viele, wie nie zuvor.

Am Abendkonzert habe ich das Gefühl, nur noch aus Füßen zu bestehen – sie brennen wie Feuer, und es besteht auch heute keine Aussicht auf einen freien Sitzplatz. Mir ist es jetzt egal, wo ich sitzen kann, Hauptsache, ich KANN sitzen. So mache ich es mir in irgendeiner Ecke bequem, sofern man den Hallenboden als bequem bezeichnen kann. Mich interessiert im Moment auch gar nicht mehr, was da oben auf oder vor den Bühnen passiert – es geht mir jetzt genauso, wie im Frühjahr – denn ich habe das alles ja oft genug gesehen. Ich kenne jeden Ton, jeden Einsatz der Künstler, höre jeden Patzer in der Musik heraus, kann die Laune von Peter an dessen Gesichtsausdruck erkennen und weiß genau, wann aus welcher Ecke die Tänzer auf die Bühne zu kommen haben. Ich kenne die meisten der Ordner und sie kennen mich. Und so wird gefachsimpelt, und ich stelle fest, dass viele von ihnen gar nicht so übel sind – na ja, Ausnahmen bestätigen die Regel. Die meisten von uns machen in diesen vier Tagen sowohl positive als auch negative Erfahrungen mit diesen Herren der Schöpfung, und es bestätigt sich wieder mal, dass es in jeder Gruppe schwarze Schafe gibt.

Trotz meiner Begeisterung für das alles hier ist aber für mich die Luft irgendwie raus, und ich bin froh, wenn morgen das letzte Konzert hinter mir liegt. In den letzten Tagen bin ich wieder an die Grenzen meiner Belastbarkeit gekommen, und ich will dann nur noch eines: drei Tage am Stück schlafen. Vor lauter Erschöpfung beginne ich, unsere Arbeit hier mit kritischen Augen zu betrachten. Schön blöde sind wir, billige Arbeitskräfte, sonst nichts. Ein guter Schachzug, die Fanclubs zur Mitarbeit zu bitten, denn für jeden anderen hätten sie mehr bezahlen müssen. Wir aber sind mit ‚nem Appel und ‚nem Ei zufrieden. Fanartikel oder Bargeld zur Belohnung. Bei dem bisschen, was ich hier umgesetzt habe, ist Bargeld ein Witz. Da hätte ich es billiger und bequemer gehabt, wenn ich mir die Konzertkarten gekauft hätte... und ich hätte mich jede Nacht ausschlafen können... und hätte immer einen festen Sitzplatz gehabt. Früher habe ich die Leute beneidet, die zur Crew gehörten. Jetzt gehöre ich zwar dazu, lerne aber auch die Schattenseiten des Geschäfts kennen. Nein, auf Dauer ist das nichts für mich, beschließe ich. Aber ich rappele mich wieder auf zum Endspurt für diesen Tag.

Morgen wird es bestimmt noch mal ganz prima, aber morgen kommt nur, wenn ich heute durchstehe, ermutige ich mich.

Für das letzte Konzert habe ich mir ja die Geschichte mit den Stoffdrachen ausgedacht, die wir beim Finale auf die Bühne werfen wollen. Wir überlegen gemeinsam, wie wir die Aktion am besten über die Bühne bringen können, kommen aber zu keinem konkreten Ergebnis. Ich weiß nur, dass der Sack voller Stofftiere mich unheimlich behindert. Ich möchte nicht, dass unsere Überraschung schon vorher platzt und weiß nicht, wo ich den Sack deponieren soll. Vielleicht bei den Ordnern? Ich schnappe mir den Ranghöchsten der Herren – ja, auch hier gibt es eine Hackordnung – erkläre ihm meinen Plan, und er gibt sein Einverständnis. Ein Witz, aber ich muss tatsächlich erst anfragen, ob wir das machen dürfen. Da könnte ja sonst wer sonst was auf die Bühne werfen, nicht auszudenken! Lieber würde ich die Aktion ja mit Peter's Oberbodyguard besprechen, aber der ist mir den ganzen Tag über immer einen Schritt voraus, und ich gebe es irgendwann auf, ihm nachzurennen.

Trotz unserer Abgeschlagenheit ist die Stimmung unter uns etwas wehmütig, soll doch heute Abend endgültig Abschied von Tabaluga & Co. genommen werden. Ein komisches Gefühl, nach fast einem Jahr im Zeichen des kleinen grünen Drachen. Einerseits sind wir froh, dass nun alles zu Ende geht, denn die letzten Tage sind an den meisten von uns nicht spurlos vorübergegangen. Andererseits aber finden wir es schade, dass Tabaluga von der Bühne verschwinden soll. Uns sind alle Mitwirkenden schon richtig ans Herz gewachsen, und es kommt uns vor wie ein Abschiednehmen von einer großen Familie.
Die letzte Aufführung ist voller witziger Gags, aber obwohl ich mich königlich amüsiere, denke ich bei jeder Szene: das ist das letzte Mal. Zu Beginn des Konzertes schlüpft Peter mit einem Riesenhut auf dem Kopf aus dem Ei; ein herrlicher Anblick, denn das Ding betont seine wunderschönen Ohren noch mehr. Als der Magier aus seiner Mülltonne kriechen soll, hat man den Ton an die Hallendecke gelegt. Natürlich gehen alle Köpfe nach oben, die Spots suchen ihn überall, aber er kommt, wie gewohnt, aus der selben Ecke wie sonst. Bei Tabalugas Geburt braucht er heute eine zweimalige Aufforderung, aus seinem Ei zu schlüpfen, dafür kommt er dann aber auch in zweifacher Ausführung heraus – Tabaluga-Zwillinge!

Manche der Bienen haben heute keine Lust auf Maske, deshalb erscheinen sie ohne Kopfmaske, dafür erscheint der König des Eises mit einem silbernen Soldatenhelm. Wir müssen bei diesen Sondereinlagen so sehr lachen, dass das Publikum teilweise sehr irritiert ist. Diejenigen, die heute zum ersten Mal die Vorstellung sehen, können natürlich nicht wissen, was da normalerweise vorher abgelaufen ist. Kaum haben wir uns wieder beruhigt, kommt der Ameisengeneral – sonst die Korrektheit in Person – sturzbetrunken mit einer Bierflasche in der Hand auf die Bühne. Diese Flasche wandert nun zwischen den Akteuren hin und her, dabei spielen sie Fangen auf der Bühne. Wir kriegen uns vor Lachen kaum wieder ein.

So geht es nun Schlag auf Schlag, bis dann das wirklich letzte Finale einsetzt. Jetzt sind wir mit unserem Sondereinsatz dran, und ich werde mit einem Schlag total hibbelig, ob auch wirklich alles klappt. Schließlich habe ich in die Aktion viel Geld, Geduld und Zeit investiert. Die über fünfzig Stofftiere verteile ich an meine Mitglieder, und wir versuchen, uns rechts und links vor der Bühne damit zu postieren. Hoffentlich machen uns die Ordner keinen Strich durch die Rechnung, aber ich habe ja das ok von ihrem Oberboss!

Ausgerechnet heute sind die Sicherheitsvorkehrungen besonders streng, weil sehr viel Prominenz zur letzten Aufführung gekommen ist. Und es kommt, wie es kommen muss: wir auf der linken Seite der Bühne haben kein Glück bei den Halbgöttern in Dunkelblau. Einer von ihnen steht direkt vor mir, wie festgewachsen und mit Eisesmiene, und ist durch nichts zu bewegen, uns vor an die Bühne zu lassen. Unsere Freunde auf der andern Seite stehen schon jubelnd dort und warten auf mein Zeichen, während ich mit Engelszungen auf den Eisblock einrede. Ich wende meine besten Überredungskünste an, aber der einzige Erfolg, den ich erreiche, ist der, dass der Gute jetzt aggressiv wird und mir beinahe an die Gurgel geht. Ich bin jetzt stinksauer. Durch unsere Auseinandersetzung ist auch das umstehende Publikum auf uns aufmerksam geworden, und nimmt Partei für uns ein. Aber es nützt nichts, der Typ spielt seine vermeintliche Macht genüsslich aus – und oben auf der Bühne tobt derweilen schon der Bär.
Jetzt reicht es mir, ich gebe unseren Leuten auf der anderen Seite ein Zeichen, und auf Kommando werfen wir eben über den Kopf des Ord-

ners unsere Viecher auf die Bühne – jetzt erst recht! Der guckt natürlich ziemlich dumm, kann aber aufgrund des inzwischen aufgebrachten Publikums um uns herum nichts mehr machen. Unsere Drachen landen bei den Empfängern auf der Bühne, und keines davon bleibt am Boden liegen, erfreut über unsere Geste werden sie dankbar aufgehoben – und Muttern ist sichtlich stolz auf ihren Erfolg. Hach, haben wir den blöden Ordner doch noch ausgetrickst. Als Peter unser Transparent "Danke euch allen" entdeckt, leiht er es sich kurzfristig aus, und zeigt es dem Publikum, was den Jubel noch um ein paar Phon lauter werden lässt. Nun ist einfach nur noch eine Big Party im Gange, die durch nichts mehr zu bremsen ist.

Und dann kommt Peter mit der ganzen Band zum letzten Mal zur Zentralbühne in der Hallenmitte, zum letzten Mal geht hier die Post ab – die Jungs rocken wie die Weltmeister, und wir rocken lautstark mit! Dann ist alles vorbei, Tabaluga ist fertig – und wir auch.

Das waren vier sehr aufregende, spannende und erkenntnisreiche Tage für uns gewesen, in denen jeder von uns auf seine Kosten gekommen ist. Wir sahen Dinge rund um Tabaluga, die der normale Konzertbesucher nicht sehen konnte, wir konnten Fotos mit allen Beteiligten machen, Autogramme sammeln, lernten neue Leute kennen und wir waren wieder mal mit alten Freunden zusammen.

1995

Eigentlich könnte man glauben, dass ich nach der Tour erst mal froh bin, meine Ruhe zu haben. Stressig genug war es ja, das Jahr 1994. Aber ich falle, wie die meisten von uns, in ein großes Loch. Die Zeit des Nichtstuns macht mich kribbelig. In den vergangenen vier Jahren war ein Großteil meines Lebens von Peter bestimmt gewesen, er gehört inzwischen zu meinem Leben dazu. Nun ist sie wieder da, die Zeit zwischen zwei Alben, die Zeit des Wartens auf etwas Neues. Und wie immer in dieser Zeit macht sich Frust breit bei den Fans. Die Standardfrage ist:... was gibt es Neues? – und die Antwort ist immer die gleiche: nichts. Und wieder fragen wir uns, wofür wir einen Fanclub haben, wenn wir nicht einmal von den Aktivitäten oder Plänen unseres Idols erfahren.

Und so versuchen wir, die Zeit so gut wie möglich zu überbrücken. Meine Leutchen und ich sind inzwischen ein gut eingespieltes Team. Die Mitgliederzahl ist zwar mit der Zeit auf nur noch neun gesunken, aber das ist von Vorteil, denn so kann ich den Club besser koordinieren. Gott sei Dank sind wir nicht ausschließlich auf Peter fixiert, sondern interessieren uns auch für andere Musik. Wir sind wirklich Freunde geworden, und so stehen die monatlichen Clubtreffen nicht nur unter dem Thema Peter. Wir quatschen über Gott und die Welt und haben immer einen Riesenspaß miteinander. Dass wir gerne zusammen sind, ist auch der Grund, warum wir uns immer wieder gemeinsame Unternehmungen einfallen lassen.

So haben wir für meinen Geburtstag in diesem Jahr einen Besuch beim Hessischen Rundfunk organisiert. Als ich mit meiner Begleitung in Frankfurt eintreffe, werde ich von meinen Mitgliedern mit Sekt und Blumen empfangen – und das vor dem Gebäude des HR! Die Leute staunen nicht schlecht über die Weiber, die auf der Straße gut gelaunt eine Flasche Sekt leeren. Nach der üblichen Besichtigung dürfen wir als Zuschauer bei der Hessenschau dabei sein. Es ist schon interessant zu sehen, wie so ein Sender aufgebaut und organisiert ist und was hinter den Kulissen passiert.

Da uns die gemeinsamen Wochenenden am Starnberger See immer sehr gut getan haben, wollen wir auch in diesem Jahr nicht darauf verzichten. Es geht uns inzwischen gar nicht mehr darum, Peter in seinem Domizil zu treffen. Aber einfach mal für drei Tage den Alltag und die Familie hinter sich lassen zu können und mit Freunden zusammen sein, das ist es, was uns reizt. Also heißt es im Oktober wieder: auf geht's in Richtung Bayern. Nach langer Planung, nach Diskussionen: fahren wir mit dem Auto oder der Bahn, und nach diversen Ab- und Ummeldungen kann es jetzt endlich wieder losgehen. Auch diesmal habe ich wieder ein paar befreundete Fans eingeladen, das Wochenende mit uns zu verbringen.

Wir haben uns entschlossen, diesmal mit dem Auto zu fahren und haben Fahrgemeinschaften gebildet. Auf den letzten Drücker müssen Ela und ich umdisponieren, weil unsere Fahrerin – sie kommt aus Halle – es nicht schafft, uns rechtzeitig abzuholen. Aber wofür haben wir die tollste Clique der Welt? Moni und Britta wollen nicht ohne uns fahren, und Brittas Göttergatte ist gut drauf und stellt uns seinen Kombi zur Verfügung.

Donnerstagabend kommt Ela mit Hunger und Riesenreisetasche bei mir an, und wir eröffnen das gemeinsame Wochenende mit einer Doppelpizza. Danach versuche ich, meine Tasche zu packen: was muss mit und was bleibt hier? Komisch, irgendwie wird das Ding nicht voll. Freitagmorgen frühstücken wir ausgiebig, was für Ela heißt: wenig Brötchen, aber viel Kaffee und Zigaretten. Reiseproviant wird noch gemacht und pünktlich um neun kommen die anderen bei mir an, der Lärmpegel steigt beträchtlich an. Und los geht's.

Nach eineinhalb Stunden Fahrt machen wir die erste Rast. Kaffee wegtragen und Zigarette an... Auf diese Weise kommen wir gut bis Starnberg, wo im Hotel ein Teil der anderen Fans schon auf uns wartet. Die Zimmerverteilung macht kurzfristig Probleme, aber auch hier bewährt sich unsere Superclique. Nach dem Kofferauspacken möchte ich gerne nach Tutzing, aber ich werde von den andern gnadenlos niedergeschmettert – heute gibt's keinen Peter, wir gehen Stadtbummeln! Auch gut, sage ich mir, man ist ja flexibel. Komisch, unser Weg führt uns, genau wie das letzte Mal, zuerst in diesen Spielwarenladen. Die Muttis kaufen für ihre Kinder und Moni und ich für unseren Gameboy.

Unterwegs gehen wir zum Bahnhof, um unsere Freunde aus Holland abzuholen. Sie sind aber nicht im Zug, auch nicht im nächsten. Ich friere, denn inzwischen ist es kalt geworden. Also schnell zurück ins Hotel, um eine Jacke zu holen. Und wer erwartet uns dort? Unsere Freunde aus Holland! Irgendwie müssen wir uns verpasst haben.

Da immer noch nicht alle vollzählig sind, treffen wir uns erst mal in Elas Zimmer zum Schnack – das ist billiger, als im Hotelrestaurant zu warten. Die erste von einigen Flaschen Sekt an diesem Wochenende wird geleert, während nach und nach die restlichen Freunde unter großem Hallo empfangen werden. Kaum sind wir alle vollzählig, stellt sich auch der Hunger bei uns ein. Kein Wunder, schließlich nennt sich diese Unternehmung auch Schmankerl-Wochenende.

Neugierig gehen wir in unseren Speiseraum des Hotels, denn der Hotelmanager hat uns auf seine Kosten einen Alleinunterhalter bestellt. Wir sind also auf einen lustigen Abend mit flotter Musik eingestellt. Die Tische sind toll gedeckt, so wie wir es vom letzten Mal kennen, und in der Ecke sitzt ein älterer Herr mit Akkordeon. O Gott, soll das etwa der Alleinunterhalter sein???? Na, das kann ja lustig werden, denke ich. Aber egal, hier müssen wir jetzt durch. Zur Begrüßung des Hauses gibt es einen Sekt – auf ein Neues – dann eine tolle Pilzsuppe, gefolgt von einer riesigen Fleischplatte mit Zubehör. Zum Nachtisch bekommen wir eine mit Wunderkerzen gespickte Eisbombe. Toll sieht das aus.

Wir sind genudelt, satt und müde von der für die meisten langen Anreise, irgendwie will keine rechte Stimmung aufkommen. Also wird es Zeit für unser Songtext-Puzzle, das Ela und Moni in liebevoller Kleinarbeit für diesen Abend gebastelt haben. Schließlich muss die Meute ja irgendwie unterhalten werden. Im Nu sind wir wieder munter, Hektik macht sich breit: wer schafft es als erster, die vierzig Songtitel richtig zusammen zu fügen? Das ist gar nicht so einfach, aber schon gar nicht mit der Musik unseres Alleinunterhalters im Hintergrund. Seine Musik nervte uns schon während des Essens, warum macht der Typ nicht mal eine Pause? Nach unserer Aufforderung, doch mal etwas flotteres zu spielen, stellt er seine "Mixmaschine" einen Takt schneller, die Musik aber bleibt die gleiche: Unterhaltung für einen Seniorenabend. Wir sind doch Peterfans, wir wollen Peter als Alleinunterhalter!

In unserer Not sammeln wir heimlich Geld für den guten Mann, in der Hoffnung, er betrachtet das als Aufforderung, aufzuhören. Aber er meint, sich nun besonders anstrengen zu müssen. Also bleibt uns nichts anderes übrig, als unsere Ohren auf Durchzug zu stellen, und irgendwann erlöst er uns dann mit den Worten: "ich muss dann jetzt mal Schluss machen". Gegen halb eins beenden wir den ersten Abend und verabreden uns für den nächsten Morgen zum Frühstück.

Ich habe mir diesmal den Luxus eines Einzelzimmers gegönnt. Das Zimmer liegt unter dem Dach, und ich muss aufpassen, um mir nicht den Schädel anzuhauen, denn die Dachschräge liegt sehr niedrig. Bei meiner Größe von knappen 160 cm überlege ich mir, ob dieses Zimmer vielleicht für Zwerge besser geeignet wäre. Beim nächtlichen Waschen bekomme ich einen Riesenschrecken: jedes Mal, wenn ich das Wasser laufen lasse, geht irgendwo im Bad mit lautem Getöse eine Pumpe an. Himmel, wo kommt das her, ich wecke ja damit alle Leute auf! Ich sitze auf dem Pott, und wieder geht das Getöse los, und ich falle vor Schreck bald runter. Als ich dann todmüde ins Bett falle, stelle ich fest, dass die Matratze in der Mitte eine Kuhle hat. Egal, wie ich mich lege, ich rolle wieder zurück in die Mitte. Das Kissen ist steinhart, das Bett knarrt bei jeder Bewegung, an Ruhe ist gar nicht zu denken. Ich bin aber müde und will endlich schlafen!!!

Morgens um sieben – die andern schlafen sicher noch süß – bin ich froh, dass die Nacht langsam zu Ende geht. Völlig gerädert stelle ich mir nun die Frage: soll ich Wasser laufen lassen oder nicht? Die Pumpe ist so unerbittlich laut, und ich will nicht alle anderen Gäste wecken. Aber es hilft nichts, ich muss mal, und duschen will ich auch. Im Frühstücksraum bin ich natürlich die erste, aber nicht lange, da kommen die anderen auch angeschlichen. Es wird laut im Frühstücksraum. Wir beratschlagen, wer mit wem was unternimmt und legen den Zeitpunkt des gemeinsamen Abendessens fest. Na ja, schließlich sind wir ja auch zum Schmankerln hier...

Ich möchte mit zwei andern zur Sternwarte nach Berg, aber nicht, ohne vorher gefragt zu haben, ob sie überhaupt offen hat. Aber trotz mehrfachem Nachfragens weiß niemand in Starnberg etwas von einer Sternwarte. Dafür erfahren wir, wo Heinz Rühmann beerdigt ist. Na ja, wäre auch eine Alternative, aber wir entschließen uns, erst mal einen Abstecher nach Tutzing zu machen. Klar, da führt für einen Fan kein Weg dran vorbei. Da es für meine Begleiterinnen der erste Besuch in diesem idyllischen Städtchen ist, mache ich die Stadtführerin.

Es ist kalt an diesem Vormittag, die beiden anderen schlottern. Wir laufen die Hauptstraße entlang, gehen an der blasslila Villa mit dem grünen Zaun vorbei – Peter's Domizil – als dort das Hoftor aufgeht. Ich bekomme Gummibeine, verkrümele mich hinter den andern und ärgere mich wiedermal über mich selber wegen meiner Reaktion. Die andern schauen etwas skeptisch und sind fassungslos. Ein weißer Jeep kommt aus der Ausfahrt, am Steuer sitzt Peter, neben dran seine Frau. Peter erkennt uns als Fans, logisch. Wir müssen ziemlich blöd aussehen mit unserem Stierblick. Er geht vom Gas, fährt aber zu unserer aller Enttäuschung doch weiter. Ja, war das alles? Maria ist jetzt noch stiller als vorher und Gela, die vorher noch so gefroren hat, wird es plötzlich sehr warm. Das kann doch nicht wahr sein, gerade, als wir hier vorbei kommen, begegnen wir unserem Peter!

Langsam beruhigen wir uns wieder, und ich zeige den andern die Straße, wo sein Studio- und Bürokomplex steht. Während wir unsere Alibifotos machen, kommt ein großer schwarzer Hund unbekannter Rasse und verwehrt uns knurrend den weiteren Weg. Also gehen wir zurück, zur Promenade an den See. Der Ausblick von hier ist einfach traumhaft. Auf dem Weg zurück sehen wir einen weißen Jeep fahren. Wir schauen uns wortlos an, beschleunigen unseren Schritt, kommen oben an der Straße an – alle Blicke nach rechts – nichts zu sehen. Also noch mal an dem grünen Zaun vorbei. Ich hatte richtig gesehen, denn nun steht der Jeep wieder an seinem Platz. Jaja, diese Pilgerfahrten eines Fans enthalten sowohl Enttäuschungen als auch Überraschungen jeglicher Art.

Maria und Gela sind total happy, aber ich auch. So ein Glück, und das gleich am Anfang unseres Kurzurlaubes. Jetzt brauchen wir unbedingt einen Kaffee und gehen in die kleine Pizzeria an der Ecke. Und während wir dort sitzen und quasseln, kommt Ela mit zwei anderen aus unserer Gruppe vorbei geschlendert. Natürlich erzählen wir stolz von unserem kleinen Erlebnis. Dabei entschließt sich Gela, ihr Glück noch mal mit den anderen zu versuchen, während Maria und ich uns auf den

Weg zum Bahnhof machen. Ich bin müde von der letzten Nacht, und Hunger habe ich auch.

Nachdem ich ergebnislos versucht habe, ein paar Stunden Schlaf auf der ausgedellten Matratze nachzuholen, schäle ich mich aus dem Bett. Mal nachsehen, wo die anderen sind. Ich finde sie vollzählig in Elas Zimmer. Ein Blick in ihre Gesichter, die verklärten Blicke und die leeren Sektflaschen auf dem Tisch sagen mir, dass sie was zu feiern haben. Zuerst weiß ich nicht, ob ich mich freuen oder ärgern soll, aber als sie anfangen, aufgeregt zu erzählen, freue ich mich doch für sie.

"Wir haben ihn beim Autowaschen getroffen... wie er sein Auto abgespritzt hat... ach, er war ja sooo süß... sooo lange Haare hatte er... und sooo gut drauf... und ganz witzig karierte Hosen... und hinten hing sein T-Shirt raus... und die Hände voller Ringe... und hier, das Autogramm hab ich gekriegt... und da hat er gesagt... und ich sagte zu ihm, was hast du denn für'n roten Striemen um die Nase, und er sagte, das kommt von der Studioluft, wir waren bis heute früh vier Uhr im Studio... und ach, du hättest ihn sehen sollen, er war ja soooo goldig..."

Jeany sitzt auf der Couch und knutscht das Stoff-Tabaluga, den Peter ihr signiert hat: "guck mal, der riecht nach Wasser und nach Peter". Oh oh, Peter, was machst du bloß aus erwachsenen Frauen?, denke ich mir. Nur gut, dass wir Fans unter uns sind. Ein Außenstehender würde uns sicher in den Kindergarten schicken. Es ist einfach zu niedlich, die andern dort mit leuchtenden Augen sitzen zu sehen – na ja, der Sekt ist daran sicher auch nicht ganz unschuldig. Immer wieder schnattern sie aufgeregt los und erzählen jede Einzelheit ihrer Begegnung.

Die Zeit bis zum Essen vergeht wie im Flug. Logisch, wir haben ja ein interessantes Gesprächsthema. Und als die andern von ihrem Trip aus München zurückkommen, wird die ganze Geschichte eben noch mal erzählt. Heute Abend ist die Stimmung während des Essens wesentlich ausgelassener als gestern. Diesmal gibt es Lachs als Vorspeise. Er schmeckt so gut, dass wir am liebsten mehr davon hätten, aber der Rest kann sich auch sehen lassen: gegrillte Kalbshaxe mit Knödeln und Gemüse, lecker. Zum Nachtisch gibt es zur Wahl Apfelstrudel oder Creme Caramel, aber ich muss passen, ich bin voll!

Maria verzieht sich ziemlich bald, es geht ich doch nach, dass sie heute Nachmittag nicht mit den andern gegangen ist, und somit Peter verpasst hat. Aber auch die andern gehen heute früh in die Kiste – von Peter träumen. Morgen früh wollen wir versuchen, zum Abschluss unseres Wochenendes noch eine Fahrt mit dem Schiff über den See zu machen.

In der Nacht kämpfe ich wieder gegen die Delle in meiner Matratze, dafür jagt mir aber die Pumpe auf dem Klo keinen Schrecken mehr ein. Morgens früh um sieben ist für mich die Welt absolut nicht in Ordnung: ich werde von einer Horde Verrückter geweckt, die sich vor unserem Hotel zum Wandern treffen. Grrrr, ich will noch schlafen, seid ihr bekloppt oder was??? Jetzt bin ich wach, also kann ich auch aufstehen. Also bin ich wieder die erste beim Frühstück, und es wird neun Uhr, bis die anderen kommen. Schiffchen fahren ist auch nichts, es ist total diesig und kalt draußen. Was also machen wir bis zur Abfahrt? Moni, Britta und ich beschließen, doch noch mal nach Tutzing zu fahren, Maria mit Kind und Kegel ebenfalls, die anderen wollen einfach die Gegend besichtigen.

Wir gehen die Hauptstraße in Tutzing entlang – zum wievielten malten Male eigentlich? Bei dem grünen Zaun ist es ruhig, kein Auto zu sehen. Ich sammele Kastanien von der Straße: da kann man eine Kette draus machen, eine Tutzinger Kastanienkette, und Britta hilft mir, die schönsten auszusuchen. Wir schlendern die Straße zum Studiokomplex hoch, als wir hinter uns ein Auto kommen hören. Ein weißer Jeep, das darf doch nicht wahr sein! Ich winke, Peter winkt zurück. Britta sagt atemlos: "oje, heute ist er nicht so gut drauf". Woher will sie das wissen??? Tja, was tun? Warten – aber wo? Bloß nicht direkt vor dem Studio, wo Peter drin verschwunden ist. Ich packe aufgeregt meinen Clubausweis aus, für ein eventuelles Autogramm, man weiß ja nicht, wie schnell es später gehen muss. Dann hören wir eine Harley anspringen – SEINE Harley – was für ein Sound!

Und schon kommt er angefahren, mit wehender Mähne und Sonnenbrille im Gesicht. Ich werde fingerhutgroß. Himmel, was sage ich denn bloß, wenn er wirklich stehen bleibt? Nur nicht gleich mit Autogrammen anfangen, raunen wir uns noch schnell zu, bevor Peter tatsächlich vor uns stehen bleibt. Er macht die Maschine aus, schaut uns erwartungsvoll an – und sagt kein Wort. Bei seinem Blick – den ich nur vermuten kann durch die Sonnenbrille – bekomme ich fast Panik, in meinem Kopf wirbeln die Gedanken durcheinander. Scheibenkleister, warum sagen die andern denn nicht mal was? Immer muss ich anfangen! "Hallo Peter", sagen wir drei im Chor. "Hallo", seine Antwort, immer noch sonnenbebrillt. Er hat es gut, kann sich dahinter verstecken. Ich bin völlig hilflos und wortlos. Mensch, nun sag schon was! "Wir sind die zweite Delegation vom Schmankerl-Wochenende, die anderen von uns hast du ja gestern schon beglückt". Oh Gott, was rede ich denn für einen Stuss?? Peter meint grinsend: "ah, ich verstehe", und verstummt wieder. Du bist gemein, warum redest du nicht mit uns? Mir schlottern inzwischen die Hände... "könnten wir vielleicht noch ein Autogramm haben?" Mist, genau das wollte ich auf keinen Fall sagen. Aber jetzt taut er auf und redet mit uns... endlich!

Wir bekommen unsere Autogramme, Britta meint: "ich habe aber nichts zum Unterschreiben, nur eine Kastanie". Er versucht mit einem Grinsen, sich darauf zu verewigen, aber es klappt nicht. Peter fragt, wie lange wir noch in der Gegend sind, lässt die anderen grüßen, wünscht uns noch eine schöne Zeit zusammen, und dann "entlassen" wir ihn. Er düst ab und wir stehen da und sind erst mal fertig. So was habe ich noch nicht erlebt, dass Peter uns so zappeln lässt. Moni strahlt, wie immer, ich quieke wie ein Ferkel, und Britta "hat plötzlich eine Fliege im Auge", sie heult und entschuldigt sich gleich dafür. Ja, manchmal spielen die Gefühle auch bei erwachsenen Frauen verrückt, und man kann nichts dagegen tun.

Auf dem Rückweg begegnet uns eine strahlende Maria, auch sie hat Peter erwischt, als er aus dem Haus kam, genau die selbe Situation wie gestern. Kann es so viele Zufälle auf einmal geben? Wir gehen zusammen zur Seepromenade, die Sonne strahlt mit uns um die Wette, und wir erzählen lautstark von unseren Erlebnissen der letzten Stunde. Die Leute um uns herum brauchen sich keine Mühe geben, unsere Worte zu verstehen. Wir sind laut genug, dass jeder hören kann, wem wir begegnet sind. Manche Leute grinsen, sicher erleben sie solche Sachen hier öfter.

Nach diesem Schreck am Morgen melden sich unsere Mägen, wir haben Hunger! Wo gehen wir hin? Moni: Pizza Hut. Der Pizza Hut in Starnberg ist übervoll und Moni sichtlich enttäuscht. Meine Frage: warum gehen wir nicht endlich mal zum Chinesen, das wollen wir doch schon lange mal machen. Beim Chinesen stellen wir entsetzt fest, dass wir nur noch eine halbe Stunde Zeit bis zur verabredeten Abreise haben. Also essen wir etwas schneller als gewohnt und sind fast pünktlich am Hotel, wo die anderen schon auf uns warten.

Jetzt müssen wir natürlich von unseren Erlebnissen berichten und bekommen von den holländischen Freunden noch ein Abschiedsgeschenk. Dann geht es aber los. Schnell noch ein paar Fotos gemacht, Jeany und Ela heulen ob des Abschiedsschmerzes um die Wette und ich verziehe mich, weil ich auch einen Kloß im Hals habe. Tschüß, macht's gut, kommt alle gut nach Hause!

Auf der Heimfahrt im Auto singt Peter aus der Konserve, wir hängen unseren Erinnerungen nach und sind ein bisschen traurig, dass alles schon wieder vorbei ist. Aber nicht lange, und wir singen auch, und zwar lauthals, wir werden sogar immer besser – die Maffay-Girls sind geboren! Morgen werde ich heiser sein...

Schneller als mir lieb ist, hat mich der Alltag wieder. Die Euphorie unseres gemeinsamen Wochenendes legt sich schnell wieder. Früher konnte ich lange von diesen Kurztrips zehren, aber das hat sich geändert. Je länger ich in dieser Fanszene bin, um so unzufriedener werde ich. Es frustriert mich mehr und mehr, dass es fast unmöglich ist, irgendwelche Informationen über Peter für die Mitglieder der Fanclubs zu bekommen. Wenn wir was erfahren, dann in erster Linie durch die Presse, aber wir möchten als Fanclubs solche Informationen gerne vor der Allgemeinheit erfahren, so sind Fans nun mal. Es gelingt weder mir, noch der Clubzentrale – die sich redlich müht, ihrem Amt gerecht zu werden – an rechtzeitige Informationen zu kommen. Manchmal denke ich mir, die Leutchen von der Clubzentrale könnten ruhig mal etwas konsequenter nachfragen im Büro von Maffay. Aber das ist natürlich auch nicht jedermanns Sache. Die beiden, die dieses Amt innehaben, haben einfach Angst, zu aufdringlich zu sein und hadern nur mit ihrem Schicksal.

Inzwischen ist es schon fast peinlich, wenn Fans oder die Mitglieder aus den Fanclubs Neuigkeiten wissen wollen, und ich kann immer nur sagen: ich weiß nichts. Immer öfter habe ich den Wunsch, einfach alles hinzuwerfen, und diese Lustlosigkeit überträgt sich auch auf die Leute in meinem Club: die Beteiligung bei unseren monatlichen Treffen lässt sehr zu wünschen übrig.

Aber kurz vor Jahresende trifft bei mir eine Nachricht ein, die für mich persönlich große Änderungen bringen soll und die mich mit einem Schlag aus meiner Lethargie herausholt.

Eine Einladung von Peter

Anfang November ruft mich jemand an und fragt, ob ich Lust habe, in vier Wochen bei einem Clubleitertreffen mit Peter dabei zu sein. Ich bin total platt, und auf meine Wenn's und Aber's werde ich nur gefragt: was nun, ja oder nein? Natürlich sage ich zu! Und jetzt bekomme ich erst nähere Informationen. Die Initiative dieses Treffens kommt vom Manager von Peter. Die Vorarbeit allerdings, wie die Auswahl der Clubleiter und die Weitergabe von Informationen zu dem Treffen, hat der Fanclub aus K. auf Bitten von Viering übernommen. Keine leichte und auch eine undankbare Aufgabe: wen aus den vielen Clubs soll man auswählen? Und egal, wen man auch immer aussucht, die Clubs, die nicht dabei sein können, werden mit Sicherheit nicht begeistert davon sein.

Die Nachricht schlägt ein wie eine Bombe. Problematisch für alle Eingeladenen ist die Tatsache, dass man niemand von den Plänen erzählen soll, damit es nicht schon im Vorfeld Knatsch gibt. Leider ist diese Vorsichtsmaßnahme gerechtfertigt, denn innerhalb der Fanclubs ist der Konkurrenzdruck immens groß. Trotzdem, man tastet sich nach und nach vor und erfährt dann doch noch, wer alles bei dem Treffen dabei sein wird – natürlich alles unter dem Mantel der Verschwiegenheit.

Eine sehr liebe Mitarbeiterin des Tutzinger Büros – das einzige zugängliche Wesen in diesem Verein – bucht uns alle in einem Hotel in der Nähe von Tutzing die Zimmer, sodass wir gemeinsam untergebracht sind; eine prima Idee, wie ich finde. Die einzelnen Clubleiter werden Fahrgemeinschaften bilden, und die meisten werden wohl schon einen Tag früher anreisen. Ich schließe mich Dagmar an, die natürlich auch eingeladen ist, und fahre freitags zu ihr, damit wir Samstag rechtzeitig losdüsen können. Mensch, bin ich aufgeregt! Eine Einladung von Peter! Wir haben keine Ahnung, was dabei passieren wird, aber das ist uns egal.

Natürlich wird die Nacht bei Dagmar sehr kurz, wer kann schon vor solch einem Ereignis schlafen? Schließlich soll ein Traum von uns allen in Erfüllung gehen: wir werden die Büros und Studios sehen können. Peter wird für uns Zeit haben – yeah, endlich mal – und als Sahnehäubchen werden wir das neue Album hören können, das im kommenden Frühjahr auf den Markt kommen soll. Ich habe Peter in den vergangenen Jahren mehrfach getroffen und hatte Erlebnisse, von denen ich glaube, dass sie nicht zu toppen sind. So bringt mich der Gedanke, ihn wieder einmal zu sehen, nicht besonders aus der Ruhe. Angst vor einer Sprachlosigkeit brauche ich diesmal nicht zu haben, schließlich sind genug andere da, die für mich reden können. Mir reicht es in der Regel, zuhören zu können. Aber die Tatsache, mehr über seine Arbeit erfahren zu dürfen und endlich einmal die Studios sehen zu können, die macht mich unruhig. Auch zu wissen, dass diesmal nicht der übliche Spruch von Peter kommen wird – ich hab jetzt keine Zeit, Freunde – erfüllt mich mit Genugtuung.

Am 16. Dezember in aller Herrgottsfrühe geht es dann endlich los, und die Fahrt Richtung Pähl – wo bitte soll das sein??? – wo unser Hotel sein soll, geht auch, bis kurz vor dem Ziel, reibungslos. Je näher wir aber Tutzing kommen, um so konfuser wird meine liebe Dagmar. Das baldige Treffen mit Peter zerrt wohl an ihren Nerven. Und wieder soll ich auf dem Autoatlas herausfinden, wie wir fahren müssen. Ich hatte so ein Ding doch erst einmal in der Hand, weiß du das nicht mehr, Dagmar? Mit Hängen und Würgen finde ich dann aber doch noch den Weg, aber Dagmar´ Auto will partout woanders hin, und so fahren war eben noch ein bisschen durch die Gegend. Es hat geschneit, und die Landschaft sieht aus, wie mit Puderzucker überzogen. Normalerweis würde ich mich über solch einen Anblick freuen, aber heute bin ich dazu viel zu aufgeregt.

Nach einer Ewigkeit stehen wir endlich vor unserem Hotel, und ich habe nur noch einen Gedanken: was Warmes zu Essen! Aber im Hotel gibt es keine Möglichkeit, was zu essen, was ist denn das für ein Laden? Also begrüßen wir erst mal unsere Freunde, die schon da sind, checken ein und beziehen unser Zimmer. Dagmar meckert über unser Zimmer, es gefällt ihr überhaupt nicht. Mein Einwand, dass wir hier doch nur schlafen wollen, bringt auch nicht viel. Aber egal, ich will jetzt was zu essen, und zwar möglichst vorgestern, und so muss sich Dagmar unter großem Protest wieder ins Auto setzen.

Schnell finden wir ein Lokal, aber das Essen ist bescheiden und zu teuer. Ich habe zwar einen Bärenhunger, bekomme aber vor Aufregung keinen Bissen herunter. Schade ums Geld... Ich bin zappelig und frage mich, was heute Abend alles auf uns zukommt. Im selben Lokal tauchen noch drei Gestalten auf, die wir schon vorher im Hotel gesehen haben: ein Paar mit Hund und Kind. Gehören die etwa auch zu den eingeladenen Clubleitern? Aber was bitte haben dann Hund und Kind dabei zu suchen? Soll nicht pro Club nur eine Person kommen? Das ist schon seltsam. Oh oh, wenn das Ela erfährt. Die ist aufgrund dieser Vorschrift mit schwerem Herzen zu Hause geblieben...

Wieder zurück im Hotel treffen wir auf die anderen, die sich im Foyer zu einem Plausch zusammengefunden haben. Ein Mitglied des organisierenden Fanclubs kommt zu mir und bittet mich auf die Seite, er hat eine wichtig aussehende Liste in der Hand. Aha, jetzt kommt die Stunde der Wahrheit, denke ich, er will Geld für das Tabalugahaus, das Kinderheim für misshandelte Kinder, das von Peter finanziell unterstützt wird. Zu dieser Sammlung wurde schon im Vorfeld der Einladung aufgerufen.

Ich bin aber mit meinen Mitgliedern der Meinung, dass man für diese Einrichtung in einer Art und Weise helfen sollte, wie man das für sich selbst entscheidet. Nicht aber so, wie das hier gehandhabt wird: "...sicher wollt ihr Peter ein Gastgeschenk machen: lasst es sein und gebt lieber Geld, und zwar möglichst viel..." Wir möchten dann spenden, wann wir das wollen, und vor allem, wie viel wir wollen. In meinen Augen ist diese Aktion zwar rührend und die Kinder haben sicher Hilfe verdient, aber ich habe sehr stark das Gefühl, dass diese Sache in erster Linie dazu dient, dass sich ein paar Leute vor Peter ganz besonders hervortun wollen, um bei ihm in gutem Licht zu stehen. Und später stellt sich meine Vermutung auch als richtig heraus, denn die Clubs versuchen, sich mit immer höheren Spendensummen gegenseitig auszustechen. Das ist ein Spiel, was mir nicht gefällt und der eigentliche Zweck der Spende gerät dabei in den Hintergrund.

Ein Geschenk für Peter haben wir von vornherein ausgeschlossen, weil wir wissen, was mit den Geschenken der Fans zum großen Teil passiert. Zum andern sind wir der Meinung, dass solch eine Einladung schon längst überfällig ist und somit nicht noch honoriert werden muss.

Ein Geschenk für diesen Anlass wäre für uns gleichbedeutend mit sich Einschleimen wollen, und das ist das letzte, was ich will. Diesen Standpunkt mache ich nun klar, und der Gute reagiert etwas verunsichert, denn damit hat er nicht gerechnet. Aber letztendlich muss er akzeptieren, warum wir bei dieser Aktion nicht teilnehmen wollen.

Etwas später gehen wir in einen Nebenraum des Hotels, wo wir die ersten Vorab-Infos zu dem Treffen mit Peter bekommen, und die organisierende Clubleiterin teilt uns mit, dass bei der Sammelaktion für das Tabalugahaus 3300 DM zusammengekommen sind. Ein gutes Ergebnis, aber ich schließe mich in Gedanken von dem Beifall aus. Dann geht es endlich in die Gaststätte, wo wir uns mit Dieter Viering, Peter's Manager, treffen werden. Bei Dagmar und mir fahren noch drei Grazien mit, die ich bis dato noch nicht kenne. Sie sind von einem der neueren Fanclubs, und wieder frage ich mich, wieso die zu dritt sind. Ich bin doch wieder mal so blöd, denke ich mir, dass ich mich an die Richtlinien gehalten habe. Dagmar und ich sind tatsächlich die einzigen, die das getan haben...

Wir kommen – oh Wunder – ohne Verfahren direkt zum Treffpunkt, und ziemlich bald tauchen auch Dieter und sein Gefolge auf. Wir suchen uns alle ein Plätzchen, während Dieter sich gleich auf Dagmar stürzt, um sich mit ihr zu unterhalten; die beiden kennen sich schon länger. Aber kaum haben wir unsere Getränke alle bekommen, drängt Dieter auch schon wieder zum Aufbruch, weil Peter im Studio auf uns wartet. Und dann gibt er uns noch Verhaltensregeln mit auf den Weg – wie die Organisatoren vorher auch schon - was ich aber überflüssig finde. Eigentlich sollte doch jeder selber wissen, wie er sich in Peter's heiligen Hallen zu benehmen hat. Vielleicht haben sie aber auch einfach nur Schiss aufgrund ihrer vorherigen Erfahrungen mit einigen Fans?

Vor dem Bürokomplex in Tutzing gibt es erst mal ein großes Rangieren, weil jeder seinen Wagen auf dem gleichen Fleck parken will. Ja ja, so mancher hat schon jetzt weiche Knie. Nun geht es also zum ersten Mal in die Büros, und während Dieter uns das eine oder andere erklärt, dürfen wir nach Herzenslust knipsen und filmen, was wir auch ausgiebig tun. Ich bin zwar noch recht cool, aber die Tatsache, nun endlich mal offiziell alle Arbeitsräume von Peter sehen zu können, lässt auch mein

Herz schneller schlagen. Draußen im Vorraum, wo all die ganzen Gold- und Platinplatten hängen, ist ein großes Gedränge, denn jeder will natürlich genau dort fotografiert werden.

Dann kommt auch schon Dieter und drängt darauf, jetzt rüber ins Studio zu gehen, weil Peter wartet. Wer hätte das gedacht, dass ich ihn nach nur sechs Wochen schon wieder sehen würde, und dann noch unter diesen Umständen? Ich bin am meisten darauf gespannt, wie seine Laune heute sein wird, und natürlich auch auf das neue Album.

Nun stehen wir also vor dem Studio. Noch vor Kurzem habe ich hier gestanden und mich gefragt, wie es wohl da drinnen aussehen würde. Am Eingang begrüßt uns eine sehr nette ältere Dame mit "Grüß Gott", es geht eine Treppe höher und da steht Peter in der Tür und begrüßt jeden einzelnen von uns per Handschlag. "Hi Peter, ich hätte nicht gedacht, dich so schnell wiederzusehen", begrüße ich ihn. "Nee, ich auch nicht", grinst er zurück und klopft mir dabei auf die Schultern. In dem Raum, in den wir nun gehen, ist es unheimlich gemütlich – und warm. Rechts von der Tür brennt ein Kamin, der eine immense Wärme ausstrahlt. Und ich Rindviech habe mir einen dicken Winterpulli angezogen! Neben dem Kamin steht eine bunte Ikea-Couch, in der anderen Ecke gibt es eine rustikale Essgruppe mit Holzbänken. In der Mitte des Raumes steht ein großer Billardtisch, und daneben gibt es eine kleine Bar. Auf den Tischen brennen Kerzen – schließlich ist es eine Woche vor Weihnachten – daneben stehen Adventsgestecke und selbstgebackene Plätzchen. Richtig gemütlich und vorweihnachtlich. Ich schwitze zwar in meinem dicken Pulli, fühle mich aber sofort heimelig hier. Schön haben die das gemacht!

Hinter der Bar versammeln sich Maffays Mitarbeiterinnen und versorgen uns mit Getränken, während schon die ersten Fotos von ihm gemacht werden. Peter ist aber sehr geduldig und gut gelaunt. Bei mir wirkt sich die Aufregung aus, ich muss wiedermal die Toilette suchen. Als ich zurückgehe, kommt mir Dieter mit einer Platte voller belegter Brötchen entgegen. Ich nehme mir eine der Platten und helfe beim Hochtragen. Ich komme gerade zum richtigen Zeitpunkt zurück, denn Maffay fragt gerade, ob nun alle ihre Fotos gemacht haben. Ich will auch noch! Dagmar schnappt sich meine Kamera, Peter schnappt mich, nimmt mich in den Arm, und ich merke wieder mal, wie dünn der Kerl ist. Danach bekommt er den Scheck unserer Sammlung für den Tabalugahof überreicht, worüber er sich sehr freut.

Jetzt wird es richtig schön, denn Peter fängt an zu erzählen, während wir es uns mit Getränken und Futter gemütlich machen. Die Stimmung ist recht locker, auch wenn sich die meisten erst mal zurückhalten. Es wird gescherzt und gelacht, und nach und nach löst sich die uns verordnete Zurückhaltung, aber ohne, dass jemand aufdringlich wird. Das ist auch gar nicht nötig, denn man merkt sofort, dass Peter heute wirklich Zeit für uns hat, und zwar für jeden einzelnen. Was hatte Dieter vorhin in dem Lokal mit dem unaussprechlichen Namen gesagt?: "Wenn Peter länger als eine Stunde bleibt, ist das ein sehr gutes Zeichen...". Und jetzt sieht es nicht so aus, als ob er sich so schnell von uns verabschieden würde, denn er kommt beim Erzählen vom Hundertsten ins Tausendste – und wir hängen wie gebannt an seinen Lippen. Er betont zwischendurch, dass diese Einladung ein Experiment für beide Seiten ist – sowohl für uns Fans als auch für ihn und sein Team. Er meint, dass man das in dieser Form wohl in Zukunft regelmäßig machen kann: dass die Fans in Tutzing die Möglichkeit bekommen, Einblick in seine Arbeit zu nehmen, und auch – quasi als Vortester – seine neuen Projekte mit als erste hören sollen. Na, das ist doch mal ein Vorschlag, gegen den ich absolut nichts habe. Sollte sich am Ende vielleicht doch mal was für uns tun, wäre das prima. Davon haben wir bisher alle nur geträumt, aber dass es mal Realität werden würde, haben wir nicht zu hoffen gewagt.

Mir ist inzwischen fast unerträglich warm geworden. Der Raum ist mit über vierzig Personen mehr als voll, die brennenden Kerzen und der knisternde Kamin geben viel Wärme ab, und ich würde mir am liebsten den dicken Pulli vom Leib reißen. Aber nach einer Stunde – Test erfolgreich bestanden! – werde ich erlöst, denn Peter geht nun mit uns eine Etage tiefer, ins Studio. Dort gibt es eine Art Vorraum, in dem eine schwarze Ledergarnitur steht, an den Wänden sind eine Menge Tapes in Regalen untergebracht, auch einige Monitore.

Im Studio selbst wird es nun eng, denn wir sind doch ein paar Leute mehr, als vorher geplant war. Peter fordert uns auf, es uns gemütlich zu machen, sofern das hier möglich ist. Seine einzige Bitte an uns: Finger weg von den Reglern der Mischpulte und keine Getränke draufstellen. Na ja, sooo doof sind wir ja auch nicht... Ich bin jetzt wieder ruhiger und suche mir ein Plätzchen in einer Ecke – wie immer. Von hier habe ich einen guten Überblick. Es ist schon sehr beeindruckend: die riesigen Mischpulte in der Mitte des Raumes, und die gigantischen Boxen, die in die Wände eingelassen sind. Technik vom Feinsten füllt den Raum aus. Wir alle sind gespannt wie Kinder an ihrem ersten Schultag.

Bevor wir nun das neue Album hören können, meint Peter noch, dass er sich während dessen woanders hin verziehen wird, weil er Schiss vor unserer Reaktion hat. Ach Gottchen Peter, du weißt offensichtlich nicht, dass wir alles fressen, was du uns vorsetzt... Jetzt geht es los, es wird erst mal ganz still im Studio, und als die ersten Töne erklingen, bekomme ich eine Gänsehaut, die fast bis zum Ende anhält. Wir hören über eine Stunde Musik vom Feinsten, typische Songs in Peter's Stil; vom harten Rock´n Roll über sanften Balladen, bis hin zum nachdenklichen und kritischen Stück ist alles vertreten.

Schon nach dem dritten Stück gehen die ersten Wunderkerzen an, das Gefühl von Gemeinschaft und Freundschaft untereinander kann man förmlich greifen, und meine Gänsehaut hält immer noch an. Dieter steht in einer Ecke und beobachtet strahlend unsere Reaktionen auf die Musik, während die Stimmung der auf einem Konzert immer ähnlicher wird. Wir versuchen, mitzusingen – sofern das überhaupt geht, ohne die Texte zu kennen – schwenken Feuerzeuge und strahlen um die Wette. Nach dem letzten Song, der auch der kritischste ist, wird es erst mal ganz still im Studio. Jeder muss das eben gehörte verarbeiten, es hat uns umgehauen. Aber als Peter zu uns zurückkommt, geht der Jubel los. Seine Spannung steht im ins Gesicht geschrieben, aber mit dieser Reaktion von uns hat er wohl nicht gerechnet. "Wollt ihr noch mal einen bestimmten Song hören?", will er wissen. Was für eine Frage! Wir hören das gesamte Album nicht nur einmal, sondern zweimal rauf und runter.

Während dieser Zeit gibt Peter Autogramme, lässt sich wieder und wieder fotografieren, bewundert das eine oder andere Sammlerstück von uns und erklärt uns das Cover des Albums. Ich nehme die Gelegenheit wahr, und zeige ihm meine neueste Uhren-Kreation: eine Armbanduhr mit einem Kinderbild von ihm auf dem Zifferblatt. Er lacht sich kaputt und zeigt mein gutes Stück den andern. Als ich ihm dann noch zwei Fotos von unserem vergangenen Clubwochenende zum Unterschreiben hinlege, grinst er übers ganze Gesicht und meint: "aha, das Schmankerl-Wochenende". Auf meine Frage, ob er sich wirklich daran erinnert, kommt ein: "aber sicher doch!". Yeah, das tut gut!

Die Stimmung steigt immer noch. Irgendwann fängt jemand an zu tanzen, die andern singen inzwischen schon die Texte mit, und dann tanzt auch Peter mit einer seiner Mitarbeiterinnen. Wir Frauen schmachten bei diesem Anblick, und er hat sichtlichen Spaß daran. Ich glaube, jede von uns würde jetzt gerne mit dieser Mitarbeiterin tauschen! Zwischendurch verzieht sich Peter in eine Ecke des Raumes – soweit das überhaupt geht bei der Enge – um unsere Reaktionen auf sich wirken zu lassen. Man hat das Gefühl, dass es ihn berührt, wie glücklich wir alle sind. Der Austausch dieser Emotionen zwischen ihm und uns ist fast unbeschreiblich. Keiner hält mit seinen Gefühlen hinter dem Berg, weder er noch wir. Leute, die sich hier zum ersten Mal sehen, fallen sich vor Freude um den Hals, Peter singt seine Songs mit uns zusammen, schwenkt ebenfalls die Wunderkerzen, und sein Wein schmeckt ihm auch ganz gut. Jetzt ist die Stimmung nicht mehr konzertartig, jetzt ist richtig Party! Ich kann zwar meine Gefühle nicht so zeigen, wie ich gerne würde, bin aber trotzdem happy und genieße es, aus meiner Ecke die stille Beobachterin zu sein.

Nach fast vier Stunden zusammen mit Peter – wow! – meint dieser, wir könnten das Album jetzt zwar noch mal rauf und runter spielen, aber was Neues kommt dabei nicht heraus. Er möchte langsam zum Schluss kommen, weil er morgen noch seine Koffer für Australien packen möchte. Ich denke, warum macht das nicht mal seine Frau und wundere mich, warum diese heute Abend nicht dabei ist. Sonst ist sie doch überall dabei... Er bietet uns an, noch ein Weilchen Musik zu hören und sich dabei langsam zu verabschieden. Na ja, bis es dann endlich soweit ist, ist es fast halb zehn. Bis dahin wird noch einiges getrunken, und Peter erzählt uns noch ein paar interessante Dinge zur Tour, die im kommenden Jahr laufen soll.

Dann heißt es aber wirklich, sich zu verabschieden. Jetzt lasse ich doch meinen Gefühlen freien Lauf, nehme Peter in den Arm wie einen alten Freund und drücke ihm einen Kuss auf die Backe. "Danke, Peter", sage ich nur, und er macht eine Verbeugung vor mir. Himmel, was mache ich da??? Jetzt flattern mir doch wieder die Knie... ich drehe mich um und flitze die Treppe hoch, an die frische Luft! Was für ein Tag, vergessen all der Frust und die Enttäuschung der letzten Monate, wir sind alle nur noch total glücklich.

Draußen warten schon die drei anderen, die mit uns hergefahren sind. Sie sind genauso aus dem Häuschen wie ich. Nach und nach kommen auch die anderen aus dem Studio, nur: wo bleibt Dagmar, unsere Fahrerin? Ohne sie können wir nicht ins Hotel zurück. Also warten wir geduldig – eine Zigarette lang... zwei Zigaretten... Dagmar kommt nicht. Ich gehe noch mal nach oben – und da sitzt sie, einträchtig mit Dieter und noch ein paar anderen und tratscht. Typisch Dagmar! Ich erinnere sie daran, dass wir auf sie warten, und so reißt sie sich schweren Herzens los. Aber gehen können wir nun immer noch nicht, denn jetzt vermisst sie ihren Mantel. Oh je, Dagmar... Also suchen wir mit vereinten Kräften nach dem guten Stück, das sie in ihrer Aufregung irgendwo abgelegt hat.

Nachdem wir endlich fündig geworden sind, machen wir uns auf den Weg ins Hotel. Wir erzählen und erzählen, doch dann kommt die Frage von Dagmar, die kommen muss: Ingrid, wo geht's lang? Woher soll ich das wissen??? Es ist stockdunkel und ich bin total nachtblind! Man stelle sich vor, fünf Leute wissen fünf verschiedene Wege, um ans Ziel zu kommen... Wir fahren durch verschneite Waldwege – wie romantisch – über Feldwege ins Nirgendwo, kreuz und quer durch Obervogelhof, bis wir kurz davor sind, an einem Privathaus zu klingeln, um nach dem richtigen Weg zu fragen. Aber das lässt unser Stolz dann doch nicht zu.

Da hält Dagmar mitten auf einer Kreuzung – wie gut, dass hier abends kein Verkehr mehr ist – steigt aus und schaut nach den Straßenschildern. Sie stellt fest, dass hier die Schilder ganz anders aussehen, als bei uns: weiß-blau! Wir lachen uns fast kaputt darüber. Trotzdem findet sie keine Lösung, wie es weitergehen soll. Die nächste von uns steigt ebenfalls aus, nun schaut man also zu zweit und siehe da – man einigt sich auf eine Richtung. Und die stimmt dann Gott sei Dank auch, und wir kommen als letzte im Hotel an. Die anderen sitzen schon einträchtig im Partyraum des Hotels, aber keinem ist aufgefallen, dass wir noch fehlen. Kein Wunder, denn es ist sehr laut und jeder hat was anderes zu erzählen; alle schweben im siebten Himmel nach diesem Tag. Und dann kommt der Hunger, nachts um kurz vor Mitternacht. Wir bestellen uns in einer Pizzeria was zum Essen, Gott sei Dank, denn mir hängt der Magen auf halb sieben. Im Studio hatte ich zwar essen können, aber vor Aufregung habe ich das schlichtweg vergessen.

Später wird bekannt gegeben, dass die Leiter der Clubzentrale ihren Job aufgeben. Sie haben das Handtuch geworfen, was ich verstehen kann. Wir diskutieren darüber und sind der Meinung, dass diese Einrichtung für die Fanclubs unbedingt aufrecht erhalten werden sollte. Ich habe schon nachmittags von der Auflösung der Clubzentrale erfahren und mich mit ein paar Clubleitern darüber unterhalten. Dabei hatte ich ein paar Ideen geäußert, wie ich das machen würde, hätte ich eine Möglichkeit dazu. Schon häufiger in der Vergangenheit habe ich mir meine persönlichen Vorstellungen darüber gemacht wie ich die Clubzentrale handhaben würde. Bedingt durch unsere Diskussion am Nachmittag kommen nun aus ein paar Ecken die Zurufe, dass ich die Clubzentrale übernehmen soll. Ich bin ziemlich überrascht, denn damit habe ich nun doch nicht gerechnet. Bisher war ich ein mehr oder weniger unbeschriebenes Blatt in der Clubszene, wenn man einmal davon absieht, da ich gerne Artikel für die Clubnachrichten geschrieben habe.

Vor zwei Wochen habe ich mir einen PC zugelegt, und das einzige, was mir jetzt bei den Zurufen durch den Kopf schießt: mit dem PC könnte ich das schaffen. Es wird noch gefragt, ob sonst noch jemand Interesse an dem Job hat, aber es kommt keine Meldung. Und ehe ich mich versehe, bin ich die neue Leiterin der Clubzentrale! Von allen Ecken werde ich beglückwünscht, während ich nur denke: worauf habe ich mich hier eingelassen? Hoffentlich schaffe ich das! Aber ich packe es gleich an und halte meine erste Ansprache. Spontan kommen mir dabei ein paar Ideen, die auch positiv aufgenommen werden. So sammele ich die ersten Adressen der anwesenden Clubleiter, denen später noch viele andere folgen sollen.

Jetzt aber bin ich erst mal todmüde und habe nur noch einen Wunsch: mein Hotelbett zu testen. Dabei gibt es ein kleines Problem: Dagmar ist eine ausgesprochene Nachteule, für sie fängt die Nacht jetzt erst an, interessant zu werden – und wir haben nur einen gemeinsamen Zimmerschlüssel. Sie meint, geh schon mal ins Bad, in komme in einer halben Stunde nach, solange kannst du ja wohl noch wach bleiben. Also gut, ich schleppe mich nach oben – die bayrischen Treppen sind genauso anders wie die Straßenschilder – und gehe ins Bad. Nach ca. zehn Minuten, unter der Dusche, glaube ich, das Telefon zu hören.

Wer sollte denn hier anrufen, und um diese Zeit? Die Dame von der Rezeption ist dran und meint, ich solle doch bitte mal die Zimmertür aufmachen, Dagmar steht draußen und möchte gerne rein. Dagmar!!! Hatte sie nicht gesagt, in einer halben Stunde? "Sag mal, was machst du denn, ich klopfe schon seit einer Ewigkeit an der Tür", meint sie entrüstet, schnappt sich den Zimmerschlüssel, wünscht mir noch schöne Träume und verschwindet so schnell, wie sie gekommen ist. Ja, das ist Dagmar, wie sie leibt und lebt...

Mein Bett ist zwar gut, aber einschlafen kann ich trotzdem nicht, es geht mir so vieles durch den Kopf – kein Wunder, nach diesem Tag. Irgendwann schlafe ich dann doch ein, und während ich gerade so schön träume, tapst Dagmar in meinen Traum und macht das Licht an. "Wie spät ist es?", murmele ich. "Halb fünf", flüstert meine Zimmergenossin, "stell doch den Wecker auf acht Uhr, bitte". Oh je, Dagmar, halb fünf... Bis sie im Bett verschwindet, schlafe ich schon wieder und träume weiter – bis ich von einem heftigen Wummern an der Tür geweckt werde und vor Schreck fast aus dem Bett falle. "Frühstück!" donnert eine Männerstimme von draußen. Ich schaue auf meinen Wecker: es ist halb acht.

Im Bad bin ich schnell fertig und versuche, Dagmar wach zu bekommen. Hat schon mal jemand versucht, eine Tote zu wecken??? Würde sie nicht schnarchen, glaubte ich, sie hätte das Zeitliche gesegnet, denn ich bekomme sie einfach nicht wach. Schütteln am Arm, Rütteln am Bett, Klopfen auf die Wangen, Decke wegziehen – es bringt alles nur ein müdes Knurren, mehr nicht. Dann eben nicht, penn weiter, denke ich mir und gehe alleine zum Frühstück. Unten bei der Rezeption bitte ich jemanden, solange bei Dagmar anzurufen, bis sie wirklich wach ist. Nach zwanzig Minuten erscheint diese dann, als ob nichts gewesen sei.

Das Frühstück verläuft ziemlich hektisch, denn es ist allgemeine Aufbruchstimmung, viele haben einen weiten Weg nach Hause. Und zwischendurch kommen noch Leute zu mir, die schon die ersten Anschläge auf mich als Clubzentrale haben, Adressen austauschen oder einfach nur ein bisschen quatschen wollen. Und dann heißt es auch für Dagmar und mich: Abfahrt. Und komischerweise findet Dagmar´ Auto diesmal den Weg von ganz alleine, bis zu mir nach Hause.

Zwischentöne

Wieder zu Hause, stürze ich mich voller Enthusiasmus in die Arbeit und baue mir die Clubzentrale so auf, wie ich es mir vorstelle. Ohne meinen PC würde ich das nicht schaffen, ich lerne so auch schnell, meinen Kumpel Juter richtig zu bedienen. Hätte ich vorher gewusst, welche Konsequenz dieses Amt für mich als Fan einmal haben würde, hätte ich es sicher nicht angenommen.

Es kommt sehr viel Arbeit auf mich zu, ich lerne eine Menge neuer Leute kennen, und erhalte von den Fans eine Menge Bestätigung für das, was ich auf die Beine stelle, was aber auch meinem Selbstwertgefühl mächtig auf die Sprünge hilft. Ich stecke mir Ziele, die ich erreichen kann, sehe nach dem Auszug meiner Kinder von zu Hause wieder einen Sinn im Leben, und Langeweile wird noch mehr als vorher ein Fremdwort für mich.

Die Kehrseite der Medaille ist aber alles andere als schön. Bedingt durch die – zum Teil sehr interessanten – Kontakte zu Rundfunk, Fernsehen und Printmedien und natürlich auch zum Büro von Maffay bekomme ich nach und nach viel Einblick hinter die Kulissen dieses Geschäfts. War ich bis dato noch ein Fan, der voller Bewunderung seinen Star stets gegen alles Böse dieser Welt verteidigt hat, so kippt diese Einstellung im Laufe der Zeit ins Gegenteil.

Ich muss erfahren, dass auch Musikpromis nur Menschen sind, mit Macken und Einstellungen zu gewissen Dingen des Geschäfts, die ich als Fan nur schwer nachvollziehen kann. Die Illusionen, die ich als Fan habe – so wie tausend andere auch – zerbrechen nach und nach, und diese Erfahrung ist sehr schmerzhaft. Je mehr ich über dieses Business erfahre, um so kritischer wird meine Einstellung zu dem Ganzen, um so frustrierter werde ich und um so häufiger frage ich mich, warum und wofür ich das eigentlich alles mache. Für mich, für Maffay oder für die Fans? Die Fans achten mich und meine Arbeit, aber Maffay und sein Team ignoriert meinen Einsatz in jeder Hinsicht bis zum Schluss.

Irgendwann kann ich mich nicht mehr als Fan betrachten, sondern nur noch als kritische Beobachterin einer Szene, die mir gar nicht mehr gefällt. Und ich wünsche mir wieder die Zeit zurück, wo ich nur der einfache Fan war, der sich auf die neuen Platten und Tourneen von Maffay freuen konnte – ohne Wissen um irgendwelche Hintergründe.

Der Anfang vom Ende?

Ich habe mir vorgenommen, die Clubzentrale zu einer Anlaufstelle für die Fanclubs zu machen. Hier soll man seine Sorgen und Nöte loswerden können, Sammlerstücke suchen und verkaufen, neue Leute kennen lernen und bestehende Kontakte pflegen können. Aber sie soll auch dazu dienen, den Wissensdurst rund um Maffay zu stillen. Da habe ich mir viel vorgenommen, aber ich will das genauso durchsetzen!

Am Anfang des Jahres stecke ich also meine gesamte Energie und Phantasie in die Arbeit für die Zentrale; und schon kurz darauf habe ich ein schlechtes Gewissen meinen eigenen Clubmitgliedern gegenüber, die kommen nämlich dabei ins Hintertreffen. Ich möchte eine monatliche Informationszeitung machen, in der sich die Fanclubs austauschen können und Informationen rund um Maffay erhalten sollen. Die erste Ausgabe umfasst vier Seiten und ist vom Layout her noch recht schlicht – schließlich muss ich meinen PC erst mal kennen lernen.

Dazu pflege ich mit viel Akribie die Liste der Fanclubs, die sich der Zentrale angeschlossen haben, und diese Liste ändert sich monatlich – es werden immer mehr. Eine Telefonkette soll dazu dienen, ganz aktuelle News möglichst schnell an den Mann bzw. die Frau zu bringen. Leider funktioniert diese Kette von Anfang an nicht richtig und wird nach einem Jahr wieder eingestellt.

Im Februar gibt es dann die ersten Proteste von Clubs, die nur zufällig von der neuen Clubzentrale erfahren haben und in diesem Rahmen auch von der Einladung von Peter im vergangenen Dezember. Viele Leute rufen mich an und ich muss ihnen erklären, wie die Dinge im Zusammenhang zu sehen sind. Das Ergebnis ist, dass sich nun recht schnell noch mehr Fanclubs der Zentrale anschließen, damit sie bei der nächsten Einladung auch dabei sein können.

Aus diesem Grund lasse ich mir die Adressliste von Maffays Büro schicken und schreibe allen Clubs, die ich noch nicht kenne, einen Brief. Ich erkläre, in welcher Funktion ich schreibe und was eine Mitgliedschaft in der Clubzentrale bedeuten kann. Das Ergebnis dieser Aktion ist sehr interessant: ich erfahre, welche Clubs ein wirkliches Interesse an unserer Gemeinschaft miteinander haben und welche nicht, und welcher Club gar nicht mehr existiert. Einige antworten allerdings auf meinen Brief gar nicht erst. Diese runderneuerte Adressliste mit meinen Bemerkungen dazu schickte ich zurück ins Büro von Peter in der Hoffnung, dass sie dort übernommen wird. Diese Aktion wiederhole ich nun jedes Jahr, denn die Liste derer, die einen Fanclub gegründet haben, wird immer länger. Aber wie sich leider herausstellt, ist man im Büro nicht in der Lage, diese Listen von mir zu übernehmen, denn ich stelle immer wieder fest, dass die Liste, die an interessierte Leute abgegeben wird, in der Regel nicht dem aktuellen Stand entspricht.

Das neue Jahr 1996 fängt mit etwas ganz Besondere an: zum ersten Mal will Maffay sein neues Album seinen Fans im Rahmen von Clubkonzerten in kleinen Hallen noch vor der eigentlichen Tour präsentieren. Schon bei unserer Einladung im Dezember hat er uns von diesen Plänen erzählt und uns angeboten, diese Konzerte zu ermäßigten Preisen besuchen zu dürfen. Die Karten dazu können wir noch vor dem eigentlichen Vorverkaufstermin erwerben, eine Geste, die die Fanclubs dankbar annehmen. In mir keimt wieder mal die Hoffnung: alles wird gut.

Durch unsere Plüschtier-Aktion zum Finale der Tabaluga & Lilli-Tour angespornt, besorge ich für die Clubkonzerte Unmengen von kleinen Tüten mit Gummibärchen, die wir am Ende des Konzertes auf die Bühne werfen wollen. Die Clubkonzerte werden völlig anders als vergleichbare Konzerte.

Bedingt durch die kleinen Hallen ist die Atmosphäre noch familiärer als sonst, man hat einen direkten Kontakt zu den Akteuren auf der Bühne, und Musik und Stimmung zaubern mir Gänsehaut ohne Ende. Zum Finale werfen wir dann die Gummibären auf die Bühne. Zuerst schauen die Musiker da oben etwas verwundert, doch dann grabschen sie sich die Bären und essen sie noch auf der Bühne, selbst Peter lässt sich damit füttern. Die Ordner vor uns bekommen die Krise, weil sie nicht sehen können, was genau wir da werfen, es könnte ja was Gefährliches sein! Sie pflaumen mich an, das sein zu lassen, aber zu spät, wir haben die "Bomben" schon verpulvert. Die Konzerte sind wirklich gut, und wir freuen uns schon auf die kommende Tour im Sommer.

Zunächst aber ist wieder ein gemeinsames Wochenende angesagt. Ursprünglich habe ich das Wochenende für mich und ein paar Arbeitskollegen organisiert, aber nach und nach machen diese alle einen Rückzieher, bis nur noch einer übrig bleibt. Aber im Gegenzug dazu melden sich meine Clubmitglieder, um zu fragen, ob sie nicht auch mitfahren können. So buche ich in unserem Hotel einmal um, buche zweimal um, buche noch mal um bis ich kurz davor bin, alles platzen zu lassen. Letztendlich will ich aber, wie gewohnt, ein gemütliches Wochenende mit meinen Leutchen verbringen und nehme zähneknirschend die Umbuchungen hin – das Hotel übrigens auch.

Am Abfahrtstag kommt als erste Meggie bei mir frühmorgens an, kurze Zeit später trudeln Bruni und Britta ein. Gut gelaunt mit Peter's Musik geht es los. Zum ersten Mal fahren wir nicht gemeinsam, sondern in zwei Gruppen und zu verschiedenen Tageszeiten. Ohne Komplikationen kommen wir nachmittags am Ziel an, wo wir feststellen müssen, dass Ela und Co. Doch etwas schneller als wir waren. Deren Auto steht zwar vor dem Hotel, aber von den Vieren ist weit und breit nichts zu sehen. Also schnell eingecheckt, frisch gemacht und ab in den obligatorischen Spielzeugladen. Dieses Ritual ist inzwischen ein Muss für uns geworden.

Danach müssen wir unbedingt nach Tutzing um den Neulingen zu zeigen – wir hatten inzwischen Neuzugänge im Club – wo Peter wohnt und arbeitet. Und wer läuft uns am See über den Weg? Ela und Co. Aber eigenartig, wir begrüßen uns ungewohnt verhalten und jeder geht wieder seiner Wege. Das ist neu... Was ist hier los? Frage ich mich etwas verunsichert. So eine eigenartige Stimmung gab es noch nie bei uns, und wir machen doch sonst alles zusammen. Na ja, wir können ja schließlich nicht mit acht Personen vor dem Studiokomplex herumtapsen, beruhige ich mich. Also machen wir unsere Runde, ohne etwas von Peter zu entdecken. Unsere Neulinge sind nicht sehr begeistert davon, und wir vertrösten sie auf den nächsten Tag.
Auf dem Rückweg laufen uns unsere Freundinnen aus Berlin über den Weg, die wir eingeladen haben, das Wochenende mit uns zu verbringen. Große Wiedersehensfreude auf beiden Seiten und Belustigung darüber, dass es wohl jeden von uns immer erst mal nach Tutzing zieht, wenn wir in der Gegend sind.

Der Tisch für unser gemeinsames Abendessen ist liebevoll und hübsch gedeckt, wie immer. Um 20 Uhr ist das Essen angemeldet, und da kommt auch mein Kollege mit seiner Familie dazu. Neugierig beschnuppern sich alle gegenseitig. Britta hat ihren Ghettoblaster mitgebracht, falls es wieder einen Alleinunterhalter geben sollte. Diesmal wollen wir lieber wieder unsere eigene Musik hören. Und das tun wir dann auch – und zwar lautstark – animiert durch unseren Kellner, der meint, man würde gar nicht hören, dass wir Maffayfans sind.

Während des Essens singen und schunkeln wir zur Musik von Peter, die Stimmung ist so gut, wie ich es erhofft habe und meine Bedenken vom Nachmittag sind verschwunden. Doch mein Kollege scheint von unserer Stimmung nicht besonders angetan, denn plötzlich steht er wortlos auf und macht die Musik aus – Totenstille herrscht auf einmal im Raum! Wir sind alle total platt von dieser Handlung. Mir fällt ein, dass mein Kollege ein großer Anhänger der klassischen Musik ist und mit Popmusik nichts am Hut hat. Ich sitze wiedermal zwischen zwei Stühlen. Zum einen will ich meinen Leutchen gerecht werden, zum andern sollte ich auch den Wunsch meines Kollegen respektieren, beim Essen Ruhe zu haben. Hier prallen wohl zwei Welten aufeinander, denke ich mir. Trotzdem gehe ich hin und mache unsere Musik wieder an, aber die Stimmung ist mit einem Schlag futsch.

Ich versuche zu retten, was zu retten ist, aber meine Bemühungen sind erfolglos, und so schleppen sich die Gespräche zäh dahin. Ela macht keinen Hehl aus ihrem Ärger und motzt lautstark über meinen Kollegen, was mir wiederum sehr unangenehm ist, denn ich hatte unsere Clique als sooo toll geschildert. Es ärgert mich sehr, dass Ela sich so sehr in ihren Missmut über das Verhalten meines Kollegen hineinsteigert. Dieser verkrümelt sich dann auch ziemlich bald, was aber die verkorkste Stimmung auch nicht wesentlich bessert. Ich merke einmal mehr, dass die Freundschaft zwischen Ela und mir einen ziemlich großen Knacks hat, kann es mir aber nach wie vor nicht erklären. Sie selbst war zu einer Erklärung leider nicht bereit gewesen, als ich sie darauf angesprochen habe.

Am nächsten Morgen werde ich durch Regengeplätscher geweckt. Na Prost Mahlzeit, wo sollen wir bei dem Wetter denn heute hin? Die Stimmung beim Frühstück ist zwar besser als gestern Abend, aber immer noch sehr verhalten. Keiner weiß so recht, was er heute anfangen soll, und ich fühle mich als Leithammel wiedermal unter Druck gesetzt. Wie immer erwartet jeder von mir eine Lösung des Problems, aber den Regen kann ich auch nicht wegzaubern. Also starten wir das übliche Programm: Starnberg und Umgebung erkunden. Allerdings macht das bei dem Regen nur bedingt Freude.

Ich fahre mit meinen Reisebegleiterinnen nach Tutzing, und während wir vor den Studios herumflanieren, beratschlagen wir, wie diese unangenehme Stimmung bei uns allen geändert werden könnte. Wir kommen allerdings zu keinem Ergebnis. Später treffen wir die andern beim Italiener an der Ecke; es wird zwar gelacht und Blödsinn gemacht, trotzdem merke ich, dass das alles nicht echt ist und fühle mich nicht wohl in meiner Haut. Ich bin froh, als wir endlich das Lokal verlassen können.

Auf der Rückfahrt ins Hotel erzählen wir von Peter und unseren Erlebnissen mit ihm, aber in erster Linie fragen wir uns, was dieses Wochenende so anders macht als vorangegangenen. Ich hoffe, dass es heute Abend wieder besser sein wird, schließlich habe ich Spiele mitgebracht und meine, damit die Stimmung wieder verbessern zu können. Sicher hat sich der eine oder andere auch was zum Zeitvertreib überlegt, so wie ich es bei den Vorbereitungen erbeten habe.

Zum Essen lässt Britta ihren Ghettoblaster im Zimmer, damit es wegen der Musik nicht wieder Probleme gibt. Es schmeckt gut, aber ich bekomme kaum einen Bissen runter. Keiner sagt was, jeder muffelt das Essen in sich rein, und ich würde am liebsten aufstehen und mich woanders hin verziehen. Ich versuche krampfhaft, ein Gespräch in Gang zu bringen, aber das scheitert kläglich und ich schäme mich vor meinem Kollegen und seiner Familie. Scheibenkleister, was geht hier bloß ab? Ela motzt schon wieder – oder immer noch – über meinen Kollegen, was mich noch mehr ärgert. Kann sie denn ihre Meinung nicht endlich für sich behalten, anstatt die andern damit aufzustacheln? Es stört sie offensichtlich nicht, dass mein Kollege ihre Meinungsäußerungen hören kann. Wie kann man nur so wenig Taktgefühl haben, frage ich mich.

Irgendwann fangen Bruni und Britta an, herumzualbern. Gott sei Dank springt das auf die andern über, und plötzlich kichern und gackern alle am Tisch. Trotzdem habe ich das Gefühl, dass es nur ein weiterer Versuch ist, die verkorkste Stimmung zu überspielen. Zum Nachtisch gibt es rote Grütze mit Vanilleeis. Bruni – sie sitzt mir gegenüber – bekommt plötzlich einen Lachanfall, sie prustet und kichert, und ehe ich mich versehe, werde ich von ihr mit roter Grütze getauft. Ach je, ist das lecker...

Mein Kollege verzieht sich ziemlich bald, er ist sicher auch enttäuscht über unseren Haufen. Wir albern weiter und Britta, Bruni, Meggie und ich entschließen uns spontan, noch mal nach Tutzing zu fahren; einfach so, aus der Laune heraus. Warum auch immer, aber wir wollen alleine fahren und versuchen zu verhindern, dass die andern das mitbekommen. Also verkrümeln wir uns unter einem fadenscheinigen Grund und machen uns auf den Weg nach Tutzing. Mir ist es in dem Moment ganz egal, wohin wir fahren, nur raus aus dem Hotel!

Es ist sehr neblig, aber Bruni fährt souverän und sicher, wogegen Meggie große Angst hat, dass wir uns verfahren. Ich sitze hinten im Auto und hänge meinen Gedanken nach, mir ist alles Wurscht. Die Ouvertüre von Tabaluga und Lilli läuft über den Kassettenrekorder, vor uns hängen Nebelbänke auf der Straße, und als ich nach draußen schaue, sehe ich einen absolut klaren Himmel mit einer wunderschönen Mondsichel. Das ist genau das selbe Bild wie bei Tabaluga & Lilli in der Festhalle vor zwei Jahren. Plötzlich habe ich einen Kloß im Hals; ich will, dass wieder alles so schön ist wie vorher zwischen uns allen.! Am liebsten würde ich heulen... Doch jetzt kommt wieder eine dicke Nebelbank und schiebt sich vor mein Blickfeld zum Himmel, und dieser emotionale Moment ist so schnell vorbei, wie er gekommen ist.

In Tutzing stiefeln wir durch dunkle und stille Straßen, und vor dem Studio leuchtet diffus der rote Hahn am Eingang. Alle Geräusche werden durch den Nebel gedämpft, und es ist so still, dass wir nur im Flüsterton miteinander reden. Eine ganz eigenartige Atmosphäre, die aber genau zu meiner Stimmung passt. Irgendwann geht es mir besser, und den andern wohl auch, denn auf dem Rückweg wird wieder fleißig gequatscht. Wieder zurück im Hotel bekommen wir erst mal einen Rüffel, weil wir uns "einfach so abgesetzt" haben, trotzdem werden wir in Elas

Zimmer zum Klönen eingeladen. Mir ist aber nicht weiter nach Gesellschaft, und so verziehe ich mich in mein Zimmer.

Wir haben uns entschlossen, gleich nach dem Frühstück am nächsten Morgen nach Hause zu fahren, sollte sich das Wetter bis dahin nicht gebessert haben. Aber als mein Wecker klingelt, ist draußen strahlender Sonnenschein! Na also, wenigstens am letzten Tag noch Sonne. Beim Frühstück bedauert es der eine oder andere doch, dass es heute schon wieder nach Hause geht. Ela und Co. Fahren dann auch gleich, aber Britta, Bruni, Meggie und ich wollen wegen des schönen Wetters noch ein bisschen bleiben. Wir schlendern am See entlang und genießen die warmen Sonnenstrahlen, und dann meint Bruni ganz kleinlaut, sie würde ja eigentlich noch mal ganz gerne... Ja, ich weiß, was jetzt kommt, wir waren schließlich alle irgendwann zum ersten Mal hier. Also, ab nach Tutzing!

Die Sonne scheint so herrlich, und da es schon fast Zeit zum Mittagessen ist, schlage ich vor, im Biergarten am See was zu essen. Na klar... aber du weißt schon... die Studios... Also erst noch mal zu den Studios hoch, da ist aber alles ebenso ruhig wie am Abend zuvor. In der Hauptstraße stelle ich fest, dass Peter's Jeep vor der Garage steht. Der hatte aber gestern Abend noch vor den Studios gestanden, also muss er doch im Lande sein! Jetzt werden Bruni und Meggie total hibbelig, aber ich kann ihnen klarmachen, dass es Blödsinn ist, jetzt stundenlang vor dem Haus zu warten, ob Peter rauskommt oder nicht.

Also gehen wir essen, was mir mein Magen mit heftigem Knurren dankt. Die Sonne wärmt uns und wir genießen es, hier am See zu sitzen. Die gute Laune kommt wieder und macht den Verdruss der letzten beiden Tage wieder wett. Ich könnte noch stundenlang hier sitzen, aber meine Muttis zieht es dann doch Richtung Heimat zu ihren Familien, und so geht es endgültig auf die Autobahn, dem Alltag entgegen.

Der Alltag der Clubzentrale

Der besteht für mich aus meinem Job, den ich tagsüber erledige, dem eigenen Fanclub und der Clubzentrale, die fast meine gesamte Freizeit in Anspruch nimmt. Dabei gerät allerdings mein Fanclub mehr und mehr ins Hintertreffen. Meine Leutchen sind nicht mehr so motiviert wie früher und immer häufiger fällt das monatliche Treffen aus. Aber ich bin auch über meine Mitglieder etwas enttäuscht, denn von ihnen kommt so gut wie kein Feedback zu meiner Arbeit. Es ist inzwischen selbstverständlich, was ich tue. Dabei wäre es mir wichtig, auch von ihnen einmal eine Meinung zu dem zu hören, was ich da Monat für Monat für die Fanclubs abliefere. Die Clubinfos, die monatliche Zeitung, kommt gut bei den anderen an, und man unterstützt mich von allen Seiten, damit sie auch wirklich jeden Monat erscheinen kann. Nur von meinem eigenen Fanclub kommt eben nie etwas. Ich würde mich auch freuen, wenn von meinen Mitgliedern einmal das Angebot der Hilfe käme, denn schon die Herstellung der Zeitung ist inzwischen immens aufwendig geworden.

Immer wieder feile ich am Layout, um es noch besser zu machen, und so manches Mal sitze ich Stunden an nur einer Seite, um sie optimal zu gestalten. Und wenn ich denke, ich kann an den Druck gehen, kommt unter Garantie noch ein verspäteter Artikel, der unbedingt noch in die aktuelle Ausgabe muss. Dann kann ich versuchen, ihn so gut wie möglich noch irgendwo einzufügen. Wenn ich Glück habe, geht das, aber meistens muss ich deshalb mühsam alle anderen Artikel so umlegen, dass ich noch was einfügen kann. Oft frage ich mich, warum man unbedingt bis zum Einsendeschluss warten muss, um seine Artikel zur Post zu bringen.
Steht dann endlich alles, geht es ans Kopieren, Sortieren und Heften der Seiten, was ebenfalls sehr zeit- und arbeitsintensiv ist. Danach muss ich noch die Briefumschläge stempeln, etikettieren und frankieren, um zu Guter Letzt die Hefte einzutüten und die Umschläge zuzukleben. Ich habe zwar gelernt, effizient zu arbeiten, aber trotzdem bin ich mit all dem gute drei Wochen im Monat beschäftigt. Viel Freizeit für mich selbst bleibt da nicht mehr.

Der Vorverkauf für die Sommertour von Peter ist inzwischen gelaufen, und wir stellen fest, dass wir auf keinem einzigen Konzert alle zusammen vertreten sind – ein Zustand, den es vorher nie gegeben hat. Aber was soll ich machen? Ich kann nicht auf zwei Hochzeiten gleichzeitig tanzen, und der Aufbau der Clubzentrale nimmt nun mal viel Zeit in Anspruch. Die gesamte Arbeit liegt von Anfang an allein bei mir und wird von Monat zu Monat umfangreicher, denn es melden sich ständig mehr Clubs bei mir an.

Mir macht das aber viel Spaß, und ich merke erst jetzt, welche Talente in mir schlummern. Jede freie Minute verbringe ich am PC und teste neue Software, mit der ich meine Zeitung noch besser gestalten kann. Im Laufe der Zeit werden die abendlichen Anrufe der Fanclubs immer mehr, die von mir irgendwelche Auskünfte haben wollen oder sich einfach nur austauschen wollen. So werden die Kontakte in ganz Deutschland intensiviert, was mir wiederum viel Freude macht. Meine Kinder sind nun flügge und ich lebe alleine zu Hause, trotzdem fühle ich mich nie einsam. Mein Leben ist ausgefüllt und ich werde gebraucht – was will ich mehr?

Zum Teil sind manche Kontakte allerdings etwas nervig, weil ein paar Leute keinen Unterschied zu Tages- oder Nachtzeiten machen, oder mich mit Dingen behelligen, die mich einfach gar nichts angehen.
Und mit der Technik hapert es wohl auch bei vielen, habe ich das Gefühl. Zusammen mit meinem PC habe ich mir auch ein Faxmodem zugelegt, denn im Internet surfen ist wirklich was Feines. Richtig aufregend wird es aber, wenn mir jemand ein Fax schicken will. Ich habe zwar allen Faxbesitzern erklärt, dass so ein Modem nicht so funktioniert wie ein normales Faxgerät, aber irgendwie scheine ich mich nicht klar ausgedrückt zu haben. Geschichten wie die folgende passieren so oft, dass ich manchmal kurz vor dem Ausrasten bin.

Eines Tages komme ich von der Arbeit nach Hause und sehe, dass auf meinem Anrufbeantworter jede Menge Anrufe drauf sind. Voller Vorfreude drücke ich die Wiedergabe und höre vom ersten bis letzten Anruf nur ein beständiges tut—tut—tut--. Na toll, denke ich mir, was soll das denn?! Am nächsten Tag das selbe Spiel, und ich bekomme den Verdacht, dass da ein heimlicher Verehrer nur meine Stimme hören will.

Am dritten Tag komme ich vom Großeinkauf, bin verschwitzt und habe großes Verlangen nach einer Dusche und einer Zigarette, als das Telefon klingelt. Durch die missglückten Anrufe der beiden vergangenen Tage gewarnt, lasse ich meine Tüten fallen, flitze zum Telefon, damit der Anrufbeantworter nicht gleich wieder loslegt, denn der ist noch eingeschaltet. Diesmal höre ich kein tut—tut—tut, sondern ein eindeutiges Faxpiepen. Ihr Eierköppe, denke ich, was soll das denn, ihr wisst doch, dass ich meinen PC anhaben muss, um ein Fax bekommen zu können!

Ich lege wieder auf, denn meine Einkäufe müssen dringend in den Gefrierschrank, und wieder klingelt das Telefon. Leicht genervt gehe ich ran und höre wieder nur das durchdringende Geräusch eines Faxgerätes. Jetzt reicht es mir, ich renne zum PC, schalte ihn ein, stöpsele das Modem in seine Buchse und warte, bis die Kiste in Gang kommt. Und schon wieder klingelt dieses verfluchte Telefon, ich kann es bald nicht mehr hören. Endlich – die Kiste läuft, Faxprogramm starten, Fax empfangen. Ich will gerade lesen, was da gekommen ist – da klingelt das Telefon... Kurz vor einer Explosion nehme ich ab, weil ich glaube, das ist mal ein normaler Anruf. Aber wieder nur ein piiiieeeep---piep—piep—piiiieeeeep. Tatsächlich, ein Fax vom gleichen Absender wie vorher. Ich drucke also Fax Nr.1 aus, lese Fax Nr.2... und wieder klingelt es. Nein!!!! Ich will nicht mehr!!! Fax Nr.3 kommt an und ich stelle fest, dass es nicht lesbar ist. Also faxe ich im Eiltempo dem Absender zurück: 3. Fax unleserlich! Ich sitze nun vor meinem Kumpel Juter, lese die erste von drei Seiten, und warte, dass das Telefon wieder klingelt.

Währenddessen frage ich mich, warum der Absender die drei Seiten nicht hintereinander geschickt hat, sondern jedes Blatt einzeln. Ich lese und grübele, und vergesse dabei völlig, dass ich der Küche meine gesamten Tiefkühleinkäufe liegen. Da – das Telefon klingelt! Ich bin so in Gedanken vertieft, dass ich vor Schreck fast vom Stuhl kippe. Endlich ist auch die dritte Seite durch, ich kann das Modem wieder abstöpseln – und nun fallen mir auch meine Einkäufe wieder ein. Das Zeugs ist inzwischen fast aufgetaut, ich werde in den nächsten Tagen viel zu essen haben. Freud und Leid einer Modembesitzerin... Ich nehme mir fest vor, mir so bald wie möglich ein richtiges Faxgerät zu organisieren!

Auch zum Büro von Peter bekomme ich nach und nach einen besseren Kontakt. Das ist auch gut so, denn schließlich will ich den anderen Fanclubs auch News über unser Idol erzählen können. Trotzdem wird unser aller Wissensdurst mehr und mehr zum Problem. Man ist zwar sehr freundlich zu mir, wenn ich im Büro anrufe, aber entweder bekomme ich gar keine oder nur oberflächliche Antworten. Und diese wenigen Auskünfte sind oft überholt, denn vieles davon habe ich schon der Presse entnehmen können. Kapieren die im Büro denn nicht, dass ein Fanclubleiter gerne gewisse Dinge VOR den Medien erfahren möchte? Oft genug kommt es vor, dass irgendwelche Sachen in den Zeitungen stehen, die wir als Clubleiter nur durch Zufall erfahren. Und werden wir darauf angesprochen, können wir nichts Konkretes dazu sagen, weil uns eben die richtigen Informationen dazu fehlen.

Der Ruf nach rechtzeitigen Infos von Seiten der Fanclubs werden immer lauter, werden aber im Büro von Maffay entweder ignoriert oder abgeblockt. Sicher haben die Mitarbeiter von Peter wichtigeres zu tun, als uns zu bedienen. Aber wir haben eben gar keinen Einblick in ihre Arbeitsabläufe und können daher auch nicht objektiv urteilen.

Wir fühlen uns irgendwo verschaukelt. Leute, die sich entschließen, einen Fanclub zu gründen, haben natürlich bestimmte Erwartungen. Man möchte als Clubleiter etwas Besonders sein und daher auch bevorzugt behandelt werden. Und wir möchten unseren Mitgliedern einen guten Service bieten, den andere Fans nicht bekommen können. Ich habe das Bedürfnis, zu versuchen, diesen Missstand zu beheben, kann aber überhaupt nichts erreichen. Ich habe das Gefühl, dass man mich weder als Clubleiterin noch als Leiterin der Clubzentrale zur Kenntnis nimmt! Deshalb macht sich nicht nur bei mir zunehmend Frust breit, und wiedermal fragt man sich, warum man überhaupt eine Clubgenehmigung braucht, wenn man doch nur links liegen gelassen wird.

Eigenartigerweise sind all diese Frustrationen immer wieder vergessen, sobald Peter auf Tour geht. Bei den Konzerten jubeln gerade die am lautesten, die vorher am meisten gemeckert haben – da schließe ich mich nicht aus. Wir gieren danach, unseren Peter live auf der Bühne zu haben, ihn greifen zu können. Aber wir freuen uns ebenso darauf, unsere Freunde aus den Fanclubs wieder zu sehen.

Wieder auf Tour

Für die Sommertour habe ich mir die Loreley und Mannheim rausgepickt, für die Wintertour das Abschlusskonzert in Dortmund.
Nachdem 1992 mein erster Versuch so fehlgeschlagen war, Peter auf der Loreley live zu sehen, organisiere ich es diesmal besser. Ich möchte zusammen mit Ela, Andrea und Meggie den Ort des Geschehens unsicher machen. Am Tag des Konzertes holt mich Meggie schon sehr früh ab - wie gerne hätte ich noch ein bisschen geschlafen - um gemeinsam zu Andrea zu fahren. Ela hat sich schon am Vortag bei Andrea einquartiert, so dass wir alle zusammen nach St. Goar düsen können. Bei Andrea werden wir schon sehnsüchtig erwartet. Himmel, wenn ich an die vielen Stunden denke, die ich heute noch stehen muss.

Das Auto wird mit Kühltaschen, Rucksäcken, frischem Kaffee und meiner Vergrößerungshilfe bestückt - ein Teil, das ich mir gebastelt habe, damit ich in der Menge etwas mehr sehen kann, als nur die Ellbogen meiner Gegenüber. Los geht es, und Andreas Mann, der fahren darf, hat die Ruhe weg; trotz der vier Weiber, die ständig am Schnattern sind, bringt er uns sicher ans Ziel.

Gegen Mittag erreichen wir die Fähre in Goarshausen - oder heißt das hier St. Goar? Uns wird es langsam kribbelig im Bauch, wir freuen uns auf den Konzertabend. Jetzt müssen wir aber erst mal auf den Berg hoch und einen Parkplatz suchen. Herrjeh, wo sind denn all die Fans? Außer ein paar Campingbussen ist kaum ein Auto zu sehen. Direkt hinter dem Parkplatz stehen eine Menge Trucks, es wird noch fleißig gearbeitet. Andrea und ich entdecken gleich die blauen Örtchen-Kabuffs, wir haben es nämlich dringend nötig... Aber was ist denn das? Da stehen und sitzen ca. 150 Leutchen hinter einem Absperrband auf der Wiese. Es sieht aus, wie eine Herde Kühe auf der Weide. Jeder schaut uns an, als ob sie erwarten würden, dass wir sie da raus lassen. Vor der Weide stehen ein paar Ordner herum, die uns auch gleich zu den anderen auf die Wiese schicken. Na toll!! Ordner - die Halbgötter aller Konzerte - wie ich sie liebe!

Wir suchen uns ein Plätzchen zwischen den anderen und begrüßen ein paar bekannte Gesichter. Aber kaum sitzen wir, stehen auf einmal alle wieder auf. Dürfen wir schon??? Nein, Irrtum, also heißt es weiter warten, und die Ordner haben ihren Spaß mit uns. Aber dann, kurz nach halb eins, lassen sie uns frei und alles stürmt nach vorne zum Einlassgitter. Ela und ich sagen uns: lass die nur rennen, wir wollen eh nicht unbedingt nach ganz nach vorne. Hauptsache, dabei sein. Irgendwie laufen aber meine Füße doch schneller, als ich will. Andrea ist schnell genug geflitzt und winkt uns zu sich, ziemlich weit vorne. Nun stehen wir also in der zweiten Reihe, nicht schlecht. Und hier bleiben wir auch, wie festgewachsen.

Noch viereinhalb Stunden bis zum Einlass! Ich denke mit Grausen an meine Füße und meinen Rücken. Die Sonne knallt, sticht, was für ein tolles Wetter für ein Open-Air! Es dauert eine ganze Weile, bis sich die Reihen langsam füllen. Die Leute gehen es wohl heute etwas langsamer an. Ela schaut alle zehn Minuten auf die Uhr - die Zeit schleicht. Wir zählen die Stunden und die Sonne knallt fröhlich vom Himmel. Zwischendurch sehen wir am Tor zu VIP-Bereich ein paar bekannte Gesichter. Wir bemerken zähneknirschend, dass es immer wieder die gleichen sind, die einen VIP-Pass bekommen.

Irgendwann kommt auch Peter angefahren, alle Hälse recken sich, doch keiner sieht was besonderes. Er könnte ja ruhig mal ans Gitter kommen, um uns zu begrüßen, meinen wir einhellig. Später kommt auch Fritz Rau - meine Güte, der ist aber alt geworden! - und schleicht in den Backstagebereich. Aber er begrüßt dabei wenigstens ein paar Leute und lässt sich sogar fotografieren. Kurz danach fährt der Bandbus vor, aber auch die Band verschanzt sich hinter den hohen Toren.

Elas Blicke auf die Uhr werden nun weniger. Was soll's auch, die Zeit vergeht dadurch auch nicht schneller. Wir schwitzen immer noch, und langsam kommen wir mit den Umstehenden ins Gespräch. Aha, jetzt kommt Bewegung in den vorderen Bereich, die Ordner kommen! Sie machen es wieder furchtbar spannend und tun so, als ob es gleich losginge. "Einlass 17 Uhr" steht aber auf dem großen Zettel an den Toren. Es ist jetzt knapp 16 Uhr, also cool bleiben. Langsam verschwindet die Sonne hinter den Bäumen und es wird ein wenig angenehmer. Hinter dem Einlassgitter kommen langsam ein paar Gestalten angeschlichen, die Handzettel oder ähnliches verteilen sollen. Wir ärgern uns noch einmal, wie viele Leute schon vor einem Konzert in den Veranstaltungsbereich dürfen. Offenbar haben wir immer noch nicht die richtigen Beziehungen, denke ich bei mir.

Kurz vor halb fünf wird es ernst: wir haben die Karten in der Hand, die Rucksäcke wieder umgehängt, und alles drückt und drängt, als ginge es ums nackte Überleben. So geht das eine halbe Stunde lang, und als die Tore wirklich aufgehen, bricht das totale Chaos aus. Ich glaube, ich bin in einem Irrenhaus! Die Ordner schreien die ersten Fans an, die durchgehen wollen, schlimmer als beim Bund. Keiner weiß, was eigentlich los ist. "Zurück, bleibt wo ihr seid! Taschen auf, macht gefälligst eure Taschen auf!" Einer der Ordner brüllt so laut, dass ihm fast der Schädel platzt - zumindest sieht es so aus - aber es nützt ihm nicht viel. Ich schwitze und bekomme langsam Platzangst, muss meinen Rucksack festhalten und mich selber auch irgendwo, das Gedränge und Geschiebe ist unbeschreiblich, so etwas habe ich vorher kaum erlebt. Die Leute wollen nur noch durch, rein aufs Konzertgelände. Die ersten rennen los, jetzt komme ich dran, und ich denke nur, während mein Rucksack nach einer Bombe durchsucht wird: rennt ihr nur, ich finde schon noch einen Platz.

Bewusst gemächlich steige ich die Treppen hoch, schließlich bin ich kein Teenager mehr. Aber als ich oben bin, legen meine Füße von alleine zum Endspurt an. Ich habe keinen Blick für die Bühne oder sonst was, ich suche nur nach den anderen von uns, denn im Gedränge eben haben wir uns natürlich verloren. Die erste Reihe ist schon voll, also müssen sie dort stehen, so schnell, wie die eben geflitzt sind. Ich finde Andrea, ihren Mann und Meggie, aber neben ihnen ist kein Platz mehr. Aber am Ende der Reihe, und ich mache mich dort breit für zwei, denn Ela ist auch noch nicht zu sehen. Als sie endlich angeschnauft kommt, beschließen wir, hier zu bleiben. Ich kann es kaum fassen: erste Reihe, keine Köpfe und Schultern vor mir, und ein geiler Blick auf die Bühne. So was hatte ich bisher nur einmal: 1992 in Mannheim, als mich Peter auf die Bühne geholt hatte.

Vergessen ist das Warten und Schwitzen vom Mittag, jetzt kann es von mir aus losgehen! Aber ein Blick auf die Uhr ernüchtert uns ganz schnell. Nochmal drei Stunden warten, es ist schon ein harter Job, Fan zu sein. Ich habe Durst und muss aufs Klo, also versuche ich erst mal, was zu Trinken zu organisieren. Ist aber nichts, denn alle Stände sind noch im Aufbau. Mir klebt die Zunge am Gaumen, und in meinem Rucksack herrscht inzwischen gähnende Leere. Aber auf dem Rückweg vom Toilettenhäuschen entdecke ich einen Stand, wo ich was zu Trinken bekomme - meine Rettung! Nach und nach wird es immer voller und überall entdecke ich bekannte Gesichter. So ein Konzert ist schon fast mit einem Familientreffen zu vergleichen. Ela: wie lange noch???

Endlich geht es wirklich los, mir kribbelt es im Bauch, der Vorhang fällt und Peter steht auf der Bühne. Hallo Peter, hier sind wir alle! Irgendwann schaut er in unsere Richtung, und ich bilde mir ein, dass er mit einem kurzen Grinsen zu mir rübergrüßt. Ich grinse einfach mal unsicher zurück, man kann ja nie wissen... Vielleicht hat er ja jemand ganz anderen gemeint, aber das ist mir auch egal. Ich gehe einfach davon aus, dass er mich gemeint hat und bin happy.
Bei einer wunderschönen Ballade zieht plötzlich ein Schwarm Wildgänse über unsere Köpfe. Das passt perfekt und macht mir Gänsehaut ohne Ende. Wir in der ersten Reihe toben und feiern, und die Ordner stehen wie die Wachsfiguren und rühren sich nicht. Ab und zu kommt ein ganz besonderes Exemplar dieser Gattung an uns vorbei, es ist einer der Bodyguards von Peter. Er stakst wirklich wie ein Storch im Salat herum und findet sich wohl ganz toll dabei.

Auf einmal geht die Zeit so schnell vorbei, und ehe wir uns richtig versehen, hören wir wieder den altvertrauten Satz: "... fahrt vorsichtig, damit wir uns beim nächsten Mal gesund wiedersehen...". Nach ein paar wichtigen Einkäufen für jeden Fan geht es Richtung Parkplatz. Schön war's wieder, und übermorgen geht's nach Mannheim, denke ich noch, bevor ich im Auto vor Erschöpfung einschlafe.

Zu Dagmar hat sich im Laufe der Zeit eine richtige Freundschaft entwickelt. Sie hat an dem Tag Geburtstag, an dem Peter in Mannheim spielt, und ich habe mir vorgenommen, ihr ein besonderes Geschenk zu machen. Ich habe im Vorfeld fleißig mit dem Büro in Tutzing korrespondiert, und als Ergebnis erhalte ich zwei Tage vor dem Konzert eine persönliche Einladung für meine Freundin - sie darf in den Backstagebereich! Fieberhaft überlege ich, wann ich ihr diese Einladung geben soll. Mache ich das am Konzerttag, so laufe ich Gefahr, dass sie vor Freude der Schlag trifft, denn ich weiß, dass es ein großer Wunsch von ihr ist, einmal Backstage zu dürfen. Andererseits kenne ich Dagmar inzwischen gut genug um zu wissen, dass sie alles, was sie tut, genau planen muss. Also schicke ich ihr die Einladung sofort zu.

Die Gute fällt natürlich aus allen Wolken, ist furchtbar aufgeregt und plant wie ein Weltmeister - wie ich befürchtet habe. Als ich zwei Tage später in Mannheim auf dem Konzertgelände ankomme, glaube ich Dagmar längst Backstage bei Peter und der Band - als sie mir völlig frustriert entgegenkommt. Nichts hat geklappt, man hat sie trotz mehrfachen Nachfragens und Vorzeigen des Einladungsschreibens einfach nicht Backstage gelassen. Dieter Viering ist wohl auch nicht da, auf den sie sich hätte berufen können.
Da frage ich mich, wofür ich im Vorfeld die vielen Telefonate gut waren. Zu verdanken hat Dagmar diesen Massel einem furchtbar netten und entgegenkommenden Security-Menschen, der seinen Job wohl sehr ernst nimmt. Erst wollte er ihr Einladungsschreiben gar nicht anschauen, und auf Drängen von Dagmar hat er ihr anstelle des Backstagepasses eine einfache Gastkarte gegeben. Mit dieser Karte kann sie zwar vorher in die Halle und sich dort auch relativ frei bewegen, aber der Backstagebereich ist auch hiermit für sie tabu. Ich bin stinksauer, wie meine Überraschung so den Bach runtergegangen ist. Verärgert fragen wir uns, welchen Stellenwert das Management bei der Security hat, wenn eine Unterschrift auf der Einladung einfach ignoriert wird.

Das nachfolgende Konzert entschädigt mich aber wieder. Wir haben - auch diesmal wieder in der ersten Reihe - viel Spaß dabei. Ab und zu schaue ich in die andere Ecke und entdecke dort Dagmar, die aber immer noch keinen besonders glücklichen Eindruck macht. Bei einer seiner Balladen geht Peter - wie bei jedem Konzert dieser Tour - auf die Suche nach einer Tanzpartnerin auf der Bühne. Er kommt in unsere Richtung, schaut mich prüfend an und ich denke nur: nein, nicht schon wieder, ich mag nicht da hoch! Ganz schnell mache ich mich fünf Zentimeter kleiner, aber ich bleibe Gott sei Dank verschont. Nur gut, dass keiner meine Gedanken lesen kann, denn so manch eine hier würde sonst was dafür geben, mit Peter auf der Bühne tanzen zu dürfen. Sie können aber auch nicht wissen, was das für ein Gefühl ist, da oben zu stehen. Es war zwar toll damals, aber noch einmal will ich das nicht unbedingt haben.

Hinterher lasse ich mich nur widerstrebend überreden, mit den andern ins Hotel zu gehen. Schließlich habe ich schon mehrfach festgestellt, dass so eine Aktion nicht mein Ding ist. Im Foyer des Hotels laufen schon einige Fans und Mitarbeiter von Peter herum. Brav setzen wir uns und harren der Dinge, die noch kommen können. Was das allerdings sein soll, weiß keiner von uns so recht. Die Stimmung ist etwas gedrückt, und ich fühle mich selber auch nicht besonders wohl in diesem Prunkkasten. Deshalb lehne ich auch ab, als Dagmar kommt und mit mir in der Bar auf ihren Geburtstag anstoßen will. Mich bringen keine zehn Pferde da hinein. An meiner Stelle gehen dann die andern von uns mit, kommen aber recht schnell wieder - es ist total überfüllt in der Bar. So bleiben wir weiterhin im Foyer und beobachten den Fahrstuhl. Die gesamte Band kommt nach und nach und wird sofort von Fans belagert.

Ich frage mich wieder einmal, ob die Leutchen auch Interesse für diese Musiker hätten, wenn sie nicht zu Peter gehörten. Ein Phänomen, dass ich schon von Anfang an beobachten und nie habe nachvollziehen können. Jede Person, die irgendwann mal nur im Entferntesten mit Maffay zu tun hatte, ist für die meisten Fans interessant. Sicher sind einige von diesen Leuten wirklich interessante Persönlichkeiten. Aber ich bin überzeugt, dass sich von den Fans keiner für sie interessieren würde, wenn sie ohne Bezug zu Peter irgendwo auftauchen würden. Oft frage ich mich bei meinen Beobachtungen, was diese Leute dabei empfinden mögen, wenn sie ganz offensichtlich für die Fans nur deshalb interessant sind, weil sie in Begleitung eines Musikpromis sind.

Peter taucht an diesem Abend gar nicht im Hotel auf, aber mir ist das im Grunde egal. Der arme Kerl hat ganz Recht, wenn er sich verkrümelt, denn schließlich hat auch er Anspruch darauf, nach einem Konzert seine Ruhe zu haben. Ich würde es an seiner Stelle genauso machen. Die andern aus meinem Club aber sind enttäuscht, und so fahren wir recht früh wieder nach Hause.

Frust und Freude...

Ich merke, dass meinem eigenen Club gewaltig die Luft ausgeht. Immer mehr Mitglieder haben sich verabschiedet und ich frage mich, ob das an meiner Arbeit für die Clubzentrale liegt oder an dem vermurksten Schmankerl-Wochenende. Wo ist die Lust an der Gemeinschaft geblieben? Gerade das hat unseren Haufen immer zu etwas Besonderem für mich gemacht. Ich habe das Gefühl, dass sich die paar Leutchen, die wir noch sind, in zwei Gruppen gespalten haben: eine um Ela und eine um mich. Das gefällt mir überhaupt nicht und ich wünsche mir, dass alles wieder so wäre, wie es mal war: eine kompakte Gruppe von Freunden. Mir fällt aber auch wiederholt auf, dass kaum jemand Eigeninitiative ergreift, wenn es nötig ist. Wenn ich nicht plane und organisiere, tut es eben keiner. So macht die ganze Sache keinen Spaß mehr.

Mein Kumpel-Juter ärgert mich momentan auch ganz gewaltig. Im Grunde tut er ja meistens das, was ich von ihm verlange, und ohne ihn wäre es mir unmöglich, die Clubzentrale ordentlich zu leiten. Aber nun macht er mir doch Kummer. Erst fängt er sich einen Virus ein, der mich dazu zwingt, das gesamte System neu einzurichten. Ich bin völlig verzweifelt, denn ohne meinen PC kann ich auch die Clubinfos vergessen. Aber Gott sei Dank lernt man auch aus Fehlern, und nach einer Woche harter Arbeit bis tief in die Nächte läuft wieder alles so, wie es soll.

Den nächsten Ausfall muss ich mir allerdings selbst zuschreiben. Ich bin ein sehr ordentlicher Mensch und immer darauf bedacht, meine Festplatte in Ordnung zu halten - und lösche mir bei einer meiner Aufräumaktionen eine wichtige Datei, und die Kiste ist tot, nichts tut sich mehr. Gott sei Dank mache ich seit meiner letzten Neuinstallation regelmäßige Backups, so ist die Sache diesmal relativ schnell wieder repariert. Trotz der Fehler, die ich gemacht habe, bin ich doch ein wenig stolz auf mich. Ein knappes dreiviertel Jahr habe ich die Kiste jetzt, kann aber schon recht gut auch mit Problemen fertig werden, und ich lerne begierig und ständig neu dazu.

Im August ´96 gibt es knapp 80 Fanclubs, von denen ich schon 41 betreuen darf. Es ist zwar viel Arbeit, macht mir aber viel Spaß. Aber es gibt nach wie vor einen Wermutstropfen bei der Geschichte: es ist immer noch sehr mühsam, an Informationen über Peter zu kommen. Trotz der aktuellen Tour trübt diese Tatsache unser aller Spaß an der Clubarbeit. Ich habe inzwischen eine Art Verbündete im Büro von Peter, die versucht, mir so viele Informationen wie möglich zu geben, aber auch ihr sind von interner Seite aus oft die Hände gebunden. So sind wir nach wie vor auf die Telefonkette angewiesen, die mehr schlecht als recht funktioniert. Die Informationen, die ich bekomme, bleiben aus unerfindlichen Gründen immer irgendwo auf der Strecke hängen.

Wesentlich besser dagegen läuft die Arbeit mit der monatlichen Clubzeitung. Die Mitglieder beteiligen sich rege daran und schicken mir alles mögliche zu, damit ich es veröffentlichen kann. Manche Fanclubs erzählen von ihren gemeinsamen Unternehmungen, andere basteln spannende Rätsel, bei denen man etwas gewinnen kann, und die nächsten tun einfach nur ihre Meinung zu irgend einem Thema kund. Oder es recherchiert jemand im Internet und findet dort über 200 Einträge über unser gemeinsames Idol. Ich selbst versuche immer wieder, die Leute für das Internet zu interessieren, weil man über dieses neue Medium viel besser den Kontakt pflegen kann. Genau so habe ich mir das vorgestellt und es spornt mich an, mir immer wieder neue Dinge einfallen zu lassen, um die Fanclubs zur Mitarbeit zu bewegen.

Im Spätsommer beackere ich zum zweitenmal die Clubleiterliste, die ich vom Büro von Peter angefordert habe. Ich will unbedingt so viele Clubs wie möglich von der Existenz der Clubzentrale informieren, denn die Leutchen im Tutzinger Büro ignorieren diese Einrichtung nach wie vor. Das Ergebnis meiner Briefaktion ist allerdings sehr mager, denn die wenigsten Clubs reagieren auf mein Schreiben. Das gibt mir zu denken und ich frage mich, warum diese Leute einen Fanclub gründen. Wenn nicht einmal Interesse am Kontakt zu anderen Fanclubs besteht, fehlt ihnen eine wichtige Einstellung zu dem ganzen: Gemeinschaft.
Ich vermute nach wie vor, dass es immer wieder Fans gibt, die nur deshalb einen Club gründen, weil sie glauben, dadurch gewisse Privilegien zu haben. Wobei diese im Moment sehr mager sind.

Aber es melden sich auch ein paar Clubleiter und so erfahre ich von der einen oder anderen Clubauflösung oder Adressänderung. Ich aktualisiere die Liste und schicke sie mit den entsprechenden Bemerkungen zu Peter's Büro. Es hätte mich gefreut, wenn eine Reaktion von dort auf meine Bemühungen kämen, aber die Antwort war die selbe wie sonst: keine. Erst später erfahre ich per Zufall, dass diese Liste irgendwo in der Versenkung verschwunden ist.
Nicht nur ich frage mich, warum man im Büro Maffay wahllos Clubgenehmigungen erteilt, um sich danach ganz offensichtlich nicht mehr für die Leute zu interessieren. Offensichtlich hat man dort noch nicht erkannt, welches Potential man hier brach liegen lässt. Die Fanclubs leisten nämlich nicht nur in punkto Public Relations hervorragende Arbeit.

Durch meinen Kontakt zu den einzelnen Fanclubs - der von Monat zu Monat intensiver wird - erfahre ich zu meinem Bedauern, dass nicht nur ich mit vielen Dingen unzufrieden bin. Es ist ein Jammer, denn diese Leute sind so motiviert, im Namen ihres Idols gute Arbeit zu leisten, aber sie werden immer wieder ausgebremst. Trotz allen Frustes schafft es aber immer wieder der eine oder andere Club, mit viel Engagement auf sich aufmerksam zu machen.

So organisiert z.B. ein Fanclub aus dem holländischen Grenzbereich eine riesige Benefizveranstaltung, für die sie unter anderem ehemalige Mitwirkende von Tabaluga & Lilli engagieren können. Die Veranstaltung wird so gut organisiert, dass sich sogar - welch Wunder - jemand vom Management von Maffay bereit erklärt, dort zu erscheinen. Die örtliche Presse ist ebenfalls vertreten und berichtet hinterher ausführlich davon. Ein Riesenerfolg für diesen Fanclub! Der Erlös der Veranstaltung geht an das Tabalugahaus, das unter anderem von Peter finanziell und moralisch unterstützt wird.

Solche Ereignisse sind aber die Ausnahme. Die meisten Fanclubs existieren nur so vor sich hin und versuchen, sich gegenseitig zu motivieren, um nicht das Handtuch zu werfen. Dieser Erfahrungsaustausch läuft in der Regel telefonisch ab. Sicher trifft man sich auch während der Konzerte, aber die gibt es eben nur alle zwei Jahre. Und bei den Konzerten sind die Möglichkeiten für ausführlichere Gespräche eher ungünstig. Jeder ist dann bestrebt, möglichst viel von Peter zu sehen und zu hören.

So entschließe ich mich, wieder ein Clubleitertreffen zu organisieren. Ich will die Möglichkeit haben, mich wieder einmal in Ruhe und ohne Tourstress mit den andern austauschen zu können. Die Idee dazu wächst nicht allein auf meinem Mist, sondern entsteht während eines der vielen Telefonate mit Dagmar aus dem Badischen. Sie erklärt sich bereit, mir bei der Organisation zu helfen. Unsere Telefonrechnung steigt in den kommenden Monaten beträchtlich an! Dagmar organisiert einen geeigneten Raum in ihrer Umgebung und zusätzlich Übernachtungsmöglichkeiten für unsere Gäste. Ich kümmere mich darum, die Fanclubs einzuladen. Leider gestaltet sich dieser Punkt als etwas schwierig, denn wie üblich brauchen die meisten von ihnen ein paar Anläufe, um sich zu entscheiden. Zum Schluss sind es dann aber doch mehr als 35 Fanclubs, die zu unserem Treffen kommen wollen.

In der Zwischenzeit versuchen wir, so etwas wie ein Programm zu erstellen, denn ein wenig Unterhaltung sollte auch sein. Von den Besitzern unseres Tagungsraumes bekommen wir die Erlaubnis, Musik machen zu dürfen, und so erklärt sich Dagmar' Tochter bereit, den DJ zu machen. Ich versuche, eine Tombola auf die Beine zu stellen, was aber äußerst schwierig ist. Natürlich will ich so viele Maffay-Artikel wie möglich haben, weiß aber erst mal nicht, wie ich da dran kommen soll.
Zuerst versuche ich es beim Merchandising-Versand, bekomme aber nur zur Antwort, dass man dort nichts zu verschenken habe. Darauf hin wende ich mich an Maffay's Büro und habe Glück! Die gute Seele des Hauses verspricht mir, ein paar Sachen zu schicken. Dadurch motiviert, schreibe ich anschließend verschiedene Rundfunk- und Fernsehanstalten an, ebenso einige große Firmen, die in der Vergangenheit die Tourneen von Maffay gesponsert haben. Ich scheue sogar nicht davor zurück, in meinem Wohnort auf Betteltour zu gehen.

Meine Bettelbriefe haben nur mäßigen Erfolg, trotzdem bin ich mit dem Ergebnis zufrieden. Innerhalb der nächsten Wochen trudeln Päckchen und Pakete aus allen Ecken Deutschlands bei mir ein. Das schönste Paket allerdings bekomme ich aus dem Tutzinger Büro. Hier hat man wirklich viele Dinge eingepackt, die das Herz eines Fans höher schlagen lassen können, insbesondere ein dickes Paket mit Autogrammkarten! Danke dir, liebe Sanne, was würde ich ohne dich tun... Natürlich erzähle ich in meiner monatlichen Clubzeitung von den Vorbereitungen zu unserem Treffen, und so erklären sich auch einige der Fanclubs bereit, ihren Teil zu der Tombola beizutragen.

Es ist verblüffend, zu sehen, wie sehr solch ein Vorhaben motivieren kann. Es holt mich nicht nur aus meiner Lethargie heraus, sondern ich stelle erneut für mich fest, dass ich hier ganz in meinem Element bin. In den sechs Monaten der Vorbereitung zu unserem Treffen wird mein Beruf zum Nebenjob. Ich fiebere den Feierabenden entgegen, um die Veranstaltung bis ins Detail auszuarbeiten. In dieser Zeit vertieft sich auch mein Kontakt zum Büro von Peter noch ein Stück mehr. Vielleicht wird das ein neuer Schritt zu dem, was ich mir erhoffe: ein direktes Zusammenarbeiten zwischen den Fanclubs und dem Management. Ach ja, wie naiv bin ich doch immer noch...

1997

Jetzt leite ich die Clubzentrale etwas mehr als ein Jahr und bin relativ zufrieden, wie sich alles in dieser Zeit entwickelt hat. Die Anzahl der angeschlossenen Clubs wächst beständig, mein Selbstvertrauen ebenfalls. Ich verbringe meine Freizeit mehr und mehr damit, Anrufe von Fans aus ganz Deutschland entgegenzunehmen. Da kommen Beschwerden über die mangelnden Informationen seitens des Büros von Peter genauso, wie Anfragen von Leuten, die wissen möchten, wie man einen Fanclub gründet und aufbaut. Oft genug gibt es Abende, an denen ich nicht einmal dazu komme, etwas zu essen, weil ständig das Telefon klingelt.

In der Zwischenzeit habe ich meine Adresse auch auf mehreren Seiten im Internet stehen, so dass zur üblichen Post nun auch noch jede Menge Anfragen über das Internet kommen. Es ist superspannend für mich, wenn ich jeden Abend meine Mailbox abfrage. Ein ganz netter Zeitgenosse meint dann im Frühjahr, mir einen besonderen Gefallen zu tun, indem er meine Adresse als Autogrammadresse einer Fernsehzeitung mitteilt. Was danach folgt, ist allerdings nicht so lustig, denn ich werde mit Autogrammpost zugekippt. Eine Anfrage bei der Zeitung bringt allerdings nicht heraus, wer meine Adresse dort bekannt gegeben hat. Das lässt sich zwar nicht mehr rückgängig machen, trotzdem mache ich der Redaktion den Vorwurf der schlechten Recherche. Ich bin der Meinung, dass sich die Damen und Herren der Redaktion erst hätten vergewissern sollen, ob ich mit der Veröffentlichung meiner Adresse einverstanden bin.

Nun muss ich also sehen, wie ich mit der Briefflut fertig werde. Ein lauter und dringlicher Hilferuf ins Tutzinger Büro schafft - oh Wunder - innerhalb kürzester Zeit Abhilfe: ich bekomme einen dicken Posten Autogrammkarten. Aber sie sind schnell verbraucht und ich muss Nachschub anfordern. Irgendwann höre ich damit auf, die Briefe zu zählen und die Adressen zu sammeln, weil es einfach zu viele sind. Nach drei Monaten wird es langsam ruhiger, aber die Anfragen für Autogramme kommen noch bis zum Jahresende und darüber hinaus. Der einzige Vorteil bei der Geschichte ist der, dass ich von da an keine Probleme mehr habe, Autogrammkarten zu bekommen. So kann ich nun auch die Fanclubs schnell und ohne lange Wartezeiten mit den gewünschten Autogrammen versorgen.

Im Mai steht aber erst mal unser Clubleitertreffen für mich im Mittelpunkt. Im Vorfeld dazu kommen Anfragen an mich, was ich mir als Gastgeschenk wünsche. Bei normalen Clubtreffen ist es üblich, dem gastgebenden Club ein Geschenk zu machen. Aber ich möchte das in diesem Rahmen nicht haben und bitte um eine Geldspende. Von dem Geld möchte ich ein paar praktische Dinge kaufen, die mir die Arbeit etwas erleichtern können. Der Vorschlag wird mit allgemeinem Wohlwollen akzeptiert.

Meine Freundin aus dem Badischen hat sehr gute Vorarbeit geleistet, und ich fahre schon einen Tag vorher zu ihr, um die letzten Dinge mit ihr gemeinsam zu besprechen.
Einige der angereisten Clubleiter kennen sich schon, aber für viele ist es die erste Gelegenheit, sich kennen zu lernen. Zu meiner Überraschung haben es sich ein paar Leute nicht nehmen lassen, noch einige wirklich tolle Stücke aus ihrer Sammlung für unsere Tombola mitzubringen. Also basteln wir schnell noch ein paar zusätzliche Lose und legen die kostbaren Stücke zu den anderen Sachen auf den schon überquellenden Tisch. Ein Konditormeister aus unseren Reihen hat eine Torte in Form des neuen Logos unseres Idols gebacken, und als Krönung das Konterfei von Peter draufgezaubert. Einstimmig wird diese süße Leckerei zum Hauptpreis der Tombola ernannt.

Es sind tatsächlich, bis auf zwei Leute, alle gekommen! Selbst die Fans aus der Schweiz haben es sich nicht nehmen lassen, ihren Einstand bei uns zu feiern. Bevor es zum gemütlichen Teil des Abends geht, bei dem auch ein gemeinsames Essen geplant ist, müssen Dagmar und ich aber erst unseren Pflichtteil erledigen. Wir haben uns eine kleine Begrüßungsrede zurechtgelegt. Dagmar macht sich vor Aufregung bald in die Hose und bittet mich, dass sie den Anfang machen darf. Als ich dann an der Reihe bin, wundere ich mich über mich selber, weil ich kaum nervös bin. Noch vor ein paar Jahren wäre so eine Situation für mich undenkbar gewesen. Aber die Anerkennung und Freundschaft, die mir von den Fans entgegen gebracht wird, verschafft mir doch eine große Portion Selbstvertrauen! Es ist ein schönes Gefühl, wenn ich sehe und erlebe, dass meine Arbeit von den andern angenommen und für gut befunden wird. Meine Bitte um Geld wird von den meisten erhört, sodass ich später in der Lage sein werde, mir einen besseren Monitor für meinen PC und ein Faxgerät zu kaufen. Endlich kein Stress mehr mit den Faxen über den Rechner...

Nach dem Essen - ich bin, wie immer, wieder die letzte, die dran kommt - verteile ich die Autogramme und lese einen Brief unserer Lieblings-Mitarbeiterin aus dem Maffaybüro vor, was beides mit Begeisterung aufgenommen wird. Während Dagmar's Tochter mit Bravour ihren Part als DJ absolviert, geht es an den Verkauf der Lose für die Tombola. Deren Erlös soll, nach allgemeiner Abstimmung, ebenfalls mir als Clubzentrale zugute kommen. Mir ist so viel Aufmerksamkeit nun doch unangenehm und ich bin von dieser Entscheidung nicht so sehr begeistert. Aber dann beuge ich mich dem allgemeinen Wunsch. Im Nachhinein bin ich dann aber doch dankbar für die Spenden, denn meine Arbeit für die Clubzentrale hat mich bisher mehr Geld gekostet, als ich vorher eingeschätzt hatte.

Wir tagen solange, bis uns der Wirt nachts um zwei Uhr den Saft abdreht. Für Dagmar und mich war dieses Treffen ein Erfolg, weil alles so geklappt hat, wie wir es uns erhofft haben. Es war schön, neue Leute kennen zu lernen, Vorurteile untereinander abzubauen, den Neid zu vermindern und unsere Probleme als Clubleiter gemeinsam versuchen, zu lösen.

Unser gemeinsamer Abend ist zwar sehr befriedigend gelaufen, trotzdem gehen viele von uns mit einer gewissen Unzufriedenheit nach Hause. Denn eines ist hier ganz klar zum Ausdruck gekommen: fast ausnahmslos sind alle der Meinung, dass man als Fanclub von Peter & Co. recht stiefmütterlich behandelt wird. Nach wie vor ist es sehr schwierig für uns, rechtzeitige und ausreichende Informationen für unsere Arbeit aus Tutzing zu bekommen. Die Auskünfte sind in der Regel nur unzureichend oder gar falsch, Autogrammwünsche werden erst Monate später oder gar nicht erfüllt. Oft genug kommt es vor, dass man wie lästige Störenfriede abgewimmelt wird, selbst dann, wenn man sein Anliegen höflich vorträgt. Sicher gibt es auch Fälle, wo alles prima funktioniert, aber das sind eben nur Ausnahmen. Das einzige, was schnell und reibungslos abläuft, ist die Erteilung der Clubgenehmigung.

So ist die Stimmung im Spätsommer in den Fanclubs nicht besonders gut. Dazu kommt noch da übliche Loch zwischen zwei Alben, in dem die meisten stecken, wenn diese Zeit zu überbrücken ist. Ich stelle fest, dass viele Fanclubs nur ein Thema haben, das sie interessiert: Peter Maffay. Und was soll man in diesem Fall tun, wenn es nichts Neues über ihn zu berichten gibt? Glücklicher sind die dran, die außer Peter Maffay noch Interesse an anderen Dingen haben.

Die Einstellung zu unserem gemeinsamen Hobby hat sich in meinem eigenen Club im Laufe der Zeit auch verändert. Was mich immer wieder wundert, ist die Tatsache, dass sich meine eigene Einstellung auch auf meine Mitglieder überträgt. Durch meine Erfahrungen in den letzten Jahren bin ich inzwischen recht ernüchtert geworden. Es ist nicht mehr viel übrig von der Begeisterung, die man als Fan üblicherweise hat. Natürlich habe ich auch das Bedürfnis, über meine Erfahrungen und Enttäuschungen mit meinen Freunden aus dem Fanclub zur reden, aber ich habe jedes Mal ein schlechtes Gewissen dabei, denn mir liegt es fern, den andern die Freude an ihrem Hobby zu nehmen. Oft sage ich mir, es reicht, wenn ich alle Illusionen verloren habe, warum also soll ich den andern den Spaß verderben? Andererseits sind das erwachsene Menschen und keine Teenager mehr, warum sollen sie dann nicht auch die Tatsachen erfahren?

Manchmal tun mir meine Leutchen deshalb leid, denn für mich ist es etwas einfacher, meinen Frust abzubauen, weil ich näher am Geschehen dran bin. Mir reichen Kleinigkeiten, um mich wieder aufzubauen, und die gibt es durch die Bestätigung der anderen Fanclubs immer wieder. Ich brauche diese kleinen Aufbauhilfen auch, denn ohne sie hätte ich schon längst alles hingeworfen. Aber trotzdem stelle ich mit Schrecken fest, dass mir mein persönlicher Erfolg mit der Zentrale nicht mehr ausreicht, weil meine Ansprüche gestiegen sind. Dabei habe ich immer versucht, meine Ansprüche, so gut es geht, herunter zu schrauben.

Mein größter Ehrgeiz liegt darin, einen noch intensiveren Kontakt zum Büro von Maffay zu bekommen, um die Bedürfnisse der Fanclubs befriedigen zu können. Es geht mir dabei gar nicht mehr um eigene Wünsche, denn ich habe alles gehabt und erlebt, was man sich als Fan erträumen kann, mehr brauche ich nicht. Aber trotz großer Bemühungen gelingt es mir nicht, die Aufmerksamkeit des Managements oder gar von Peter zu erregen. Man weiß dort zwar von der Existenz der Clubzentrale, aber sie wird ganz einfach ignoriert.

Meine Kontakte zu den Mitarbeitern sind zwar recht gut, und ich erfahre so einige interne Dinge, aber diese kann ich unmöglich an andere Fans weitergeben! Interessante Neuigkeiten für die Fanclubs kommen so auch nur spärlich zusammen. Das Ergebnis meiner Kontakte ist im Grunde nur eine zunehmende Desillusionierung und Enttäuschung. Ich spüre, dass ich so auf keinen Fall weitermachen kann, ohne allen andern ebenfalls den Spaß zu verderben. Ändern kann ich die Situation nicht, aber vielleicht meine Einstellung dazu?

Ich erkenne, dass ich Peter von drei Seiten sehen muss: als Musiker, als Geschäftsmann und als Privatmenschen. Der private Peter hat mich nie besonders interessiert, es hat mich auch nichts anzugehen, was er in seinem Privatleben tut. Das Bisschen, was ich über ihn privat weiß, reicht aber aus, um zur Erkenntnis zu kommen: er wäre nichts für mich. In sein Geschäftsleben habe ich nur sehr wenig Einblick. Was ich da sehe, beeindruckt mich einerseits, andererseits erschreckt es mich auch ein wenig. Ich hätte nicht geglaubt, dass der Musiker, den ich kenne, als Geschäftsmann so knallhart sein kann. Als Musiker gefällt mir der Mensch Peter dann immer noch am besten, und darauf will ich mich nur noch konzentrieren. Back to the roots, sage ich mir, freu dich doch einfach nur über die gute Musik, so wie früher auch, freu dich, wenn du ihn live auf der Bühne erleben kannst, und freu dich darüber, dass du durch ihn so viele Freunde gefunden hast!

Mit dieser neu gefundenen Einstellung bekomme ich wieder mehr Spaß an der Sache. Und so verbringe ich im Spätsommer mit meinem Fanclub wieder ein gemeinsames Wochenende am Starnberger See. Wir verbinden unsere Fahrt mit einem Abstecher in Peter's Büro, um den Echo-Preis zurückzugeben, den ich für unser Clubleitertreffen im Mai geliehen bekommen habe. Eine der Mitarbeiterinnen dort nimmt sich etwas Zeit für uns und führt uns durch die Büros und das Tonstudio. Das ist natürlich für meine Mitglieder der absolute Hammer, denn von solch einer Führung haben sie schon lange geträumt. Zum Abschluss unseres Besuches bekommen wir alle eine Sonderausgabe der aktuellen CD geschenkt - initiiert vom Management. Wow, denke ich mir, das ist ja mal eine seltene Geste, aber ich freue mich sehr darüber.

Mit etwas gemischten Gefühlen bin ich in dieses Wochenende aufgebrochen, denn ich habe die Unstimmigkeiten unseres letzten Ausfluges noch nicht vergessen. Bis zum vorletzten Tag geht auch alles gut, aber dann gibt es doch noch gewaltigen Knatsch - wieder ausgelöst durch den Konflikt zwischen Ela und mir - und wieder ist alles im Eimer. Wir alle fahren sehr bedrückt nach Hause, und ich mache mir ernsthafte Gedanken über die Auflösung unseres Clubs. Erst zwei Monate später ergibt sich die Gelegenheit, über unser Problem zu reden, aber alle sind dafür, den Club bestehen zu lassen. Ich stimme dem aber nur unter der Bedingung zu, dass ich mein Amt als Leithammel aufgebe. Es ist mir einfach nicht mehr möglich, den eigenen Fanclub und die Clubzentrale gleichzeitig zu leiten, denn eines von beiden bleibt dabei unweigerlich auf der Strecke.

Wir sind nur noch sieben Leute, die sich normalerweise gut verstehen und auch neben den regulären Treffen einiges miteinander unternehmen. Wozu also braucht man da noch eine Clubleiterin? Schließlich sollte jeder dazu in der Lage sein, seinen Teil zur Gemeinschaft beizutragen, und nicht alles von der Entscheidung oder dem Willen einer einzelnen Person abhängig zu machen.

Kaum sind die Probleme im eigenen Club geklärt, ziehen aber schon wieder ein paar Wolken der Unzufriedenheit auf, diesmal auf die Clubzentrale bezogen. Ich investiere inzwischen fast jede freie Minute in diese Arbeit, die eigentlich Hobby sein sollte, und bin praktisch rund um die Uhr für die Fans zu erreichen. Rund um die Uhr deshalb, weil offensichtlich viele Leute nicht darauf achten, wie spät oder früh es ist, wenn sie mich sprechen wollen. Unsere Fanzeitung ist - zumindest für mich - ein kleines Schmuckstück geworden, an dessen Layout ich ständige Verbesserungen vornehme. Und die Zeit, die ich für die Verwaltung der

Fanclubs brauche, ist auch nicht ohne. Das alles wird von den Clubs durchaus gesehen und auch entsprechend gewürdigt. Immer häufiger kommen Bemerkungen wie: eigentlich sollte man dir diese Arbeit bezahlen, und irgendwann im Laufe des Sommers bin ich selber dieser Meinung. Ich spreche jemanden aus dem Büro von Peter darauf an, aber man meint sofort: vergiss es! Mir wird diese Meinung auch begründet, und das reicht aus, um mir wieder jede Motivation für ein Weitermachen zu nehmen.

Danach überlege ich: was mache ich, wenn ich nicht mehr in dieser Szene vertreten bin? Kein Problem, ich suche mir andere Vereine, für die ich tätig sein kann, sage ich mir. Hier auf dem Land gibt es ja genug Vereine. Aber sind das auch Themen, die dich interessieren? fragt mein Gewissen. Das nicht unbedingt, antworte ich, aber ich würde dafür wenigstens bezahlt. Ok, und was wird mit den Kontakten und Freundschaften, die sich bis jetzt entwickelt haben, bohrt mein Gewissen weiter. Gut, das wird sich zeigen, kontere ich. Die, die übrig bleiben, sind es auch wert, Freunde genannt zu werden. Also, kann ich ohne die Maffay-Szene sein? Wir werden es sehen, sagen ich und mein Gewissen, und so gebe ich meinen Entschluss bekannt, die Clubzentrale aufzugeben.

Die Reaktion der Fans berührt mich sehr, denn ich bekomme zu hören: dann steige ich auch aus, ohne dich läuft dann gar nichts mehr, keiner kann das so gut wie du, bleib doch bitte dabei, wir geben dir auch mehr Geld für deinen Einsatz. Aber genau das wollte ich eben nicht. Der Beitrag für die Clubzentrale ist so bemessen, dass er gerade für das Nötigste reicht, ein Gewinn ist da für mich nicht drin. Noch mehr will und kann ich den Clubs nicht abnehmen. Wir alle sind der Meinung, dass eine Bezahlung, wenn überhaupt, nur von Peter erfolgen kann. Ich selber will diese Forderung aber nicht mehr stellen, also setzen sich einige Clubleiter hin und schreiben einen Brief an "den Chef". Sie möchten klarmachen, dass sie mich als Clubzentrale behalten wollen, und dass man meine Arbeit entsprechend honorieren solle. Aber wie erwartet kommt absolut gar keine Reaktion auf diese Briefe.

In mir ist inzwischen die Enttäuschung sehr gewachsen. Der Vorsatz, meine Einstellung zur Sache zu verändern, hat nicht lange angehalten. Es entwickelt sich alles in eine Richtung , die ich nie haben wollte. Ich will diesen Klumpen in meinem Bauch endlich loswerden und entschließe mich, einen Brief ans Management zu schreiben. An Peter direkt zu schreiben, wäre sinnlos, da die Post an ihn sowieso vorsortiert wird. Sie würde ihn in diesem Fall mit Sicherheit nicht erreichen. Da ich nichts zu verlieren habe sage ich in einem langen Brief unverblümt meine Meinung zu der Art und Weise, wie die Fanclubs und auch die Clubzentrale ignoriert werden.

Na ja, wie gehabt: es gibt keine Reaktion und diese Ignoranz ärgert mich noch mehr. Aber ich lasse mich von den Clubs überreden, das kommende Album von Peter noch mitzumachen und setze mir eine Frist bis Ende 1998.

Im Oktober erhalte ich den Anruf eines Fans, den ich bisher nur vom Hörensagen kenne, der mir aber trotzdem ein Begriff ist. Er hat einen guten Draht zum Management, deshalb stehen ihm einige Türen mehr offen als den meisten von uns. Er informiert mich darüber, dass im kommenden Februar das neue Album auf den Markt kommen soll. Eine Tatsache, die an sich nichts neues für uns Fans ist. Peter will wieder, wie schon vor zwei Jahren, ein paar Clubleiter zu sich ins Studio einladen, um unsere Reaktion zum neuen Album zu testen. Er, Lutz, hat ja schon die erste Einladung dieser Art mit organisiert, und soll das auch dieses Mal tun. Das Management hat ihn gebeten, mich in die Organisation mit einzubeziehen. Ich falle aus allen Wolken, haben unsere Briefe nun doch etwas gebracht???

Aber ich zögere, bevor ich zusage. Ich kann mich nur zu gut daran erinnern, welchen Zoff es für die beiden Organisatoren bei der letzten Einladung gegeben hat. Viele Fanclubs haben damals ihrer Enttäuschung freien Lauf gelassen, weil sie nicht unter den Auserwählten gewesen sind. Ich bin nicht besonders scharf auf den Zorn derer, die auch diesmal nicht dabei sein würden.

Letztendlich sage ich meine Mithilfe aber doch zu und stürze mich auch gleich in das neue "Abenteuer Anhöre". Zuerst gilt es, die Clubleiter auszusuchen, was eigentlich das schwierigste an der ganzen Sache ist. Mir ist klar, dass man es niemals allen recht machen kann, und dass es auch diesmal heftige Proteste geben wird.

Da die Räumlichkeiten im Studio von Peter sehr eingeschränkt sind - dort soll die sogenannte Anhöre stattfinden - darf ich nur fünfzehn Clubleiter einladen, die jeweils eine Person zur Begleitung mitbringen können. Zu diesem Zeitpunkt gibt es ca. 85 Fanclubs, von denen etwas mehr als die Hälfte Mitglied bei der Clubzentrale sind. Um mir die Auswahl etwas zu erleichtern, vereinbare ich, dass nur Fanclubs aus der Clubzentrale in die Wahl genommen werden.

Bemerkenswert an der ganzen Geschichte ist, dass sämtliche weitere Verhandlungen mit dem Management den Umweg über Lutz, den vorher genannten Fan, nehmen. Während der gesamten Zeit der Vorbereitung habe ich kein einziges Gespräch mit dem Büro selber. Irgendwie amüsiert mich das: da schreibe ich einen bösen Brief mit heftiger Kritik und erwarte eine Antwort darauf. Die kommt nicht, aber ich darf die Vorbereitungen für die Anhöre mitmachen. Und man vermeidet mit allen Mitteln, mit mir direkt in Kontakt zu kommen... Das soll ein Mensch verstehen.

Es ist sehr schwer, aus den vielen Clubs fünfzehn heraus zu suchen, die bei der Aktion dabei sein dürfen. Die einzige Auflage, die mir gemacht wird: es sollen neue Clubs sein, und keine, die schon vor zwei Jahren dabei waren. Ich entschließe mich aber, es anders zu machen. Zum einen lade ich neue Clubs ein, aber auch solche, die sich in der Vergangenheit durch ihr Bemühen um die Clubgemeinschaft bemerkbar gemacht haben. Bei diesem Verfahren komme ich allerdings nicht umhin, mehrere Clubs einzuladen, die schon bei der ersten Anhöre dabei waren. Ich lege meine Entscheidung mit der entsprechenden Begründung dem Management vor - wieder über den Umweg durch Lutz - und bekomme das ok, die Einladungen rauszuschicken.

In der Zwischenzeit glühen natürlich die Telefone, denn es hat sich schnell herumgesprochen, dass es wieder eine Einladung ins Studio von Peter gibt. Ich mache eine Art Eintrittsausweis, die jeder geladene Gast an dem Abend tragen soll. Das ist deshalb notwendig, um eine gewisse Kontrolle zu haben, denn die Räumlichkeiten des Studios sind wirklich sehr eingeschränkt. Es soll einfach vermieden werden, dass einige Fans sich selbst einladen, um bei der Veranstaltung dabei sein zu können. Einerseits wäre das durchaus verständlich, und ich rechne auch mit einigen Fans, die diese Entscheidung für sich treffen. Andererseits wäre das in unseren Augen nicht fair gegenüber denen, die sich an die Regeln halten und zu Hause bleiben.

Ich merke sehr schnell, dass es ein Fehler war, diese Einladung schon vorab bekannt zu geben, denn dadurch entsteht schon im Vorfeld viel Wirbel, Neid, Missgunst und Gerede. Ich bin entsetzt darüber, wie kindisch sich Erwachsene verhalten können wenn es darum geht, ihre Interessen durchzusetzen.

Bei mir steht das Telefon kaum noch still. In den Augen von ein paar ganz Gefrusteten habe ich den Fehler gemacht, die Einladungen separat zu verschicken und die ausgewählten Clubleiter nicht öffentlich zu benennen. So heißt es nun: "Warum habe ich noch keine Einladung bekommen, wer ist denn noch dabei, warum nicht ich, aber dieser und jener, warum ist der oder die schon zum zweiten Mal dabei, warum... wieso... weshalb..."? Eine Clubleiterin ruft zum offenen Protest gegen das Auswahlverfahren auf und macht mich sogar telefonisch zur Schnecke.

Ich habe wirklich meinen Kampf und meine Nerven liegen blank, bis kurz vor Jahreswechsel die Meldung aus dem Tutzinger Büro kommt, ich solle noch weiter fünfzehn Clubleiter auswählen, diesmal ohne Einschränkungen! Das ist die schönste Neujahrsüberraschung, die man mir und den andern Clubs machen kann. Diesmal ist es mir auch egal, ob irgend jemand mit meiner Auswahl einverstanden ist oder nicht, denn der Karren ist eh schon total verfahren.

Da ich die Räumlichkeiten in den Studios kenne, frage ich mich allerdings, wo um Himmels Willen man dort mehr als sechzig Personen unterbringen will. Das ist zwar nicht mein Problem, aber es beschäftigt mich trotzdem. Aber erst mal gilt es, Unterkünfte für uns alle zu finden, denn ohne eine Übernachtung vor Ort ist diese Einladung nicht machbar. Auch hier ist uns wieder die gute Fee aus Peter's Büro behilflich, die nach etlichen Telefonaten ein Hotel direkt in Tutzing ausfindig macht, welches in der Lage ist, die meisten von uns zu einem annehmbaren Preis aufnehmen zu können.

1998 – ich mag nicht mehr

Am ersten Januarwochenende ist es dann soweit, wir nehmen das Hotel am See in Tutzing in Beschlag. Die meisten kommen schon Freitagabend und es gibt ein großes Hallo, denn schließlich ist es schon fast ein Jahr her, wo sich die meisten von uns zum letzten Mal gesehen haben. Nun habe ich auch Gelegenheit, Lutz persönlich zu sehen und wir stürzen uns auch gleich in die letzten Vorbereitungsgespräche. Er hat auch diesmal wieder im Vorfeld zu Spenden für das von Peter unterstützte Kinderheim aufgerufen. Den Spendenscheck soll ich in meiner Funktion als Clubzentrale am nächsten Abend an Peter überreichen.

Für den Abend hat Lutz mit der guten Fee aus dem Büro zusammen einen Raum in einem Restaurant reserviert, wo wir gemeinsam essen und feiern können. Nachdem alle Clubleiter eingetroffen sind, gibt er ein paar wichtige Dinge zum Ablauf des Wochenendes bekannt und wir verabschieden uns zum Essen zwei Stunden später.

Der Nebenraum des Restaurants stellt sich schnell als viel zu klein heraus, denn die meisten sind ja schon heute angereist. So sitzen wir zwar wie die Sardinen in der Büchse, aber es ist trotzdem recht gemütlich. Ich freue mich besonders darüber, dass die nette Mitarbeiterin aus dem Büro auch da ist. So habe ich endlich mal Gelegenheit, mit ihr in Ruhe ein wenig plaudern zu können. Als Überraschung für uns hat sie einen Ghettoblaster mitgebracht - und die erste Singleauskopplung des neuen Albums.

Es wird ein sehr langer und sehr lustiger Abend. Die neue Single hören wir rauf und runter, und ein junger Fan aus unseren Reihen überrascht uns mit einer Gesangseinlage: einen Song von Peter in italienischer Sprache. Wir sind völlig begeistert und feiern ihn wie einen Superstar. Schließlich sind wir der Meinung, dass wir dieses Talent am nächsten Abend unbedingt Peter vorführen müssten.

Der kommende Tag wird aufregend, im positiven wie im negativen Sinne. Positiv deshalb, weil wir heute nun endlich das neue Album zu hören bekommen und Peter wieder einmal im privaten Umfeld erleben dürfen. Negativ aber, weil sich die Ankündigung bewahrheitet, dass sich ein paar ganz hartnäckige Fans auf den Weg gemacht haben, um sich ohne Einladung der heutigen Veranstaltung anzuschließen. Dieses Verhalten löst bei vielen von uns heftigen Protest hervor, und auch ich ärgere mich sehr darüber. Sicher ist es absolut verständlich, dass gerne jeder Fan bei dieser Sache dabei wäre. Aber zum einen hatten wir ja mehrfach darauf hingewiesen, dass die Räumlichkeiten im Studio sehr eingeschränkt sind, und zum andern empfinden wir dieses Verhalten einfach nur unfair denen gegenüber, die akzeptiert haben, dass sie diesmal nicht dabei sein können.

Kurz bevor wir gemeinsam ins Studio gehen, verteile ich die Pässe an die eingeladenen Gäste und Lutz gibt noch letzte Verhaltensmaßregeln. Für Außenstehende mag diese Maßnahme lächerlich klingen, Insider aber wissen, warum das nötig ist. Fan ist nämlich nicht gleich Fan. Es gibt solche, die ganz vernünftig und angemessen zurückhaltend reagieren, wenn sie ihrem Idol begegnen. Aber es gibt auch solche, bei denen in dieser Situation der Verstand ausschaltet. Zudem schleppen sie dann kistenweise Fotos und andere Dinge an, die sie signiert haben möchten, klammern sich an ihren Star, um möglichst viele Fotos mit ihm machen zu können oder reden völlig dummes Zeug. Dadurch wird den andern Leuten die Möglichkeit genommen, auch zum Zug zu kommen. Peter ist zwar sehr geduldig, wenn er seinen Fans zur Verfügung steht, aber wenn es ihm zu bunt wird, kann es passieren, dass er sich von hier auf jetzt verabschiedet. Dann stehen die im Regen, die sich zurückhaltend verhalten haben. Mir ist das so schon mehrfach passiert, und es soll an diesem Abend auch nicht anders für mich verlaufen.

Gut bestückt mit Videokameras, Fotoapparaten, diversen Sachen zum Signieren und einer großen Spannung gehen wir gemeinsam die paar Meter vom Hotel zum Studio. Hier werden wir wieder per Handschlag von Peter begrüßt, und so manch einem zittern dabei die Knie. Denn für viele ist es heute das erste Mal, dass sie Peter persönlich und ziemlich privat erleben können. Ich denke, meine Güte, genauso habe ich mich vor zwei Jahren auch gefühlt. Heute bin ich ganz cool und fühle mich in diesen Räumen ein wenig wie zu Hause.

Jetzt kann ich auch sehen, warum man diesmal in der Lage gewesen ist, letztendlich mehr als sechzig Fans einzuladen. Man hatte den Aufnahmeraum des Studios weitgehend ausgeräumt und Tische und Bänke aufgestellt. Bis auf wenige Ausnahmen - bedingt durch die nicht eingeladenen "Gäste" - finden wir auch alle Platz. Selbst für ein Büfett ist noch Platz geblieben. Während Dieter Viering ein paar Begrüßungsworte an uns richtet, schaue ich mich um und entdecke ein paar bekannte Gesichter aus dem direkten Umfeld von Peter: seine Frau, Geschäftspartner und Mitarbeiter aus dem Büro und von der Plattenfirma.

Nachdem uns Peter nochmals offiziell begrüßt hat, soll ich eigentlich an der Reihe sein. Lutz hat mich beauftragt, Peter den Scheck unserer Sammlung zu überreichen. Ich hatte mir dazu ein paar Worte zurechtgelegt, aber ich komme nicht dazu, sie los zu werden. Lutz übernimmt meinen Part und redet große Worte, und ich fühle mich ziemlich verarscht. Am Ende überreiche ich Peter mit einem schiefen Grinsen den Scheck und fühle mich dabei wie ein Handlanger. Zuvor hat Peter Lutz zum Dank für seine warmen Worte herzlich umarmt. Das selbe möchte ich nun auch haben, und schaue Peter erwartungsvoll an. Aber offensichtlich kann er meine Gedanken nicht lesen, denn er belässt seinen Dank bei einem Händedruck. Ich bin ziemlich sauer auf Lutz, dass er mir so den Wind aus den Segeln genommen hat. Nach meinen Erfahrungen mit diesem Mann in den letzten beiden Jahren werde ich das Gefühl nicht los, dass er sich furchtbar gerne reden hört. Und ich frage mich, was er eigentlich hier zu suchen hat. Schließlich sind die Clubleiter hier eingeladen. Er aber ist "nur" ein ganz normaler Fan, inzwischen nicht mal mehr Mitglied in einem Club.

Es folgen ein paar erklärende Worte von Maffay zu seinem neuen Album und ein Blick in die dazu produzierten Videos. Danach werden wir in zwei Gruppen eingeteilt: eine geht in den Vorführraum, um sich das Album anzuhören, die andere Gruppe bleibt hier, um zu essen und ein wenig Small Talk mit den Mitarbeitern von Peter zu haben.

In dem Vorführraum wird es sehr eng, aber auch sehr interessant. Neugierig folgen wir den Ausführungen, die wir zu jedem Song zu hören bekommen. Während wir die einzelnen Titel hören, geht Peter zu den andern nach draußen, um Autogramm- und Fotowünsche zu erfüllen.

Ich beobachte das Geschehen draußen durch das Fenster des Vorführraums und denke: es ist heute alles ganz anders als beim ersten Mal. Nichts ist von der familiären Atmosphäre zu spüren, die vor zwei Jahren hier vorherrschte. Ich sehe Trauben von Fans um Peter stehen, der sich bemüht, zu allen gleich höflich zu sein. Auch das war beim letzten Mal ganz anders. Irgendwie bin ich ein wenig enttäuscht von der ganzen Veranstaltung.

Als dann die Gruppen getauscht werden, habe ich die Hoffnung, ein paar Worte mit Peter oder Dieter Viering über die Belange der Clubs wechseln zu können. Aber nichts dergleichen gelingt mir. Peter glänzt durch Abwesenheit. Er ist schon vor der Tür zum Studio von Fans so belagert worden, dass er keine Chance hat, sich von dort abzusetzen. Also versuche ich, an Viering heranzukommen. Der hat mir nämlich während eines Telefonates kurz vor diesem Treffen versichert, dass es heute sicher die Möglichkeit gäbe, miteinander zu reden. Aber auch Viering ist ständig von Leuten umlagert. Ich bin kein Freund davon, laufende Gespräche zu unterbrechen, deshalb halte ich mich zurück und warte auf eine günstige Gelegenheit. Zwischendurch haben ich mit ihm Blickkontakt und mache ihm klar, dass ich ihn sprechen möchte, aber entweder kann oder will er das nicht verstehen, denn er geht mir konsequent aus dem Weg. Irgendwann wird mir das Spiel zu blöd und ich gebe gefrustet meinen Plan auf.

Statt dessen nutze ich die Gelegenheit, mich mit der guten Seele des Büros ein wenig zu unterhalten, und was von dem zu essen, was uns die erste Gruppe übrig gelassen hat. Sie hat in einer Ecke jede Menge schöner Dinge für uns Fans gestapelt, und ich beratschlage mit ihr, wie wir das Zeugs am besten unter die Leute bringen. Mit der Zeit wird das Studio immer leerer, weil sich alle der Fantraube vor der Tür anschließen, die Peter immer noch in Beschlag hat. Ich bitte Sanne darum, doch einmal mit Herrn Viering darüber zu sprechen, dass ich in Zukunft genügend Autogrammkarten bekomme, um sie an die Fanclubs und andere Fans verteilen zu können. Denn noch immer bekomme ich viel zu oft zu hören, dass es monatelang dauert, bis man aus dem Büro diesbezüglich eine Antwort bekommt.

Endlich ist auch die zweite Gruppe mit der Anhöre fertig. Nun wollen wir Peter überraschen: der Fan, der gestern Abend seine Songs in italienisch gesungen hat, soll Peter vorgestellt werden. Wir quetschen uns alle in den winzigen Raum mit den Mischpulten; Peter staunt nicht schlecht, dass wir alle hier Platz finden. Wieder ergreift Lutz das Wort - wer auch sonst - und erklärt Peter, was jetzt folgen soll. Der junge Sangeskünstler fängt auch ohne großes Federlesen an, seinen Song zu schmettern - unterstützt mit einem Playback der Musik - und Peter's Augen werden vor Staunen immer größer. Zum Schluss grinst er begeistert und meint, er gründet hier auf der Stelle einen Fanclub für den jungen Mann.

Peter ist so angetan, dass er ihn nicht nur für die kommende Tour einlädt - für AUF die Bühne! - sondern ihm auch verspricht, mit ihm diesen Song professionell zu produzieren. Wir alle sind von dieser Reaktion total begeistert. Vergessen ist wieder all der Ärger oder Frust, Peter ist der Größte!

Dieses Ergebnis ist ein schöner Abschluss des Tages, und kurz danach verabschiedet sich unser Idol mit dem Versprechen, dass es diese Art der Einladungen in Zukunft regelmäßig geben soll. Wir alle sind so aufgeputscht von den Erlebnissen des Tages, dass wir beschließen, noch in das Restaurant vom Vortag zu gehen, um den Abend gebührend abzuschließen. Wir haben Glück, denn gerade, als wir gegen Mitternacht in dem Restaurant ankommen, sind die Wirtsleute im Begriff, zu schließen. Sie haben wohl am Vorabend Gefallen an der Fanmeute gefunden, denn ohne zu zögern schließen sie wieder auf.

Zu unserer Freude stellen wir fest, dass sich die Mitarbeiter von Peter uns angeschlossen haben. Herr Viering ist hier, ebenso wie die Merchandiser und die Leute von der Plattenfirma. Und so tagen wir noch in guter Stimmung bis in die frühen Morgenstunden. Ein Riesenkompliment gebührt hierbei den Wirtsleuten, die uns, ohne zu murren, selbst weit nach Mitternacht noch mit gutem Essen versorgen.

Die Nacht ist für die meisten nur kurz, aber beim Frühstück herrscht wieder rege Unterhaltung. Da viele einen langen Heimweg vor sich haben, löst sich die Fangemeinde aber schnell auf, und kurz vor Mittag ist nur noch eine handvoll Leute da. Auch ich mache mich mit meiner Begleitung auf den Heimweg, denn vor uns liegen noch fünf Stunden Zugfahrt...

Ich fahre mit gemischten Gefühlen nach Hause. Einerseits liegt ein sehr schönes Wochenende mit aufregenden Erlebnissen hinter mir; ich habe alte Freunde wieder getroffen und neue Leute kennen gelernt. Andererseits bin ich unzufrieden, denn ich hatte mir sehr erhofft, während dieses Aufenthaltes ein klärendes Gespräch mit dem einen oder anderen des Mitarbeiterstabes führen zu können. Das war ja misslungen. Und als Krönung meiner Enttäuschung habe ich erfahren, dass die gute Seele des Büros Maffay keine Vertragsverlängerung bekommen hat. Das bedeutet für mich - und somit auch für die Fanclubs - dass die einzige Person aus dem Management, die uns Fanclubs ernst nimmt und wenigstens ab und zu mit Informationen versorgt, in Kürze nicht mehr zur Verfügung stehen wird.

Mein ganzer Frust vom letzten Jahr bricht wieder mit aller Macht durch, und wiedermal bin ich fest entschlossen, mit dem ganzen Zirkus aufzuhören. Wozu, frage ich mich, soll ich das weiter machen? Ich ernte in letzter Zeit zum großen Teil nur Undank und Unverständnis von einigen Fans, habe mehr Stress als Spaß, und die Person, die das alles eigentlich nur betrifft - nämlich Peter Maffay - hat keinen Funken Interesse an dem, was ich mache. Die wirkliche Krönung aber kommt noch. Ich habe eigentlich gedacht, das Thema "Einladung nach Tutzing" ist nach dem Ereignis abgehakt und die frustrierten Gemüter beruhigen sich wieder, aber jetzt kommt es noch mal ganz dicke von denen, die nicht dabei waren.

Man beschimpft und verdächtigt mich in übelster Weise. Ein Fanclub bezichtigt mich öffentlich der Mauschelei und meint, dass nur solche Leute eine Chance zur Einladung gehabt hätten, die einen persönlichen Kontakt zu mir haben. Dieser Club stellt sogar für sich in Anspruch "entweder wird der ganze Club eingeladen oder keiner - wir kommen nur komplett". In etwa habe ich geahnt, dass noch irgendwo was nachkommen wird, aber dass ich so sehr angegriffen würde, dass sich manche so kindisch benehmen, hätte ich nie vermutet. Ich bin nur noch damit beschäftigt, mich für meine Entscheidungen zu rechtfertigen - wobei das eigentlich nicht meine Aufgabe wäre - bis ich endlich moralische Unterstützung aus dem Büro von Peter bekomme. Die gute Sanne handelt sofort, nachdem ich ihr erzählt habe, was momentan passiert. Sie schreibt einen offenen Brief für die Clubinfos und wäscht den Leuten gehörig den Kopf. Eine offene Meinungsäußerung vom Büro Maffay - das zeigt positive Wirkung: die Leute kommen wieder zurück auf den Teppich und lassen mich in Ruhe.

Trotzdem hat meine monatliche Clubzeitung in den kommenden Ausgaben ein Hauptthema: dieses vermaledeite Treffen mit Peter. Die einen nehmen Stellung zu den Angriffen gegen mich, die anderen verteidigen mich, und die letzten erzählen einfach nur begeistert von ihren Eindrücken. Ich frage mich, ob unser aller Idol eigentlich weiß, was er mit dieser Einladung angerichtet hat. Inzwischen bin ich mir nicht mehr so sicher, ob der Grund der Einladung nur darin liegt, uns eine Freude zumachen. Ich glaube vielmehr, dass der Hauptgrund ein geschäftlicher ist. Dieses neue Projekt ist ein Tanz auf dem Seil, und wenn Maffay damit ausrutscht, kostet das viel Geld. Deshalb war es ihm wichtig, die Reaktion derer zu testen, die das neue Album kaufen sollen. Wäre der Test negativ ausgefallen, so hätte er jetzt noch Zeit, Änderungen vorzunehmen. So sehe ich das zumindest als Außenstehende.

Aber natürlich ist die Reaktion der Fans durchweg positiv - was sollte man auch anders erwarten? Der durchschnittliche Fan ist nun mal in der Lage, erst einmal alles für gut und toll zu befinden, was sein Idol produziert - ohne wenn und aber. Sie schlucken alles, wo Peter drauf steht, egal, wie viel Peter drin ist. Nur ganz wenige sind realistisch genug, seine Arbeiten kritisch zu betrachten. Seit längerem schon versuche ich - ganz vorsichtig - die Fans zu motivieren, auch einmal ein Wort der Kritik über ihre Erfahrungen und Erlebnisse zu äußern. Es gibt nämlich durchaus auch Leute, die nicht alles so toll finden. Aber die meisten haben einfach Angst, entweder ihr Cluberlaubnis entzogen zu bekommen oder sich den Unwillen der anderen Fans zuzuziehen, wenn sie am Image ihres Idols kratzen.

Kritik ist ein Thema, das mich zunehmend mehr beschäftigt. Auch ich habe ganz am Anfang alles für gut befunden, was Peter machte. Nichts und niemand hätte mich dazu bewegen können, irgendwas an dem

Mann negativ zu sehen. Je länger ich aber in der Szene aktiv bin, um so mehr komme ich von der anfänglich rosaroten Wolke herunter. Durch meine Erfahrung mit dem eigenen Club und der Clubzentrale konnte ich mehr und mehr hinter die Kulissen dieses Geschäfts schauen und mir dazu meine eigenen Gedanken machen. Oh ja, ich lerne, auch die weniger schönen Seiten von Maffay & Co. zu sehen, und was ich da sehe, ist äußerst ernüchternd.

Für mich entsteht der Eindruck, dass es alles nur Geschäft ist - nichts anderes. Ein Riesengeschäft, für das wir Fans nur allzu gern benutzt werden. Denn wir bringen die Kassen zum Klingeln. Konzertkarten, CDs, Videos, Bücher und ein ständiges Wachsen der Fanartikel - die hartgesottenen Fans MÜSSEN alles haben, geben ihr letztes Geld dafür her. Um möglichst viele Konzerte während einer Tour besuchen zu können, wird das ganze Jahr über gespart und so manches Mal der Jahresurlaub geopfert. Die Zeit der hohen Arbeitslosigkeit fordert auch unter den Fans ihre Opfer, und für diese ist es eine Katastrophe, nicht zu einem Konzert zu gehen, nicht die neue CD zu kaufen und nichts von dem erneuten Riesenangebot an Fanartikeln erstehen zu können.

Sicher steht außer Zweifel, dass Peter in erster Linie seine Musik macht, weil er Freude daran hat. Aber der geschäftliche Aspekt daran ist bestimmt nicht unerheblich für ihn. Er verdient sehr viel Geld damit - durch seine Fans, die alles für ihn geben. Mit seiner Musik bringt er sicher auch sehr viel Freude und Motivation unter die Menschen. Aber er sieht den Preis nicht, den sein Geschäft auf der anderen Seite für viele Fans mit sich bringt: Enttäuschung und große finanzielle Opfer. Ich bin zwar nicht arbeitslos, aber aufgrund meines kleinen Einkommens gehöre ich zu denen, die sehr oft verzichten müssen. Ich weiß also, wovon ich rede und bin deshalb nach wie vor ein Gegner des Fanartikel-Geschäftes. Die Preise sind unverschämt hoch, aber ein harter Fan hungert lieber, als auf irgend ein Teil für seine Sammlung zu verzichten. Und wer angesehen sein will in diesen Kreisen, erleichtert sich das erst mit einer richtig guten, möglichst kompletten Sammlung.

Vielleicht habe ich leicht reden, weil ich nie bestrebt war, eine große Sammlung anzulegen. Aber ich kann es einfach nicht nachvollziehen, wenn ich sehe, mit welchen Mühen und Kosten verbunden viele bestrebt sind, alles zu bekommen, was nur im entferntesten mit Peter zu tun hat. Sie kaufen die regulären Fanartikel, blättern Woche für Woche sämtliche greifbaren Printmedien nach eventuellen Fotos oder Artikeln durch, kaufen diese - auch wenn in jeder Zeitung das gleiche steht, und das selbe Foto abgebildet ist -, zeichnen jeden Satz, der im Fernsehen gezeigt wird, auf Video auf, und versuchen nach den Konzerten irgendwelche abgelegten Dinge von Maffay zu ergattern.

Am wenigsten aber verstehe ich, warum manche Fans sämtliche Platten haben müssen, die jemals veröffentlicht wurden. Dabei sind dann auch Platten gleichen Inhalts, aber mit einer kleinen Abweichung auf dem Cover, oder wo die Pressung in einem andern Land oder unter einem fremden Label stattfand. Nicht selten werde ich von fremden Fans angerufen, die hoffen, ich kann ihnen zu einer dieser seltenen Platten verhelfen, und sie können es nicht verstehen, dass ich nichts dergleichen habe, weil mir das Interesse daran fehlt.

Nein, als Fan kann ich mich nach nun fast zehn Jahren nicht mehr bezeichnen. Durch meine Erfahrungen zweifle ich sogar an der Ehrlichkeit meines ehemaligen Idols. Wieder und wieder frage ich mich - auch in vielen Gesprächen mit anderen Fans - wie der Widerspruch zu erklären ist, der uns beschäftigt. In der Öffentlichkeit hat Peter immer wieder betont, wie wichtig wir Fans für ihn sind, was er ohne uns geworden wäre. Aber ohne eine Öffentlichkeit sieht die Realität anders aus, zumindest für mich und einige andere Leute. Durch unsere Erlebnisse haben wir den Eindruck, das wir eher als lästiges Übel betrachtet werden, welches man, so gut es geht, hinnehmen muss. Ab und zu gibt man dem Affen eben ein wenig Zucker, damit er wieder für eine Weile zufrieden ist.

Mir fällt es immer schwerer, den Fans neutral gegenüber zu treten, die mich kontaktieren. Mir tun die Leute leid, die voller Enthusiasmus von Peter schwärmen und auf seine überall publizierten Vorzüge hinweisen. Es sind immer wieder die gleichen Dinge, die angeführt werden: Ehrlichkeit, Korrektheit, ein Kumpel, einer wie du und ich, der Stimmungsretter für schlechte Tage usw. Und ich denke bei mir: Leute, wenn ihr wüsstet, was ich weiß. Natürlich hüte ich mich davor, offen zu reden. Es reicht, wenn ich desillusioniert bin, warum soll ich den andern die Freu-

de an Peter nehmen? Leicht fällt mir das allerdings nicht, denn ich mag es nicht, wenn Menschen für dumm verkauft werden.
Meine Einstellung zu dem ganzen Geschäft zermürbt mich zu zunehmend. Ich will kein Fan mehr sein, aber ich will auch noch nicht auf meine Arbeit für die Clubzentrale verzichten, denn die gibt mir, trotz aller Querelen, immer noch sehr viel. In dieser Stimmung entschließe ich mich erneut, einen Brief an Peter zu schreiben, um ihm zu erzählen, was mich beschäftigt. Ich weiß inzwischen auch, dass Peter nur in den seltensten Fällen die Briefe seiner Fans zu lesen bekommt, deshalb schreibe ich erst einmal an Dieter Viering. Ich hoffe, dass der dann meinen Brief an Peter weitergibt.

Und wieder schreibe ich mir alles von der Seele, meine Wünsche, Vorstellungen und Enttäuschungen. Von der Arbeit für die Clubzentrale, die beständig mehr wird. Dass mich inzwischen nicht nur die Fans aus ganz Deutschland kontaktieren, wenn sie etwas wissen wollen oder ein Problem haben, sondern dass auch diverse Rundfunk- und TV-Anstalten bei mir anrufen, wenn sie irgendwelche Aktionen planen, bei denen Fans gebraucht werden. Und nicht zuletzt darüber, dass seine Mitarbeiter aus dem Büro mehr und mehr dazu übergehen, diverse Arbeiten die Fans betreffend an mich weiterzugeben. Dass mein Einsatz von ihm oder Peter weder beachtet noch gewürdigt wird. Dass meine Arbeit einfach nur stillschweigend hingenommen wird und mich diese Tatsache sehr verletzt. Ich sage unverblümt meine Meinung, denn ich habe nach wie vor nichts zu verlieren.

Was ich niemals geglaubt hätte, tritt ein: ich bekomme nach ein paar Tagen eine Antwort auf meinen Brief. Viering verspricht mir ein klärendes Gespräch, erbittet aber gleichzeitig noch ein wenig Zeit, bis er mit mir einen Termin machen kann. Nun gut, denke ich mir, einen Schritt weiter bin ich schon einmal. Während ich auf eine Terminabsprache warte, - es vergehen mehrere Wochen! - bekomme ich aus internen Kreisen den Tipp, meinen Brief mit gleichem Inhalt noch einmal an Peter direkt zu schicken. Der wüsste nämlich absolut nichts von der Stimmung in den Fanclubs, geschweige von meinen Nöten. Wenn er davon erführe, sagt man mir, würde er mit Sicherheit etwas unternehmen.

Na, das möchte ich erleben, denn das kann ich mir absolut nicht vorstellen. Trotzdem schicke ich meinen Brief also nochmal, diesmal an den Meister himself. Es dauert gar nicht lange, und ich bekomme ein Fax von einem feixenden Viering: siehst du, wie auch immer du es anstellst, JEDER Brief an Peter geht über meinen Schreibtisch. Den Brief an Peter hättest du dir sparen können... so in etwa ist der Inhalt. Und weiter: ein Terminvorschlag zu einem Gespräch! Ich kann es kaum fassen, wieder einen Schritt weiter! Wie ich ein paar Tage später erfahre, hat Peter meinen Brief tatsächlich bekommen, und ihn erst nachdem er ihn gelesen hat, an Viering weitergegeben: kläre diese Probleme bitte! Ich frage mich allerdings, warum Peter bei diesen Vorwürfen, die ich vom Stapel gelassen habe, nicht in der Lage ist, sich selbst mit mir auseinander zu setzen... Aber warum auch immer, er weiß nun, was mir durch den Kopf geht, und das ist mir wichtig.

Bis es letztendlich zu einem persönlichen Gespräch kommt, habe ich genügend Zeit, mich darauf vorzubereiten. Mein Notizzettel füllt sich zusehends mit den Punkten, die ich unbedingt ansprechen möchte. Ich merke dabei, dass es mir bei der ganzen Geschichte überhaupt nicht mehr um mich selber geht, sondern in erster Linie um die Belange der Fans und Fanclubs. Viele von ihnen haben mich in den letzten Monaten darum gebeten, nicht mit meiner Arbeit aufzuhören, und irgendwo tun mir die Leutchen leid. Also nehme ich mir vor, noch ein weiteres Jahr dranzuhängen, wenn das geplante Gespräch erfolgreich verlaufen sollte. Bis das allerdings klappt, braucht es drei erfolglose Versuche, begleitet von Missverständnissen auf beiden Seiten.

Im Juni ´98 ist es dann endlich soweit, Dieter Viering wird sich bei mir zu Hause mit mir treffen. Ich fasse es nicht, und will es erst glauben, wenn dieser Termin gelaufen ist. Mit fast zwei Stunden Verspätung trifft Peter's Manager bei mir ein, und ich frage mich, wer von uns beiden nervöser ist. Bisher hatten wir nur telefonisch oder schriftlich miteinander zu tun, und ich gestehe, dass wir uns nicht besonders mögen. So hoffe ich, dass sich durch das Gespräch auch unsere Vorurteile abbauen lassen.

Aber ich komme kaum zum Zug, denn Dieter redet ohne Punkt und Komma. Heute will ich nicht wissen, was Peter als nächstes plant, das erfahre ich sowieso irgendwann, denke ich. Ich muss ihn unterbrechen, um wenigstens ein paar der die Dinge anzusprechen, die mir am Wichtigsten sind. Als er sich nach einer knappen Stunde ziemlich überstürzt von mir verabschiedet, habe ich nicht das Gefühl, irgendwas erreicht zu haben. Ein paar Versprechen habe ich zwar erhalten, ein paar Eingeständnisse gehört, trotzdem bin ich mir nicht sicher, ob ich zufrieden mit dem Ausgang des Gespräches sein soll.

Ein paar Tage später dann die erste Reaktion auf unsere "Konferenz": ich bekomme einen Anruf von Dieter, in dem er mir die Daten für ein paar Konzerte mitteilt. Na also, es geht doch. Es kommt noch besser, denn ich werde gebeten, die Kartenverteilung für eines der Konzerte unter den Fanclubs zu organisieren. Ja! Diese Art Arbeit liebe ich doch! Voller Enthusiasmus stürze ich mich in die Arbeit und entschließe mich hoffnungsvoll dazu, noch ein weiteres Jahr für die Clubzentrale dran zu hängen.

Ach ja, ich habe immer noch nicht gelernt, skeptisch genug zu sein...

Aber erst mal läuft alles prima, ich werde am Telefon des Maffaybüros nicht mehr abgewimmelt, bekomme immer die Informationen, die ich brauche, und auch der Nachschub von Autogrammkarten läuft reibungslos. In dieser Zeit treffe ich mich immer häufiger mit einigen Fans im Internet zum Plaudern, und auf diese Weise finde ich sogar ein ehemaliges Clubmitglied wieder.

Nach und nach werden die Internet-Treffen regelmäßiger, es finden sich nichtorganisierte Fans ebenso wie einige Mitglieder aus den regulären Fanclubs hier wieder. Natürlich erzähle ich bei den Chats von den Dingen, die Fanclubs erleben können, und die nichtorganisierten Fans reagieren mit Enttäuschung: warum können wir das nicht auch erleben? Warum können wir deine Fanzeitung nicht abonnieren? Und so entsteht auf meine Initiative hin der erste Internet-Fanclub, dessen Clubleitung ich aber dankend ablehne. Ich habe auch so genug zu tun. Durch die entsprechende Werbung im Internet und in meiner monatlichen Fanzeitung wächst dieser Fanclub sehr schnell.

1999 - zurück ins normale Leben

Das Ende meiner Zeit als Leiterin der Clubzentrale kommt dann doch recht schnell. Der Informationsfluss aus dem Maffaybüro läuft mal gut, meistens aber nach wie vor sehr schleppend. Zu Anfang des Jahres wird mein e-mail-Kontakt zum Büro zwar intensiver, für mich aber auch irgendwie frustrierender. Zunehmend komme ich mir mehr und mehr als Depp der Nation vor. Auf der einen Seite muss ich nach wie vor vielen Informationen hinterher laufen, von alleine kommt da sehr wenig aus Tutzing, zum andern aber werde ich immer häufiger von den Damen des Büros um Hilfe bei Arbeiten gebeten, die eigentlich deren Aufgabe wären.

Eigentlich sollte mich diese Tatsache ja freuen, könnte man jetzt einwenden. Aber ein guter Kontakt besteht eben aus Geben und Nehmen, und ich gebe in erster Linie, bekomme aber dafür fast nichts. Und das, was mir zunehmend wichtiger wird, tritt auch nicht ein: einmal ein Wort der Anerkennung für meinen Einsatz oder nur mal ein Zeichen der Beachtung vom Meister himself. Hier tut sich absolut nichts. Ich strampele mir einen ab, biete guten Service, habe fast keine Freizeit mehr und investiere viel Geld um eine Arbeit zu leisten, die eigentlich Aufgabe von Maffay & Co. wäre.

Wiedermal schleichen sich Gedanken in mein Hirn: das will ich so nicht mehr. Trotzdem organisiere ich für den Mai zusammen mit meiner Freundin Dagmar ein erneutes Clubleitertreffen, auf das sich alle sehr freuen. Die Vorbereitungen sind extrem arbeitsintensiv, und meine Telefonrechnung steigt erneut ins Astronomische. Dagmar' Motto für die Veranstaltung scheint zu sein: Höher, Weiter, Größer. Ehe ich mich versehe, hat sie das Zepter in der Hand und ist kaum noch zu bremsen. Das kalte Büffet vom Partyservice fällt dem Alleinunterhalter Mr. Entertainment zum Opfer, den sie engagieren will. Will heißen: das Essen für über 100 Leute will sie alleine machen. O Gott, auf was hab ich mich diesmal eingelassen?

Eine Woche vor der Veranstaltung fahre ich zu Dagmar, um mit ihr gemeinsam die letzten Vorbereitungen zu treffen. Es wird eine der härtesten Wochen der letzten zehn Jahre für mich, und zum ersten Mal, seit wir uns kennen, haben wir Krach miteinander. Ich sehe sehr schnell, dass wir uns hier zuviel vorgenommen haben, aber jetzt ist es zu spät für einen Rückzieher.

Ein paar der eingeladenen Gäste haben sich zwar angeboten, diverse Kuchen oder Salate mitzubringen, trotzdem kochen und backen wir beide wie die Weltmeister bis kurz vor Beginn unseres Treffens. Selbst der Schlaf in der Nacht davor wird geopfert - zumindest von Dagmar und deren Tochter, denn ich mache um zwei Uhr nachts schlapp und falle halbtot für einen unruhigen kurzen Schlaf ins Bett.

Die Veranstaltung wird ein Erfolg, trotz ein paar kleiner Unstimmigkeiten zwischen mir und Dagmar, aber eines weiß ich hinterher mit Sicherheit: nie wieder organisiere ich etwas in dieser Art! Und noch etwas wird mir an diesem Abend klar: ich kann und möchte nicht mehr dieses Amt der Clubzentrale innehaben. Ich bin inzwischen einfach zu weit entfernt von den Eigenschaften eines Fans, und ich stehe in keinster Weise mehr hinter der Sache.

Während unseres Festes beobachte ich die Reaktionen meiner Freunde aus dieser Szene und stelle fest: ich kann das nicht mehr nachvollziehen, was die Leute hier beschäftigt. „Wir wollen Maffaymusik hören, und nicht Elvis!“ ist zum Beispiel zu hören. Vor ein paar Jahren noch hätte ich selber zu den Rufern gehören können, heute denke ich: meine Güte, was ist gegen Elvis zu beanstanden? Andere schwärmen in den höchsten Tönen von unserem gemeinsamen Idol, von ihren Erlebnissen vor oder während der Konzerte, reden über sein Image in der Öffentlichkeit, wollen sich mit Peter identifizieren. Und ich kann nur denken: ihr tut mir leid, denn ihr habt keine Ahnung, welche Seiten euer Idol noch hat. Aber schön für euch, wenn ihr ihn auf die rosarote Wolke setzen könnt und euch gleich neben dran.

Merkt ihr eigentlich nicht, wie man euch alle in erster Linie nur benutzt? Ihr werdet mit der Imagepflege von Peter verarscht, denn das, was er immer wieder in der Öffentlichkeit von sich gibt, stimmt mit der Realität sehr oft nicht überein. Viele von euch wissen um diese Tatsache, aber es wird nur hinter vorgehaltener Hand darüber gesprochen. Und benutzt werdet ihr, wenn es darum geht, dass Geld in die Kassen kommt. Oder glaubt ihr etwa, dass die Fanclubs nur aus reiner Nächstenliebe zur Anhöre ins Studio eingeladen werden? Und was ist mit den kurzfristigen Aktionen vor verschiedenen Konzerten, wenn trotz angeblich ausverkaufter Hallen plötzlich die Fanclubs jede Menge Freikarten bekommen können? Ich denke, dass die Hallen dann doch nicht so ausverkauft sind, und ehe man vor halbleeren Rängen spielt, holt man noch ein paar Fans dazu, damit die ordentlich Krach machen. Wie stünde man denn sonst vor der Presse da? Und schaut euch das Merchandising-Angebot und die Preise dazu an: das ist alles dazu da, um die Konten weiter zu füllen, und euch wird das Geld aus den so oft leeren Taschen gezogen, und ihr funktioniert wunderbar.

Keine besonders freundlichen Worte, die mir da durch den Kopf gehen, aber ich bin einfach nur noch verbittert, enttäuscht und traurig. Und ich merke, dass es mir besonders heute Abend sehr schwer fällt, meinen Mund zuhalten und den Fan zu spielen. Aber ich will meine Freunde nicht auch hintergehen, ich will ihnen nicht länger etwas vormachen und ich will endlich raus aus der Szene!

Ein letztes Mal versuche ich, mir die positiven Veränderungen für die Fans vorzuhalten. Wir dürfen jetzt bei den Konzerten mitarbeiten, können Karten für die Tour in der Regel schon vor dem Vorverkauf erstehen, dürfen ein neues Album vor der Veröffentlichung zusammen mit Peter im Studio anhören, und selbst im Internet beginnt er, langsam auch präsent zu sein. Alles Dinge, die es vor zehn Jahren noch nicht gab. Aber es reicht nicht, um mich aus meinem Loch zu ziehen.

Ich komme mir vor wie eine Drogensüchtige. Vor achtzehn Jahren wurde ich süchtig nach der Droge Peter. Fing mit kleinen Portionen der Droge an und brauchte im Laufe der Jahre immer stärkere Dosen davon, um den Kick zu erleben. Jetzt habe ich kapiert, dass diese Droge mir schadet und bin ganz gewaltig auf Entzug. Ich hätte nie gedacht, dass dies so schmerzhaft sein könnte.

Das Jammern ist groß, als ich meinen Entschluss bekannt gebe, und für die Nachfolge der Clubzentrale aufrufe. Den größten Fauxpas aber leistet sich Peter's Manager in dieser Sache: er schreibt mir einen nichtssagenden Dankesbrief für meine Arbeit, und versetzt gleichzeitig mir und all den andern Fanclubs eine Riesenohrfeige, in dem er uns einen Nachfolger für dieses Amt auf dem silbernen Tablett servieren will, den er einfach so mir nichts dir nichts selbst dafür bestimmt hat.
Beim Lesen des Briefes denke ich zuerst noch: ach, gucke da, jetzt wo ich gehe, kann man mir auf einmal für meine Arbeit danken. Aber als ich lese, dass man bereits einen Nachfolger bestimmt hat, platze ich. Nun ist das Maß voll, und ich werde so aktiv, wie lange nicht mehr.

Die Clubzentrale ist eine Institution, die von den Fanclubs ins Leben gerufen wurde, die von ihnen betreut und gewählt, und die ausschließlich von den Fanclubs am Leben gehalten wird. Es kann einfach nicht angehen, dass diese Tatsachen einfach ignoriert werden, und uns ohne Rücksprache vom Management eine Nachfolge serviert wird. Und das, obwohl ich ganz offiziell zu einer Wahl aufgerufen habe. Diese Ignoranz empfinde ich als Schlag ins Gesicht und sie verletzt mich ganz gewaltig, zeigt sie mir doch eindeutig, was gewisse Leute in Peter's Büro von mir halten.

Ich schicke umgehend den Brief per Fax an alle Fanclubs weiter und bringe damit eine Lawine ins Rollen. Alle sind genauso empört wie ich und machen ihren Ärger darüber deutlich, in dem sie das Tutzinger Büro mit Protestfaxen und Briefen bombardieren, ein Fax von mir ist ebenfalls dabei.

Eine Reaktion auf unsere Proteste lässt nicht lange auf sich warten. Eine direkte Antwort auf mein Fax bekomme ich zwar nicht - dazu fehlte wohl die Zeit - dafür erfahre ich aber über eine recht neue Clubleiterin in unseren Reihen, dass das Herr Viering nun bereit ist, sich mit uns an einen Tisch zu setzen, um endlich mal diverse Dinge zur Aussprache zu bringen!

Besagte Clubleiterin hatte nicht wie alle andern ein Fax geschickt, sondern gleich in der Höhle des Löwen angerufen. Da sie offensichtlich vernünftig argumentierte, wurde sie auch gleich damit beauftragt, ein

Meeting zu organisieren. Freundlicherweise rät man ihr aber, sich dafür mit mir zusammen zu tun, was sie dann auch macht. Mich haut diese Tatsache erst recht um. Seit vier Jahren hoffe und arbeite ich darauf hin, solch ein Meeting zustande zu bringen, ohne Erfolg. Überhaupt: seit ich in der Szene bin, höre ich diesen Wunsch von allen Fanclubs immer wieder. Und nun, wo ich aufhören will, soll es wirklich klappen? Ich weiß nicht recht, ob ich mich freuen oder noch mehr enttäuscht sein soll. Ich entschließe mich für das Erstere, freue mich aber in erster Linie darüber, dass meine Bemühungen in der Vergangenheit um Solidarität in den Fanclubs wohl doch nicht ganz vergebens waren. Es ist ein schönes Gefühl, zu erleben, dass wir zusammen halten können, wenn es nötig ist, „denn nur zusammen sind wir wirklich stark!" Ein Satz, den ich in den letzten vier Jahren immer wieder zitiert habe, zeigt nun Auswirkungen, und darauf bin ich stolz.

Das Meeting mit fünfzehn ausgesuchten Clubleitern findet vier Wochen später statt. Die befürchteten Proteste über dieses Auswahlverfahren bleiben Gott sei Dank aus, und es zeigt mir, das alle erkannt haben, wie wichtig dieses Treffen für uns werden kann. Zu den vergangenen Treffen der Fans war es an der Tagesordnung, dass man sein Fan-T-Shirt anzog, heute jedoch kommen alle Teilnehmer ohne zusätzliche Aufforderung geschniegelt wie richtige Geschäftsleute. Natürlich sind wir alle frühzeitig da, und wir reden uns schon die Köpfe heiß, bevor Herr Viering in Begleitung seiner gewünschten Nachfolge für die Clubzentrale ankommt.

Die Begrüßung von seiner Seite fällt recht reserviert aus, ich ernte einen sehr frostigen Blick, bleibe aber nun erst recht sehr freundlich. Oh oh, denke ich nur, als ich das Gesicht von Viering sehe, hier hat jemand ein schlechtes Gewissen, gehörig Muffensausen und überhaupt keine Lust auf Auseinandersetzung.

Während der ersten Minuten ist die Luft zum Schneiden dick, es knistert gewaltig und jeder wartet auf die ersten bösen Worte. Als Herr Viering aber merkt, dass wir sachlich bleiben und ihn keiner von uns beißen wird, lockert sich seine Stimmung merklich. Seine Unsicherheit kann er aber nicht verstecken; wie wäre sonst zu erklären, dass er während der gesamten Sitzung immer wieder geschäftig auf seinen Organizer her-

umtippt? Irgendwie amüsiert mich das zwar, aber auch hier bohrt meine Frustration und meint, dass dieses Verhalten alles andere als höflich uns gegenüber ist.
Aber was soll's, zum ersten Mal, seit es organisierte Fans von Peter Maffay gibt, sitzen ein paar von ihnen mit dem Management zusammen und beide Seiten können ihre Wünsche und Vorstellungen äußern. Eine Tatsache, die wirklich beachtenswert ist! Wichtiger noch: wir können einen Großteil unserer Anliegen durchsetzen, insbesondere die Tatsache, dass es für die Nachfolge der Clubzentrale, wie geplant, eine Wahl geben wird. Der gewünschte Nachfolger seitens des Managements kann sich wie alle andern auch zur Wahl stellen. Seine Vorschläge zur Weiterführung der Clubzentrale kommen allerdings nicht besonders gut an und werden von uns gnadenlos niedergeschmettert. Auf der anderen Seite hat er ein paar gute Ideen zu Gunsten für die Fans, die von Viering erst mal angenommen werden. Schaun mer mal, denke ich dabei nur und glaube nicht, dass was daraus wird.

Nach knappen vier Stunden ist dieses denkwürdige Treffen zu Ende. Viering flüchtet mit seiner Begleitung, während wir unseren Erfolg mit einem guten Essen gemeinsam feiern. Wir sitzen bis tief in der Nacht und diskutieren über das Meeting. Alle sind euphorisch, ich bin zufrieden und habe für mich meinen Wunschkandidaten für die Clubzentrale gefunden. Jetzt heißt es für mich nur noch, die Wahl abzuwarten - und dann... nach mir die Sintflut. Im Dezember, exakt vier Jahre nach meiner Übernahme, werde ich die Clubzentrale abgeben. Je näher der Termin rückt, um so weniger bin ich motiviert, meine Arbeit zu machen. Mich nerven jetzt die Anrufe der Fans mehr und mehr, und es fällt mir zunehmend schwerer, meine Meinung zu diversen Dingen zurück zu halten. Ganz zu schweigen von der monatlichen Fanzeitung - ich habe einfach keine Lust mehr und zähle die Monate, bis ich dem Ganzen den Rücken kehren kann.

Im Oktober steht meine Nachfolge fest: meine Wunschkandidatin hat mit großem Vorsprung vor den andern Bewerbern das Rennen gemacht. Nun mag ich nicht mehr warten und übergebe ihr sofort alle Arbeiten, allerdings mit der Zusage, ihr die nächsten beiden Monate noch beratend zur Seite zu stehen.

Schluss, aus, fertig, geschafft! Endlich wieder Zeit für andere Dinge, die mir wichtig sind, Zeit für den eigenen Fanclub, keine ständigen Telefonate mehr, wieder in Ruhe essen können, keinen Termindruck mehr wegen der Fanzeitung und kein stundenlanges Kopieren und Eintüten. Irgendwo bin ich erstaunt darüber, wie sehr sich meine Einstellung zu dem Fanzirkus geändert hat. Niemals hätte ich mir träumen lassen, dass ich einmal zu einem Punkt komme, wo mir Maffay & Co egal sein werden. Es interessiert mich nicht mehr, ob und wann Peter im Fernsehen zu sehen ist, wie sein neues Album sein wird, selbst die bevorstehende Tour im kommenden Jahr reizt mich nicht.

Es ist ganz einfach vorbei.

SCHLUSSWORT

„Lebbe geht weiter..." sagte mal jemand, und es wurde zum geflügelten Wort. Auch für mich geht das Leben weiter, und ich glaube, ich kann ganz gut ohne den ganzen Fan-Zirkus leben. Missen möchte ich diese letzten zehn Jahre aber nicht.

Ich hatte viele Erlebnisse, die ich bis ans Lebensende nicht vergessen werde. Ich habe unendlich viel gelernt, an Selbstvertrauen gewonnen und einige gute Freunde gefunden. Meine Zeit als Fan hat mir über private Nackenschläge hinweg geholfen, mir die Bestätigung gegeben, die ich im beruflichen Bereich oft vermisst habe, und ich konnte Erfahrungen sammeln, die mir sonst sicher nicht möglich gewesen wären.

Diese zehn Jahre waren geprägt von einem gefühlsmäßigen Auf und Ab. Ständig wechselten Freude mit Enttäuschung, und zum Schuss kam Ernüchterung dazu. Der Anfang vom Ende war letztendlich die Übernahme der Clubzentrale, denn in dieser Zeit wurde ich so sehr mit der Realität konfrontiert, dass mir jegliche Motivation verloren ging. Meine Erwartungen waren zwar anders als zu Beginn, aber immer noch zu hoch.

Fazit am Ende und gleichzeitiger Rat an alle, die Fan sind (von wem, ist dabei völlig unwichtig, denn jede Art von Fan hat die gleichen Erwartungen und Bedürfnisse): vergesst nie, dass es Spaß machen soll, Fan zu sein. Hütet euch davor, Eure Erwartungen zu hoch zu schrauben, sie werden sowieso niemals erfüllt und bringen nur Enttäuschungen mit sich.

Wenn Ihr unbedingt hinter die Kulissen des Geschehens schauen wollt, dann rechnet damit, dass Ihr dort Dinge seht, die Euch nicht gefallen werden. Nehmt nicht alles so bierernst und seid zufrieden mit dem, was Ihr erhalten könnt. Wenn Ihr mehr Frust als Freude an eurem Leben als Fan habt, seid Ihr auf dem falschen Dampfer. Vergesst nie, dass es so viele Dinge und Menschen gibt, für die es sich lohnt, sich zu interessieren. Es gibt auch noch ein Leben neben dem des Fans und seines Idols.

...was sind Worte gegen Gefühle? Ich sitze hier, lese ein letztes Mal dieses Manuskript, und nebenbei läuft bei mir seit ewigen Zeiten einmal wieder ein Song von Peter ..."die Töne sind verklungen"...
irgendwie schade. ... die Töne sind verklungen. Für eine Zeit lang war es eine schöne Zeit mit Dir, Peter.